Living History im Museum

Beiträge zur Volkskultur in Nordwestdeutschland

Herausgegeben von der
Volkskundlichen Kommission für Westfalen
Landschaftsverband Westfalen-Lippe

Band 111

Waxmann 2008
Münster/New York/München/Berlin

Jan Carstensen, Uwe Meiners,
Ruth-E. Mohrmann (Hg.)

Living History im Museum

Möglichkeiten und Grenzen
einer populären Vermittlungsform

Waxmann 2008
Münster/New York/München/Berlin

Bibliografische Informationen Der Deutschen Bibliothek
Die Deutsche Bibliothek verzeichnet diese Publikation in
der Deutschen Nationalbibliografie; detaillierte bibliografische
Daten sind im Internet über http://dnb.ddb.de abrufbar.

ISSN 0724-4096
ISBN 978-3-8309-2029-8

© 2008 Waxmann Verlag GmbH
Postfach 8603, 48046 Münster
Waxmann Publishing Co.
P.O. Box 1318, New York, NY 10028, USA

www.waxmann.com
info@waxmann.com

Buchumschlag: Ursula Stern
Titelbild: First person interpretation im Zuiderzeemuseum,
Enkhuizen, Niederlande (Zuiderzeemuseum, Enkhuizen).
Satz: Stoddart Satz- und Layoutservice, Münster
Druck: Hubert & Co., Göttingen
Gedruckt auf alterungsbeständigem Papier,
säurefrei gemäß ISO 9706

Alle Rechte vorbehalten. Printed in Germany.

Inhalt

Jan Carstensen, Uwe Meiners, Ruth-E. Mohrmann
Vorwort / Preface 7

Markus Walz
Sehen, Verstehen. Historisches Spiel im Museum –
zwischen Didaktik und Marketing 15

Wolfgang Hochbruck
Im Schatten der Maus: Living History und
historische Themenparks in den USA 45

Adriaan De Jong
Gegenstand oder Vorstellung?
Erfahrungen mit Living History vor allem am Beispiel
niederländischer Freilichtmuseen 61

Thomas Bloch Ravn
Living History in Scandinavian Open Air Museums –
especially Den Gamle By 79

Heike Duisberg
Gelebte Geschichte 1804: Ein Türöffner in die Vergangenheit 91

Gefion Apel
„Vivat tempus!" oder Geschichte und Alltagskultur als
Abenteuer im Freilichtmuseum?
Chancen und Risiken personaler Vermittlung im
LWL-Freilichtmuseum Detmold 101

Michael Faber
Living History – Lebendige Geschichte oder Geschichte (er)leben?
Möglichkeiten, Methoden und Grenzen am Beispiel des
Rheinischen Freilichtmuseums Kommern 117

Martin Klöffler
Living History in Museen – aus der Sicht von Akteuren 135

Kai Vahnenbruck
Lebendige Geschichte im Freilandmuseum Bad Windsheim 151

Uwe Meiners
Verlebendigungsstrategien im Freilichtmuseum.
Gedanken über Chancen und Probleme
populärer Vermittlungsversuche 161

Autorinnen und Autoren 175

Vorwort

Schon bei dem Versuch einer Übersetzung des inzwischen so selbstverständlich gewordenen Begriffs *Living History* ins Deutsche kommt man ins Grübeln. Was ist damit gemeint, mit „lebender Geschichte" oder „gelebter Geschichte"? Oder wird mit diesem Begriff – im weiter gefassten Sinne – so etwas wie „Reanimation (= Wiederbelebung) von Geschichte" assoziiert? Mit dem Blick auf einzelne Phänomene, die den letztlich irrealen Vorgang der Wiederbelebung von Vergangenem begleiten, stellen sich weitere Fragen: Wird mit *Living History* lediglich der Spieltrieb einzelner Gruppen, die ihr ganz eigenes Geschichtsbild errichten, befriedigt? Kommt hier also nur eine Re-Inszenierung im Sinne einer „Disney-Wonderworld" zum Zuge, oder ist dem Nachbilden bekannter historischer Szenarien tatsächlich didaktisch etwas abzugewinnen? Ist *Living History* angesichts der allgegenwärtigen medialen Historisierungsversuche gar so etwas wie eine unvermeidliche Musealisierungsstrategie?

Seit einigen Jahren ist vor allem außerhalb der Museen zu beobachten, dass eine Zeitreise in die Vergangenheit als außerordentlich attraktiv empfunden wird. Die Zuschauer der großen Fernsehsender erfreuen sich an emotional aufgeladenen Geschichtsdarstellungen, die durch den Einsatz von Amateurschauspielern offenbar zusätzlich an Reiz gewinnen, wie etwa am Quoten-Erfolg der Fernsehserie *Gutshof um 1900* abzulesen ist. Hier wurden Geschichte und Geschichten allerdings nicht durch eine komplette Verwandlung konstruiert, sondern durch gegenwartsbezogene Brechungen – sei es im Film selbst oder in der Nachschau von den Protagonisten – relativiert. Wie die aktuelle Diskussion zeigt, gibt es zur Gesamterscheinung *Living History*, deren Inhalte so schillernd sind wie die Assoziationen, die sie beim Einzelnen wecken, mehr offene Fragen als weiterführende Antworten. Können in dieser Situation der Begriff selbst und die unter dieser Bezeichnung entwickelten Programme die Arbeit der Museen voranbringen?

Inzwischen gehört es zum allgemeinen Kenntnisstand, dass im angelsächsischen Raum nicht nur, aber auch die Freilichtmuseen mit verkleideten und Rollen spielenden Amateurschauspielern „belebt" werden. Es lag deshalb nahe, nach dem Stand vergleichbarer Aktivitäten in Deutschland oder nach Beispielen in den unmittelbar benachbarten Ländern zu fragen. Auch der Bedarf nach definitorischer Schärfung des Begriffs *Living History* meldete sich an, als im Herbst 2006 die Herausgeber dem Vorstand der Volkskundlichen Kommission für Westfalen vorschlugen, dieses deutlich nach vorne drängende Historisierungsphänomen zum Thema der Jahrestagung 2007 zu machen. Ziel der Veranstaltung sollte es sein, die Bandbreite der Methoden, das Begriffsverständnis sowie die bislang im Umgang mit *Living History* gemachten Erfahrungen und Erkenntnisse einmal auf einer wissenschaftlichen und nicht rein praxisorientierten Tagung in den Blick zu nehmen.

Die Volkskundliche Kommission für Westfalen, die gemäß ihrem Satzungsauftrag und Selbstverständnis die wissenschaftlich-kritische Auseinandersetzung mit kulturhistorisch-volkskundlichen Thematiken zu ihren Kernaufgaben zählt, nahm diesen Vorschlag an. In den vorbereitenden Planungsgesprächen zeigte sich indes, dass es schwierig war, Museumsvertreter in Deutschland zu finden, die über langjährige Erfahrungen mit *Living-History*-Programmen verfügen. Eine Einrichtung, die dazu gehört, ist das Rheinische Freilichtmuseum in Kommern. So war es naheliegend, Michael Faber, den stellvertretenden Direktor des Hauses und kritischen Protagonisten der Methode, um einen Beitrag aus der Sicht der praktizierenden Museen zu bitten, zumal im Freilichtmuseum Kommern sowohl eigenes Personal als auch „Reenactment"-Gruppen zum Einsatz kommen. Doch zunächst galt es, für die Veranstaltung einen theoretisch orientierten Rahmen herzustellen.

Markus Walz, Leipzig, erklärte sich freundlicherweise hierzu bereit. Seine auf notwendige Begriffserläuterungen und definitorische Schärfungen zielenden Ausführungen bildeten den Auftakt des zweitägigen Symposiums. *Wolfgang Hochbruck,* Freiburg – durch das von ihm geleitete DFG-Forschungsprojekt „Historische Erinnerungskulturen" in besonderer Weise für das Thema sensibilisiert – gab der Diskussion wiederholt wichtige Impulse und wurde von den Herausgebern um einen ergänzenden Beitrag über die amerikanischen Museen gebeten. Für die Erfüllung dieses Wunsches sei ihm an dieser Stelle besonders herzlich gedankt.

Es liegt selbstverständlich im Interesse eines wissenschaftlich angelegten Symposions, die mit dem Thema verbundenen Begrifflichkeiten klarer zu bestimmen und für ihre zukünftige Verwendung inhaltlich zu schärfen. Andererseits ist hier hervorzuheben, dass der angestrebte Ertrag einer solchen Veranstaltung ganz wesentlich der Bereitschaft der Referentinnen und Referenten zur kritischen Reflexion sowie der sich hieraus entwickelnden Intensität der Diskussion zu verdanken ist. Beispiele aus der musealen Praxis brachten mit unterschiedlichen Ausgangspositionen *Michael Faber*, der die Aktivitäten im Rheinischen Freilichtmuseum durchaus selbstkritisch, aber auch humorvoll darstellte, ferner *Heike Duisberg* mit dem jüngsten Beispiel eines *Living-History*-Programms aus dem Freilichtmuseum am Kiekeberg bei Hamburg-Harburg sowie internationale Referenten wie *Adriaan de Jong*, Arnheim, und *Thomas Bloch Ravn*, Aarhus. Während Aktive aus der *Living-History*-Szene wie *Martin Klöffler* von der Agentur „Facing the Past!" oder *Kai Vahnenbruck* und *Mike Grünwald* vom „Verein 1476 Städtisches Aufgebot" neben den organisatorischen Aspekten ihre Vorstellungen, aber auch ihre Erfahrungen inner- und außerhalb ihrer musealen Auftritte darstellen konnten, näherten sich *Gefion Apel*, Detmold und *Uwe Meiners*, Cloppenburg, der zugleich den öffentlichen Abendvortrag hielt, dem Thema eher aus einer kritischen Distanz.

Als Ort der museal-wissenschaftlichen Reflexion wurde das erste und älteste Freilichtmuseum Deutschlands, das Museumsdorf Cloppenburg, gewählt. Hier fand am 19. und 20. Oktober 2007 die Tagung mit Teilnehmern aus ganz Deutschland, den Niederlanden, Belgien und Dänemark statt. Nach den eingangs gemachten Bemerkungen wird deutlich, dass der Tagungsort – das Freilichtmuseum – nicht zufällig gewählt wurde: die Themen „Freilichtmuseum" und *„Living History"* sind – zumindest in den USA – ausgesprochen eng miteinander verknüpft. Die Ursprünge des freilichtmusealen Gedankens stammen zwar nicht aus Amerika, sondern aus Skandinavien, doch schon im Laufe des 20. Jahrhunderts begann man vor allem in den Vereinigten Staaten mit der intensiven „Belebung" von

Freilichtmuseen. Hier gelten inzwischen „living history museums" als Synonym für „Freilichtmuseen" schlechthin.

Im Vorfeld der Tagung zeigte sich nach einigen Recherchen, dass verschiedene *Living-History*-Formen, die an nordamerikanischen Museen praktiziert wurden, inzwischen auch von einigen wenigen europäischen Museen im Bemühen um die Vermittlung von Inhalten eingesetzt werden. Am Rande der Konferenz des Verbandes Europäischer Freilichtmuseen im Herbst 2007, die in den Niederlanden und Belgien stattfand, konnten aktuelle Erfahrungen der amerikanischen Kolleginnen und Kollegen von der „ALFHAM" (The Association For Living Historical Farms and Agricultural Museums) erfragt werden. Hier wurde deutlich, dass dort die *Living-History*-Aktivitäten inzwischen zunehmend kritischer gesehen werden, da es offenbar mehr und mehr Probleme bei der Durchführung gibt. So scheint vielfach das Eigeninteresse des Akteurs im Vordergrund zu stehen und eben nicht die museale Arbeit der Betreiber der Anlagen bzw. Museen. Auf der ALFHAM-website erhält man auf die Frage „So what is living history?" eine vielfältige Beschreibung, die wenig dogmatisch allen Spielarten musealen Tuns freien Lauf lässt, sofern es der Information und Aufklärung der Zuschauer dient: „This is accomplished using historic objects and environs and appropriate recreations to tell the stories of the people who used those objects. In the effort to ‚contextualize', some sites try to recreate a particular time and place in the past, ignoring the intrusions of the present." Gerade die Ausschaltung der Gegenwart und der fehlende aktuelle Bezug zur Realität scheinen in den USA Prinzip der „First-Person-Interpretation" zu sein. Ein Akteur, der seine Rolle ernst nimmt, duldet keinen Widerspruch aus der Gegenwart. Geleitet vom aufklärerischen und bildungsorientierten Auftrag der Museen – oft auch niedergelegt in Leitbildern – ist die Herstellung des Gegenwartsbezugs aber von gesellschaftlicher Relevanz. So sollen und müssen auch gegenwärtige Fragen und Problemstellungen thematisiert werden, wollen die Museen ihrer gesellschaftlichen Rolle gerecht werden. Soziale Randgruppen oder Migration, der Umgang mit Tabu-Themen oder mit allgemeinen Lebensproblemen sind weder historisch noch ausschließlich gegenwartsbezogen zu begreifen. Die Gegenwart auszuklammern kann keinesfalls im Sinne oder gar im Auftrag eines wissenschaftlich geführten oder der Öffentlichkeit verpflichteten Museums sein.

In vielen Teilen Europas hat sich das Vorspielen von Geschichte kaum durchsetzen können. In den Niederlanden scheint das am besten praktizierte Programm im Freilichtmuseum Enkhuizen entwickelt worden zu sein. So wurden historische Biografien fiktiver Personen unter Anleitung von Schauspielern mit einer großen Schar von Mitgliedern des Museumsvereins über viele Jahre in festen Rollen entwickelt und ausgestaltet. Die jüngsten Überlegungen stellen diese Form der Vermittlung wieder in Frage, denn diese könnte, so befürchtet man, zu einer Verfestigung von Stereotypen und zur Idyllisierung der Vergangenheit beitragen.

Der Zuspruch zur Tagung und die regen Diskussionen der Tagungsteilnehmerinnen und -teilnehmer zeigen, dass der Bedarf an einer methodenkritischen Auseinandersetzung besteht, aber auch, dass man damit noch lange nicht am Ende ist. Verschiedene Wege der personalen Vermittlung wurden auf der Tagung präsentiert und diskutiert. Einigkeit bestand darin, dass personale Vermittlung der wirkungsvollste Weg ist, Wissen zu transportieren. Der mediale Zugang allein ist selbst den Befürwortern von *Living-History*-Programmen offenbar zu wenig; sie pochen auf einzuhaltende Qualitätsstandards. Diese wären aber zuallererst durch ein systematisches Konzept, wie es etwa (vor der Infragestellung dieser Programme) im Freilichtmuseum Enkhuizen erarbeitet wurde, zu gewährleisten sowie durch eine wissenschaftliche Evaluation, die für jedes museale Programm, selbst für Marketing-Aktionen, inzwischen selbstverständlich sein sollte.

Schließlich stellt sich in diesem Zusammenhang auch die kulturpolitisch wichtige Frage, welche Position die Museen in einer Erlebnisgesellschaft einnehmen wollen. Eine unbestrittene, ihnen ganz eigene Qualität ist die Sammlung und Bewahrung von Originalobjekten. Diese Objekte haben ihre eigene Wertigkeit und Faszination. Etwas ganz anderes ist aber die Bedeutung der Originalobjekte eines Museums, die sie für spätere Generationen einmal haben werden. Insofern wäre ein Appell, die originäre Qualität von Sammlungen und musealen Einrichtungen zugunsten von personalisierten Inszenierungen oder Shows aufzugeben, allzu kurzsichtig.

„Gelebte" oder „verlebendigte" Geschichte ist in Form verschiedener Versatzstücke zum Gegenstand musealer Vermittlungsversuche geworden, so dass nicht ganz zu Unrecht von einigen Referenten auch landwirtschaftliche und handwerkliche Vorführungen als einfache *Living-History*-Programme bezeichnet wurden. Dass sich indes aus der Intensivierung von *Living-History*-Aktivitäten ein museologischer Bonus im Sinne eines besonders „lebendigen" Museums ableiten lasse, während die anderen sich nur mit „toter Geschichte" und ebensolchen Vermittlungsformen befassten, ist allerdings eine Sichtweise, die – das machte die Tagung deutlich – in dieser apodiktischen Form nicht aufrechtzuerhalten ist. Hohe museale Attraktivität und Besucherfrequenz lassen sich nicht einfach herbeizaubern, indem man *Living-History*-Programme aktiviert. Dass diese dazu einen Beitrag leisten können, soll hier nicht bestritten werden, genauso wenig, dass das Engagement in einer Reenactment-Gruppe eine attraktive Freizeitbeschäftigung sein dürfte und unter Umständen bei Akteuren und Zuschauern zu einer Sensibilisierung für historische Sachverhalte beitragen kann.

Museen scheinen sich aber gegenwärtig auch anderen Aufgaben zu stellen. So werden die beschleunigten gesellschaftlichen Transformationsprozesse und die darauf reagierenden UN-Initiativen wie etwa „Lebenslanges Lernen – Dekade bis 2014" Auswirkungen auf die Vermittlungsformen in den Museen haben, denn mit der immer stärker werdenden Dependenz von Bevölkerungsgruppen mit unterschiedlichen kulturellen Milieus wird sich zwangsläufig eine neue Form des gesellschaftlichen Miteinanders herausbilden. Dies hat auch Folgen für klassische Bildungseinrichtungen und erfordert zunehmend Um- und Neuorientierungen, und zwar nicht nur in Fragen an das jeweilige kulturhistorische Fach wie hier der Volkskunde, sondern auch in den Selbstreflexionen und Aufgabenstellungen der musealen Institutionen.

Die Herausgeber   Jan Carstensen, Uwe Meiners, Ruth-E. Mohrmann

Preface

The mere attempt to find a generally acceptable German equivalent of the now self-evident term *Living History* presents a headache. What do we mean by living history or 'lived history'? Do we associate the concept in the broad sense of the word with something like 'reanimation of history'? And, to be honest, other questions arise when we look at individual phenomena accompanying the 'unreal' process of reanimation. Does *Living History* simply serve to satisfy the theatrical instinct of certain groups trying to create their own image of history? Might this be nothing more than a Disneyworld restaging? Or can the cloning of well-known historical scenarios indeed provide us with valuable educational insights? Given the current media attempts at historicisation, is *Living History* almost an obligatory strategy for museums?

For some years now it has been observed, particularly outside museums, that many people regard a journey back into the past as an extremely attractive experience. People who tune in to major television broadcasts delight in emotionally loaded presentations of history, and these seem all the more attractive when they include amateur actors, as can be seen from the high viewing figures for the television series *Gutshof um 1900*. Here, however, history and stories were not constructed by means of a total transformation, but rather relativised by inserted scenes relating to the present day – either in the film itself or in interviews with the protagonists afterwards. Current debates show that the overall phenomenon of *living history,* the contents of which are as confusing as the individual associations which they arouse, gives rise to more questions than answers. In this situation we should ask whether the concept itself and the programmes developed from the concept can promote the work of museums?

Most people are now aware that, in Anglo-Saxon countries, open-air museums (and others) are 'enlivened' by the presence of amateur actors dressed in appropriate costumes to play specific roles. It therefore seemed obvious to enquire into the state of comparable activities in Germany or look for examples in neighbouring countries. There was clearly also a need for sharpening the definition of what we mean by *living history,* as became clear when in August 2006 the editors proposed that the board of management of the 'Volkskundliche Kommission für Westfalen' should adopt this penetrating historicisation phenomena as the theme for its annual conference in 2007. The aim should be to use an academic – as opposed to a purely practice-orientated – conference to examine the broad range of methods and approaches to *living history*, to examine how people understand the concept and to find out more about the experiences and insights derived from work in this area.

The statutes of the 'Volkskundliche Kommission für Westfalen' state that one of its core duties is to cast a critical academic light on cultural-historical and popular themes. For this reason it readily took up the proposal. During preparatory planning discussions, however, it became clear that it was difficult to find representatives from museums in Germany with a lot of experience in *living history* programmes. One of the few exceptions was the Rhineland Open-Air Museum in Kommern. Thus it seemed self-evident to ask Michael Faber, the deputy director of the Museum and a critical protagonist of living history methods to provide a contribution from the point of view of museum practice, the more so because the open-air museum in Kommern not only uses its own staff for re-enactment purposes but also engages special groups. But our first duty was to create a theoretical framework for the event.

Markus Walz (Leipzig), was kind enough to agree to take responsibility for this task. His elucidations and sharp definitions of the concept formed the introduction to the two-day symposium. *Wolfgang Hochbruck* (Freiburg), who had become particularly receptive to the theme after leading a DFG research project entitled 'Historical Memory Cultures', repeatedly provided the discussion with important impulses and was asked by the editors to provide a supplementary contribution on American museums. Here we should like to express our deepest gratitude to him for fulfilling our request.

It goes without saying that it is in the interest of any academic symposium to clarify the precise meanings of the concepts being discussed and to sharpen our awareness of their content for future uses. On the other hand it should be emphasised that the results of such a conference are essentially due to the critical reflections of the invited speakers and the intensity of the ensuing discussions. The following persons spoke about museum practices from different starting positions: *Michael Faber,* who presented the activities of the Rhineland Open-Air Museum in self-critical and humorous manner; *Heike Duisberg,* who provided us with the latest example of a *living history* programme from the 'Am Kiekeberg' open-air museum, near Hamburg; not forgetting international speakers like *Adriaan de Jong* (Arnheim), and *Thomas Bloch Ravn,* (Aarhus). Whereas active protagonists from the *living history scene* like *Martin Klöffler* ('Facing the Past!' Agency) and *Kai Vahnenbruck* and *Mike Grünwald* ('Verein 1476 Städtisches Aufgebot') used the event to talk about the organisational aspects behind their shows as well as their presentations within and outside museums. By contrast *Gefion Apel* (Detmold) and *Uwe Meiners* (Cloppenburg) – who simultaneously gave the public lecture in the evening – dealt with the theme rather more from a critical distance.

The chosen venue for our reflections was the first and oldest open-air museum in Germany, the Cloppenburg Museum Village. The conference took place here on 19th and 20th October 2007, and was attended by participants from all over Germany, the Netherlands, Belgium and Denmark. My introductory comments make it clear that the choice of venue – an open-air museum – was no accident. The themes of 'open-air museums' and 'living history', are at least in the USA, very closely linked. True, the original idea for open-air museums did not arise in America but in Scandinavia; but in the course of the 20th century the United States was the predominant country to devote its energies to an intensive 'animation' of open-air museums. Here, 'living history museums' are purely and simply a synonym for open-air museums.

Preface

Our own research work in the run-up to the conference showed that different *living history* forms, as practised in North America museums, have been taken over by a number of European museums in their attempts to mediate information. At the margin of the conference of the Association of European Open-Air Museums that took place in the Netherlands and Belgium in autumn 2007, participants had the opportunity to question American colleagues about current experiences in 'ALFHAM', the Association For Living Historical Farms and Agricultural Museums. Here it became clear that *living history* activities were being regarded in an increasingly critical manner, because there were evidently more and more problems involved in their practical implementation. On many occasions the self-interest of the actors seemed to have more priority than the efforts of the museums themselves to mediate content. If we click on the ALFHAM website we can find a number of different answers to the question: 'So what is living history?'. The descriptions give free rein to all forms of theatrical museum work in an undogmatic manner, so long as they served to inform and enlighten the audience. 'This is accomplished using historic objects and environs and appropriate recreations to tell the stories of the people who used those objects. In the effort to ‚contextualize', some sites try to recreate a particular time and place in the past, ignoring the intrusions of the present.' It appears that in the USA the principle of 'first person interpretation' specifically implies the exclusion of the present and any connection to current realities. An actor who takes his role seriously is not prepared to accept any present-day objections. Given the fact that the guiding principles of museums more often than not include a duty to explain and enlighten, it is socially relevant to create references to present-day life. Hence current questions and problems should and must be thematised if museums wish to do justice to their social role. Fringe social groups, migration, taboo themes and general living problems can neither be exclusively understood historically or even in present-day terms alone. Nor can museums with claims to academic respectability or public responsibility justifiably exclude present-day concerns.

In many parts of Europe the theatrical presentation of history has had great difficulty in finding acceptance. In the Netherlands the open-air museum in Enkhuizen appears to have developed the best programme in practice. Here historical biographies of fictional persons have been developed over many years under the guidance of actors, and characters are presented in fixed roles by a large group of members of the museum association. Most recent considerations, however, have once again begun to question this form of mediation. It is feared that such an approach can lead to fixed stereotypes and an idealisation of the past.

The keen interest in the conference and the lively discussions amongst the participants demonstrate the need for a critical and methodical approach to the subject, and also show that there is a long way to go. Many different ways of personal mediation were presented and discussed at the conference, and participants were unanimous in agreeing that personal mediation is the most effective way of transmitting knowledge. A media approach is clearly not enough, even for the supporters of *living history* programmes, who insist on meeting quality standards. However, these can only be guaranteed, firstly by having a systematic concept as worked out by the open-air museum at Enkhuizen, and by an academic evaluation, something which should now be taken for granted in any museum programme, even for marketing actions.

Finally, in this connection, an important cultural and political question arises, as to what position museums should take up in an 'event society'. No one disputes that one of the unique qualities of a museum is to collect original objects. These objects have their own value and fascination. But the possible importance of original objects in a museum for future generations, is something entirely different. In this respect an appeal simply to abandon the 'original' quality of collections and museum in favour of personalised shows would be far too short-sighted.

'Lived' or 'revived' history in different forms of imitation has become an integral part of museums' attempts to mediate information, to the extent that some speakers were not completely unjustified in describing agricultural and handicraft presentations as simple *living history* programmes. However to infer that *living history* activities make some museums particularly 'lively', as opposed to others who dedicate their activities purely to 'dead history' and other similar forms of mediation, is a point of view – and this was made only too clear during the conference – that does not hold water in such an apodictic form. A museum cannot be made magically attractive, nor can visitor figures be improved simply by introducing *living history* programmes. But no one disputes that they can make a contribution: nor that a person's engagement in a re-enactment group can be an attractive leisure activity and also, in certain circumstances, help to make both actors and spectators more aware of historical facts and events.

That said, museums appear to be currently dedicating their energies to other obligations. In this respect accelerated social transformation processes and resultant UN initiatives like 'lifelong learning – the decade to 2014' have had their effects on mediation methods in museums, because a new form of social togetherness is being created as a result of the increasing miscegenation of population groups with their different cultural 'milieus'. This also has consequences for classical educational establishments and increasingly demands both reorientation and fresh orientations, not only with regard to specific cultural and historic questions (in this particular case, ethnological questions), but also in the considerations of museum workers and the way they define their tasks.

The editors:
Jan Carstensen, Uwe Meiners, Ruth-E. Mohrmann

Markus Walz

Sehen, Verstehen

Historisches Spiel im Museum – zwischen Didaktik und Marketing

Living History ist kein im wissenschaftlichen Diskurs erhärteter Begriff. Er entstand im US-amerikanischen National Park Service um 1960, in Ablösung des älteren – in Kanada bis heute verwendeten – Begriffs „Animation", für personale Vermittlungsformen in den Besichtigungsbetrieben des NPS (u.a. Handwerksvorführungen, Statisten oder Führungskräfte im Zeitkostüm).[1]

Definitionsansätze liefern bislang Personen aus einer Praxis, die sich selbst als *Living History* versteht. Jay Anderson, erster Direktor des 1972 gegründeten Besichtigungsbetriebs Colonial Pennsylvania Plantation, sieht in *Living History* „an attempt by people to simulate life in the past"[2]; wegen der erwarteten Gleichwertigkeit von Einfühlung und Verstehen verweist er auf die Wortschöpfung „felt-truth" von T. S. Eliot.[3] Roth spricht von einem Angebot personalisierter Beziehungen zur Vergangenheit.[4] Selbst eine Museumsführung, bei der lediglich von persönlichen Erfahrungen mit historischen Lebensweisen oder Arbeitstechniken berichtet wird (engl. first-hand interpretation), kann schon *Living History* heißen.[5]

Anderson fasst unter *Living History* drei Formbereiche zusammen – Experiment, Inhaltsvermittlung (als Interpretation oder Animation), Freizeit- oder Lebensgestaltung – als Ausdruck der drei häufigsten Zwecke von *Living History*: archäologischer Erkenntnisgewinn, Interpretation materieller Kultur, Freizeitaktivität mit eingeschlossenen Lernerfahrungen.[6] Auch lebenszeitliche, nicht auf die Freizeit beschränkte Selbstversetzungen in die Lebensweise anderer Zeiten und Gesellschaften rechnen hierher.[7] Entsprechend wären zum Lebensunterhalt ausgeübte derartige Aktivitäten einzubeziehen; in Deutschland bekannt ist die *Arbeitsgemeinschaft zur Erhaltung und Belebung mittelalterlicher Kultur e.V.*, die

---

1 Jay ANDERSON: Time machines. The world of living history. Nashville TN 1984, S. 36.
2 Jay ANDERSON: Living history. In: Jay Anderson (Hg.): A living history reader. Bd. 1: Museums. Nashville TN 1991, S. 3-12, hier S. 3.
3 ANDERSON, Time machines (wie Anm. 1), S. 191.
4 Stacy F. ROTH: Past into present. Effective techniques for first-person historical interpretation. Chapel Hill NC 1998, S. 20.
5 Dietmar KUEGLER: Living History im amerikanischen Westen. Historische Präsentationen, Reportagen, Geschichte, Handbuch, Bezugsquellen. Wyk auf Föhr 2003, S. 103.
6 ANDERSON, Living history (wie Anm. 2), S. 3; ANDERSON, Time machines (wie Anm. 1), S. 12.
7 KUEGLER (wie Anm. 5), S. 71.

seit 1981 gemeinsam mit der Musikgruppe *Kurtzweyl* kommerzielle Märkte mit dem angenommenen Darstellungsjahr 1486 durchführt – satzungsgemäß „möglichst vor einer mittelalterlichen Stadtkulisse".[8]

Anderson prägt ferner den Begriff *Living-History*-Museum für ganzheitliche Nachgestaltungen von Kontexten, in denen ausgebildete Interpretinnen und Interpreten so agieren, wie es die ursprüngliche Bevölkerung tat: ein begehbares Diorama der Vergangenheit im originalen Maßstab.[9]

Kritik des weiten Begriffs von Living History

Das weit gefasste Verständnis verhindert definitorische Trennschärfe, da es bewirtschaftete historische Agrarbetriebe oder Schaumanufakturen ebenso einschließt wie handwerkliche Vorführungen (Abb. 1). Andersons *Living-History*-Begriff ist besonders kritikwürdig: Er räumt ein, dass kommunikative Verbindungen zwischen den drei Formbereichen weitgehend fehlen, bekennt aber, selbst in allen drei Bereichen „aktiv involviert" zu sein.[10] Das nährt den Verdacht, er fasse Sachverhalte zusammen, die ihre wesentlichen Berührungspunkte in ihm selbst haben.

Alle drei Formbereiche kennen eng verwandte, gleichwohl außerhalb von *Living History* liegende Phänomene: Wissenschaftliche Experimente und deren didaktische Anwendungsformen betreffen mehrheitlich naturwissenschaftliche statt historische Inhalte. Freizeitgemeinschaften, die zum Rollenspielen (Live Action Role Playing, „LARP") zusammenkommen, verwenden häufig Fantasy-Stoffe und bemühen sich nur teilweise darum, historisches Geschehen nachzugestalten (*Reenactment*, daraus abgeleitetes Kunstwort *Reenlarpment*). Vermittlungsaktivitäten können ahistorische Personalisierungen einsetzen – im Koblenzer Schloss Stolzenfels kann man sich von „der Muse" führen lassen, in den Feengrotten bei Saalfeld (Saale) von einer Grottenfee.[11]

Der Einschluss der Experimentellen Archäologie in das Gebiet der *Living History* erscheint nicht sinnvoll, denn die Ur- und Frühgeschichte bemüht sich erkennbar um alternative Wörter für forschungsferne Aktivitäten. Vorführungen archäologischer Experimente, die ein allgemeines Publikum für archäologische Forschung interessieren sollen, seien „besser als Demonstration zu bezeichnen".[12] Museen betreiben auch in ihren Publikumsbereichen Forschungsexperimente, beispielsweise

---

8 Rainer GRIES in: Rainer Gries, Volker Ilgen, Dirk Schindelbeck: Gestylte Geschichte. Vom alltäglichen Umgang mit Geschichtsbildern. Münster 1989, S. 41-43.
9 ANDERSON, Time machines (wie Anm. 1), S. 45.
10 ANDERSON, Time machines (wie Anm. 1), S. 12f.
11 Elektronische Ressourcen: URL: http://ceres.informatik.fh-kl.de/bsa/veranstaltung. php?language=00 &vid =00597 – URL: http://www.feengrotten.de/www/feengrotten/de/ oeffpreise/zusaetzlicheangebote (abgerufen jeweils am 20. März 2008).
12 Pascale B. RICHTER: Experimentelle Archäologie: Ziele, Methoden, Aussage-Möglichkeiten. In: Von der Altsteinzeit über „Ötzi" bis zum Mittelalter. Ausgewählte Beiträge zur Experimentellen Archäologie in Europa von 1900-2003 (Experimentelle Archäologie in Europa: Sonderbände 1). Oldenburg 2005, S. 95-128, hier S. 97.

Sehen, Verstehen

Abb. 1: Living History oder „lebendes Museum"? Das Mitglied des Internationalen Museumsrates (ICOM) „Domaine Les Pailles" in Les Pailles (Mauritius) führt auf einer nachgestalteten Plantage die Zuckerrohr-Verarbeitungstechnik des 19. Jahrhunderts vor, bietet Volkstanzaufführungen und Kutschfahrten – mit einem Sklaven-Nachfahren auf dem Bock (Anzeige dieser Einrichtung in Tourismusprospekten, 2007).

zur Haltbarkeit von Baustoffen,[13] wobei die Museumsgäste aber weder forschend in das Experiment eingreifen sollen noch das Ergebnis abwarten können. Hingegen wird für museumspädagogische Experimentierformen an die Vokabeln Versuch oder Handlungsorientierung erinnert. „Auch die Behauptung, man repliziere in der Museumspädagogik ein Experiment, greift nicht. Die pädagogische Arbeit verlangt spezielle Umarbeitung und Ausgestaltungen, die ein solides Ergebnis auch für die Schwächsten in der Gruppe ermöglichen, und das zumeist in einer in der Regel recht knapp definierten Zeit."[14]

---

13 Frank ANDRASCHKO: Experimentelle Archäologie im Archäologischen Freilichtmuseum Oerlinghausen. In: Experimentelle Archäologie in Deutschland. Begleitschrift zur Ausstellung des Staatlichen Museums für Naturkunde und Vorgeschichte Oldenburg (Archäologische Mitteilungen aus Nordwestdeutschland: Beihefte 4). Oldenburg 1990, S. 71-74.
14 Martin SCHMIDT: Museumspädagogik ist keine Experimentelle Archäologie. Einige kurze Anmerkungen zu 14 Jahren museumspädagogischer Arbeit im Archäologischen Freilichtmuseum Oerlinghausen. In: Experimentelle Archäologie und Museumspädagogik (Archäologische Mitteilungen aus Nordwestdeutschland 29). Oldenburg 2000, S. 81-88, hier S. 84.

Markus Walz

Living History – Geschichts- und Museumstheater – historisches Spiel

Roth diskutiert den Zusammenhang der Vermittlungsform *Living History* mit Theater. Je deklamatorisch-monologischer die Darbietung, je größer und passiver das Publikum, je unbelebter die Szenerie, desto näher ist *Living History* am Theaterspiel, insbesondere am drehbuchfreien Improvisationstheater; markante Unterschiede sieht Roth in der erstrebten Faktentreue der *Living History* (gegenüber der dramatischen Ausrichtung des Schauspiels) und in ihrem stärkeren Bildungsanspruch (gegenüber künstlerischem Selbstanspruch und gesellschaftlicher Relevanz des Theaters).[15] Auf ein (befristet existierendes) Abgrenzungsproblem macht Hochbruck aufmerksam: Vorführungen durch Personen, die den Darstellungsstoff aus der eigenen Lebenswelt kennen, geht diese Theatralität ab.[16]

Für theatrale Formen, die in Ausstellungen Sinnebenen aufdecken und „das Verständnis der Besucher für die Objekte und die Inhalte fördern" sollen und so Theaterspiel für Museumsvermittlung instrumentalisieren,[17] wird die Wortfügung Museumstheater vorgeschlagen. Klein versteht Museumstheater als „Sub-Spezies" von (Ausstellungs-) Inszenierung, indem er diesen Begriff recht weit fasst als absichtsvolle „Konfiguration von Objekten und anderen (meist) nicht textlichen sinnhaften Komponenten mit dem Ziel einer komplexen Gesamtwirkung".[18]

Eine parallele Wortfügung heißt Geschichtstheater, die theatrale Formen nicht nach dem Ort, sondern nach dem thematisierten Stoff eingrenzt. Hochbruck bietet dazu eine Typologie von „Präsentationsformen historischer Lebenswelten" an, geordnet nach dem Grad der historischen Faktentreue. Die formale Bandbreite reicht nach seiner Auffassung von Historienfilmen über historische Festzüge bis zur Kleidungsgestaltung (Retrofashion); den Begriff *Living History* möchte er – in Kombination von formalen und funktionalen Aspekten – auf Aktivitäten beschränken, die in originalgetreuer Kostümierung Fertigkeiten oder Verhältnisse einer vergangenen Zeit darstellen und erläutern.[19]

Beide Begriffsprägungen bleiben angreifbar: Geschichtstheater grenzt sowohl publikumsferne Spielformen als auch Spiel ohne historischen Bezug aus; einzelne Kulturzüge beruhen nur auf Assoziationen wie die eklektizistischen Modestile, neben denen die Kunst des Historismus verwandter erscheint als *Living History*. Museumstheater bietet die gängige Verwechslung der Institution Museum mit

---

15 Roth (wie Anm. 4), S. 50-53.
16 Wolfgang Hochbruck: Geschichtstheater. Dramatische Präsentationen historischer Lebenswelten (Schriftenreihe der Geschichtstheatergesellschaft 2). 2. Aufl., Remseck am Neckar 2006, S. 26.
17 Andreas Haller: Hat MuseumsTheater eine Zukunft? Nachdenken über MuseumsTheater. In: Gabriele Kindler (Hg.): MuseumsTheater. Theatrale Inszenierungen in der Ausstellungspraxis (Schriften zum Kultur- und Museumsmanagement). Bielefeld 2001, S. 123-129, hier S. 125.
18 Hans Joachim Klein: Wieviel Theater braucht das Museum? Besucher geben Auskunft. In: Gabriele Kindler (Hg.): MuseumsTheater. Theatrale Inszenierungen in der Ausstellungspraxis (Schriften zum Kultur- und Museumsmanagement). Bielefeld 2001, S. 75-86, hier S. 77.
19 Hochbruck (wie Anm. 16), S. 18, 23.

einer ihrer Leistungen, der Ausstellung, und hebt sich unnötig vom Spiel in Ausstellungshäusern ab.

Lässt man die wissenschaftlichen Experimente, wie begründet, außer Acht, so versammelt *Living History* unterschiedliche Spielformen – von theatralen, auf ein Publikum zielenden Darstellungen bis zum separierten Erlebnis- und Erfahrungszusammenhang der Spielenden. Wegen der jeweils bedienten historischen Stoffe können sie historisches Spiel heißen. Diesen Begriff verwendet Schulz-Hageleit 1982 wie selbstverständlich.[20] Er bietet den Vorteil, analog zu „historischer Roman" die grundlegende Form im Substantiv, deren Inhalt im Adjektiv anzuzeigen, während Geschichtstheater eine synthetische Form vermuten lässt, *Living History* umgekehrt verfährt und so ein Gegensatzpaar toter und lebender Geschichte anklingt.

Dieser Benennungsvorschlag deckt sich mit dem geschichtsdidaktischen Verständnis von Spiel, wobei die Anwendungsbereiche von *Living History* insbesondere Stegreif- und Rollenspiele schätzen – eigenständig gestaltende Interpretationen zuvor erarbeiteter (historischer) Sachverhalte.[21] Die Geschichtsdidaktik nutzt auch das an authentische Textvorlagen eng angelehnte Imitationsspiel sowie das Simulationsspiel – bewusst vereinfachte Modelle des betreffenden Sachverhalts, um in dieser inhaltlich reduzierten und zeitlich gerafften Form historische Erfahrungen nachzuerleben oder zu befragen.[22]

Typologie historischen Spiels als Aneignungs- und Vermittlungsform

Als Überblick der vielfältigen Formen historischen Spiels wird hier eine Typologie vorgeschlagen, die *Living-History*-Aktivitäten in engerem Sinn (also ohne Experimente) anhand ihres gemeinsamen Merkmals, Sachverhalte der Vergangenheit in einem Spiel aufzugreifen, sichtet. Dabei kann das historische Spiel zwei Aktionsebenen bedienen: die individuelle Erkundung des Sachverhalts (Aneignung) und/oder die Darstellung des erschlossenen Inhalts für Dritte (Vermittlung). Insgesamt sind zehn Typen unterscheidbar.

In der ersten Form bereichern einzelne historische Anmutungselemente eine im Übrigen mit gängigen Techniken vorgehende personale Vermittlung: Verbreitet sind „Kostümführungen", bei denen die Kleidung der Führerinnen und Führer in Altstädten, Denkmälern oder Museen mit der Veranstaltungsthematik, deren historischer oder regionaler Einordnung korrespondiert, die gesprochenen Erläuterungen

---

20 Peter SCHULZ-HAGELEIT: Geschichte: erfahren – gespielt – begriffen. Braunschweig 1982, S. 28.
21 Klaus-Ulrich MEIER: Rollenspiel. In: Ulrich Mayer u.a. (Hgg.): Handbuch Methoden im Geschichtsunterricht (Forum Historisches Lernen). Schwalbach 2004, S. 325-341, hier S. 327.
22 Markus BERNHARDT: Das Spiel im Geschichtsunterricht. Hg. Klaus Bergmann u.a. (Methoden Historischen Lernens). Schwalbach 2003, S. 75, 101; Klaus-Ulrich MEIER: Simulation. In: Ulrich Mayer u.a. (Hgg.): Handbuch Methoden im Geschichtsunterricht (Forum Historisches Lernen). Schwalbach 2004, S. 342-353, hier S. 345.

Markus Walz

Abb. 2: Zehn Musealien, alle „Live Interpretations": Die Internet-Vorschau der königlich-britischen Waffensammlungen in Leeds präsentiert die „top 10 objects" und alle 31 in der Dauerausstellung eingestreuten kurzen Theaterstücke, unter anderem den Erlebnisbericht einer Vietnam-Soldatin (URL: http://www.royalarmouries.org/extsite/view.jsp?sectionID=3034, abgerufen am 19. März 2008).

aber unverändert dem Ton einer professionellen Führungskraft entsprechen. Ob diese Elemente bereits als Spielform anzusprechen sind, bleibt kritikwürdig; sie hier aufzunehmen, berücksichtigt historische Entwicklungszusammenhänge und die gängige Einordnung innerhalb von *Living History* als *Third-Person*-Interpretation (Bericht über die historischen Handelnden in der dritten Person). Typologisch sind hier fernerhin zuzuordnen die Gesten, Sprüche und der ritualisierte Alkoholgenuss in Schaubergwerken sowie die themenbezogene Kostümierung teilnehmender Kinder in manchen museumspädagogischen Programmen.

Konkreter im Aufgreifen zu vermittelnder Inhalte, aber noch punktuell, erscheinen kurze, thematisch eng begrenzte Theaterstücke, auf die das Publikum in einem anderen Kontext (etwa Museumsgäste während einer Führung oder des individuellen Besichtigungsrundgangs) trifft (Abb. 2). Vergleichbar sind vereinzelte Statisten, die einer dem Darstellungskontext entsprechenden Tätigkeit nachgehen.

Solche theatralen Einzelelemente lassen sich in eine herkömmliche Form personaler Vermittlung integrieren: Die Begleitperson leitet zur Spielszene über, kann diese dialogisch ergänzen, die Reaktionen der Gruppe auffangen und inhaltlich weiterführen.

Sehen, Verstehen

Abb. 3: Fiktive Charaktere als First-Person-Interpretation in Deutschland: Man unterstellt Wandergewerbetreibenden Auskunftsfähigkeit, zugleich dienen sie als regionale Identifikationsfiguren wie dieser südthüringische Kräuterhändler (Ausschnitt des Werbefaltblatts „Rudolstadt & Residenzgeflüster" vom „theater-spiel-laden Rudolstadt", 2005).

Die bekannteste *Living-History*-Vermittlungsform verzichtet auf die moderierend-distanzierende Begleitperson: In der *First-Person*-Interpretation übernehmen Spielcharaktere die Inhaltsvermittlung selbst, begegnen den Gästen als eine in der Ich-Form berichtende historische oder dem Zeitkolorit entsprechende fiktive Person (Abb. 3). Teils bedienen sie sich der museumspädagogischen Form der Dialogführung, sodass die Grenzen theatraler Darbietung weit überschritten werden: Roth erwartet, dass sich die Interpretinnen und Interpreten ihr Alter Ego gründlich erarbeiten, um die Gäste mit dessen Wissen, Vorurteilen und Emotionen, dessen individueller Biografie einschließlich genauer Ortskenntnis seiner Lebensstationen zu konfrontieren.[23] Eine distanziertere Ausprägung dieses Typs spricht zwar in der ersten Person, aber in moderner Sprache (engl. contextualist).[24]

Seinen maximal möglichen Anteil an der Geschichtsvermittlung gewinnt das historische Spiel, wenn sich der Inhalt ohne erläuternde Interpretation aus theatralen Darstellungen erschließt. Für die Nachgestaltung historischer Ereignisse hat sich der Begriff *Reenactment* durchgesetzt; Grundlagen solchen Spiels kön-

---

23 ROTH (wie Anm. 4), S. 60-62.
24 KUEGLER (wie Anm. 5), S. 102.

nen historische Fakten, aber auch fiktional-historische Stoffe („generische Ereignisse"[25]) sein. Typologisch äquivalent, aber auf Alltäglichkeit statt Ereignissen konzentriert ist das, was Deetz *Living-History*-Gemeinschaft, „full-scale community re-creation", nennt: ein *Living-History*-Museum in Andersons Sinn ohne die vermittlungsorientierte Haltung dessen Personals – die Interpreten gehen den tatsächlich notwendigen, keinen nur vorzuführenden Tätigkeiten nach und verlangen den Gästen neugieriges Erkundungsverhalten ab.[26]

Varianten des vierten und fünften Typs ergeben sich durch unterschiedliche Rollen, die die Darstellenden ihrem Publikum zuweisen: von neutralen Zeitreisenden über neutrale Zeitgenossen bis zur – dem konkreten Erscheinungsbild der Betreffenden entsprechenden oder absichtsvoll nicht entsprechenden – Einbindung in die Spielszene.[27]

Die bis hierhin führende Typenreihe ist gekennzeichnet durch den wachsenden Anteil an der Geschichtsvermittlung, wobei stets vorausgesetzt ist, dass sich die Darbietenden den Inhalt bereits angeeignet haben und ihr Wissen allenfalls in einzelnen Details abrunden. Einen Schritt weiter geht das „Mitmachtheater", das das Publikum oder einzelne Personen daraus auf die Seite der Darstellenden herüberzieht und so in der Vermittlung vorbestimmter historischer Inhalte diffuser wird, dafür aber elementare Aneignungsgelegenheiten bietet.

Die beiden nächsten Typen basieren darauf, dass sich die für die Inhalte Verantwortlichen eher als Organisierende verstehen, folglich das Publikum bei der eigenen Erarbeitung und Darbietung der Inhalte begleiten. Ein ausgewogenes Zusammenwirken beider Seiten, damit eine Balance zwischen Vermittlung und Aneignung, führt zu holistischen Inszenierungen in der Art des seit dem Jahr 2000 jährlich stattfindenden „Sonnenballs" auf Schloss Nischwitz bei Wurzen (Sachsen): Die Veranstaltenden stellen die Leistungen eines imaginären Gastgebers der Barockzeit – von den Musikern bis zu den Getränken – bereit, sodass sich das (eintritts- und kostümpflichtige) Publikum wie barockzeitliche Festgäste amüsieren kann (um „einen Traum zwischen Realität und Illusion, zwischen Tag und Nacht, zwischen opulentem Lebensgefühl und stilvollem Ausflug in die Vergangenheit zu erleben"– in den hier allerdings Irritationen wie etwas Jazzmusik oder Videokunst integriert sind).[28]

Größere Gestaltungsfreiräume und damit Aneignungsmöglichkeiten des Publikums enthalten Rollen- oder Simulationsspiele, die die Schulpädagogik als Vermittlungsform schätzt, die aber auch dem *Reenlarpment* zugrunde liegen.

---

25 HOCHBRUCK (wie Anm. 16), S. 44.
26 James DEETZ: A sense of another world. History museums and cultural change. In: Bettina Messias Carbonell (Hg.): Museum studies. An anthology of contexts. Malden MA 2004, S. 375-380, hier S. 380.
27 ROTH (wie Anm. 4), S. 32.
28 Sonnenball. Das einzigartige Kultur- und Kostümfest in Sachsen. URL: www.sonnenball. de/links/links.f.html (abgerufen am 7. Mai 2008).

Sehen, Verstehen

Abb. 4: Vielfältige Freizeitgestaltungen im Kostüm: eine Trachtengruppe, die auf Märkten klöppelt und stickt, Franziskaner als „Bier-Botschafter", gehobene Bürger des 16. Jahrhunderts, eine Stadtsoldatengruppe als Gästeführer und festlicher „Geleitschutz" des heutigen Bürgermeisters (Ausschnitt des Werbefaltblatts der Historischen Vereinigung Saalfeld (Saale) e.V., 2007).

Erlebnis- und ereignisorientierte Aneignungsformen sind sogenannte *Live-ins*: Unter zurückhaltender Begleitung von Fachleuten übernehmen die Teilnehmerinnen und Teilnehmer für mehrere Tage ohne Unterbrechung die unterschiedlichen Rollen eines historischen Szenarios; die Geschichtsvermittlung beschränkt sich auf die vorbereitenden und möglicherweise beratenden Leistungen der veranstaltenden Institution.

Freizeit- und Lebensgestaltungen, der nach Andersons Auffassung dritte Bereich von *Living History*, stellen den zehnten und letzten Typ und damit die Form mit maximalem Anteil der individuellen Aneignung historischer Inhalte. Historisches Lernen kann aber auch weit zurücktreten, wenn das Augenmerk der praktizierten historischen Lebensweise selbst (und nicht dem Wissenszuwachs) gilt oder die teilnehmenden Personen in Vermittlungspositionen eintreten – Freizeit gestaltende und kommerzielle *Reenactment*-Gruppen, die vor Publikum auftreten, machen plastisch, wie dieser zehnte Typ in den fünften Typ, die theatrale Darstellung, oszillieren kann (Abb. 4).

First-Person-Interpretation, unvermittelte theatrale Darstellungen, holistische Inszenierungen und *Live-Ins* verfolgen zwei konzeptuelle Richtungen mit un-

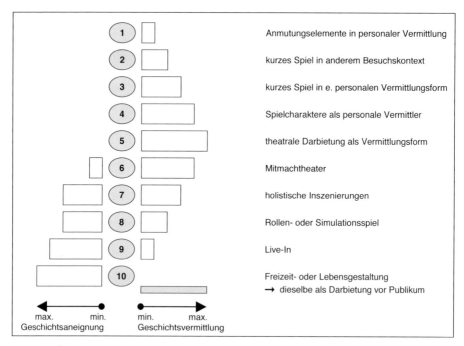

Abb. 5: Überblick der vorgeschlagenen Typologie historischen Spiels nach dem jeweiligen Grad der Geschichtsaneignung und Geschichtsvermittlung (Quelle: eigene Darstellung).

terschiedlicher Wirkung auf das Publikum: einerseits die Integration in eine Umgebung, die der Darstellung zeitlich-inhaltlich weitestgehend entspricht und damit „Zeitreisen" suggeriert, andererseits die bewusste Akzeptanz historischer Brechungen durch ein Umfeld mit gegenwärtigen Gebäuden, Verkehrsmitteln und Menschen samt ihren Gerüchen und Geräuschen.

Naturalismus und thematische Expansion als Charakteristika

Die vorliegenden historischen Daten lassen klare Entwicklungslinien, Verbreitungsnachweise und Abhängigkeiten vermissen. Umso deutlicher werden zwei allgemein vorherrschende Tendenzen. Allem voran steht eine akribische Grundhaltung, die wegen ihres Strebens nach einem in der äußerlichen Erscheinung möglichst getreuen Abbild zutreffend mit Naturalismus benannt ist. Abweichend von der museologischen Terminologie spricht die *Living-History*-Praxis gern von „authentisch" – schon 1941 verkündet der damalige Direktor von Colonial Williamsburg „authenticity has been virtually our religion".[29]

---

[29] Zitat von Kenneth Chorley in: David LOWENTHAL: The heritage crusade and the spoils of history. Cambridge 1998, S. 166.

Vielfach berichtet sind Aspekte der Kleidungsfertigung – von der Materialherstellung über Nähte bis zu Applikationen – und der sprachlichen Darbietung (Wortschatz, Aussprache, Dialekt). Auch Befindlichkeiten und Meinungen geraten ins Blickfeld: 1977 integrierte Plimoth Plantation in seine Interpreten-Schulungen das Thema „Weltsicht" – von Glaubens- und Aberglaubensinhalten bis zu Auffassungen von der Gliederung der Gesellschaft.[30]

Einzelfälle verdeutlichen extreme Versuche, den Naturalismus noch zu überbieten. 1982 fuhr der Wikingerschiff-Nachbau *Hjemkomst* von Duluth, Minnesota, nach Norwegen; Robert Asp plante dieses Projekt, um dem (unterstellten) Heimweh der einst nach Amerika gesegelten Wikinger sichtbaren Ausdruck zu verleihen.[31] Im Zusammenhang mit dem jährlich stattfindenden *Reenactment* der Schlacht an der Beresina (1812) vollziehen die Teilnehmer 2007 im weißrussischen Bryli die Beisetzung der bei Bauarbeiten aufgefundenen Gebeine von 223 französischen Soldaten, sorgfältig eingesargt, mit militärischem Zeremoniell.[32]

Dem Naturalismus verwandt erscheinen inhaltliche Expansionsbestrebungen. Die Freizeit gestaltenden Militärgruppen erobern sich die gesamte Breite und chronologische Tiefe der europäischen und amerikanischen Militärgeschichte der Neuzeit bis in die jüngste Vergangenheit. Besichtigungsbetriebe identifizieren immer neue Blindstellen ihrer Animationen; so integriert Colonial Williamsburg seit 1979 die Rollen von Sklaven und freien farbigen Menschen, 1994 findet die erste Sklavenversteigerung statt; die verbalen Darstellungen erschließen sich bisherige Tabuthemen wie Krankheit, Alkoholsucht, Sexualität und Schwangerschaft.[33]

Vorbilder des historischen Spiels im Museum

Gern wird Artur Hazelius als Vorvater der *Living History* in Anspruch genommen. Seit 1893 inszenierte er in seinem Freilichtmuseum in Skansen Festbräuche von Walpurgis, Mittsommer oder Weihnachten als einnahmeträchtige Sonderveranstaltungen.[34] Er nannte Skansen 1898 ein „lebendes Museum"; der Begriff wird an wenig theatralen Eindrücken wie dem Surren der Spinnräder, dem Klappern der Webstühle oder dem Duft des frisch gebackenen Brotes festgemacht.[35] Hazelius' Beweggrund war die Bewahrung und „Pflege" von Kulturzügen; auch in zeitnahen Würdigungen klingt weniger das Nachempfinden von Geschehen oder ein Vermittlungsanspruch an: 1916 würdigte man in England die „continuance of national costumes" und „fostering of home industries"; 1930

---

30 ROTH (wie Anm. 4), S. 33.
31 ANDERSON, Time machines (wie Anm. 1), S. 123.
32 Was war da los, Herr Michejew? In: Der Spiegel, 2007, Nr. 52, S. 60.
33 ROTH (wie Anm. 4), S. 26, 164, 169f.
34 Edward P. ALEXANDER: Museum masters. Their museums and their influence. Nashville TN 1983, S. 252f.
35 Arne BIÖRNSTAD, Ingemar LIMAN: Skansenprogrammen och tidsandan. In: Fataburen. Nordiska museet och Skansens årsbok, 1972, S. 97-112, hier S. 97.

sprach eine Selbstdarstellung des Museums vom „Wiederbeleben volkstümlicher Festgebräuche", der „Wiederaufnahme alter Tänze und Volksweisen".[36]

Einflussreicher scheint die Jahrhundertausstellung 1876 in Philadelphia gewesen zu sein. In der schwedischen Präsentation begegnete man einem anderen Beitrag zur Museumsgeschichte von Hazelius, seinen aus Objekten der ländlichen materiellen Kultur und gekleideten Figurinen zusammengesetzten Dioramen. Der Ausstellungsbeitrag von New England kontrastierte ein traditionelles Bauernhaus mit einer in fortschrittlicher Technik ausgestatteten Küche; hier führten Frauen in folkloristischem Kostüm das Publikum umher. Den State's Day von Virginia verschönt ein „mittelalterliches" Turnier, dessen Teilnehmer als Repräsentanten der dreizehn ersten Staaten der USA eine symbolische Aufladung erfahren.[37]

Bislang wenig Beachtung findet die Analogie zum Celebrity Monologue, einer seit den 1870er Jahren in den USA beliebten Form unterhaltsamer Ein-Personen-Bühnenstücke, die von überzeichneten Imitationen historischer oder zeitgenössischer Prominenter leben. Beispiele reichen bis in die jüngere Vergangenheit, so zum Beispiel fiktive Autorenlesungen des greisen Mark Twain als Broadway-Erfolg von 1966.[38]

Die – zumindest beim „Geschichtstheater" – gesehene Parallele zum historischen Festzug wird hier nicht weiter verfolgt, da sie für die Anwendung im Museum wenig Aufschluss bietet. Die bisherige Literatur sieht im historischen Festzug ein Phänomen insbesondere des 19. Jahrhunderts und stellt verwandte Formen unverbunden daneben: Triumphzüge der Renaissance- und Barockzeit, barocke Prozessionen – „theatralische Festzüge der Kirche" – oder die lebenden Bilder (franz. tableaux vivants) des 19. Jahrhunderts[39].

Entwicklungsschritte

Schon das älteste Freilichtmuseum der USA in Salem (Massachusetts) verfügt seit seiner Fertigstellung (1913) über Aufsichten und Führungskräfte in zeit- oder regionaltypischem Kostüm. Die Rekonstruktion der kolonialzeitlichen Hauptstadt von Virginia, Williamsburg, öffnete 1932 – mit Empfangsdamen im Zeitkostüm, die auch für Führungen bereitstehen. Im folgenden Jahrzehnt wurde dieses Kostümierungskonzept auf die Handwerksvorführungen und das Verkaufspersonal in den historischen Geschäften ausgedehnt.[40] 1935 gestaltete der Yosemite National Park eine Navajo-Siedlung nach, in der eine Indianerin Handwerke vorführte und dem Publikum Lieder vorsang. Historisch kostümierte Nationalpark-

---

36 F. A. BATHER: The triumph of Hazelius. In: The museums journal. The organ of the Museums Association 16, 1916, S. 132-136, hier S. 132; Skansen. Kurzer Wegweiser für eine Rundwanderung. Stockholm 1930, S. 5f.
37 ANDERSON, Time machines (wie Anm. 1), S. 25f, 135.
38 ROTH (wie Anm. 4), S. 33f.
39 Wolfgang HARTMANN: Der historische Festzug. Seine Entstehung und Entwicklung im 19. Jahrhundert (Studien zur Kunst des 19. Jahrhunderts 35). München 1976.
40 ANDERSON, Time machines (wie Anm. 1), S. 27-33.

Sehen, Verstehen

Abb. 6: Living-History-Assoziationen einer zufälligen Bildreihe: Ein historischer Themenwagen aus dem „größten Karnevalsumzug Ostdeutschlands" rollt vor dem Stadttheater, nebenan macht sich ein Postillon bereit zur Abendführung durch die Altstadt (Ausschnitt des Tourismusprospekts „Cottbus erleben – Chośebuz dozywis" der „Congress, Messe und Touristik GmbH", Cottbus, 2007).

Aufsichten (engl. Ranger) erschienen erst später – seit 1965 tragen die Ranger in Fort Davis (Texas) Militäruniformen aus den Apachenkriegen.[41]

First-Person-Interpretation gilt als Fortentwicklung der Kostümführung. Einige Besichtigungsstätten des National Park Service bieten seit den 1930er Jahren Kostümführungen an, in den 1960er Jahren hat sich dieses Angebot beim NPS durchgesetzt. Ende jenes Jahrzehnts sollen die ersten Führungen in Ich-Form stattgefunden haben.[42] 1970 und 1974 produzierte der NPS jeweils ein Handbuch, um seinen Führungskräften die Demonstrationen und das Rollenspiel zu erleichtern.[43] *First-Person*-Interpretation gilt zugleich als intuitive Entdeckung von Führungskräften in Plimoth Plantation, Plymouth (Massachusetts), während der 1970er Jahre; sie wurde dort 1978 als Standard eingeführt.[44]

Theatrale Darbietungen ohne überleitende Moderation finden sich beim 1929 erstmals veranstalteten Ereignis „Helldorado": Die verbliebene Einwohnerschaft der vormaligen Bergbaustadt Tombstone (Arizona) führt vor den „Kulissen" ihrer Stadt Wildwest-Szenen auf.[45] Das Angebot kurzer Sketche in anderen

---

41 KUEGLER (wie Anm. 5), S. 15, 20.
42 ROTH (wie Anm. 4), S. 31.
43 ANDERSON, Time machines (wie Anm. 1), S. 36.
44 James DEETZ: The changing historic house museum: Can it live? In: Jay Anderson (Hg.): A living history reader. Bd. 1: Museums. Nashville TN 1991, S. 15-17; ANDERSON, Time machines (wie Anm. 1), S. 50f.
45 KUEGLER (wie Anm. 5), S. 15.

Markus Walz

Besichtigungszusammenhängen gilt dagegen als jüngste Darstellungsform, 1998 in Colonial Williamsburg eingeführt.[46]

Mit *Live-Ins* experimentieren seit den 1970er Jahren universitäre „Exkursionen" in den USA; das Washburn-Norlands Living History Center, Livermore Falls (Maine), bietet Erwachsenen seit 1977 mehrtägige *Live-Ins* im Bauernhaus des Zeitstands 1870 an, für Schülerinnen und Schüler „Mini-*Live-Ins*" (Übernachtaufenthalte). Seit 1975 lebt eine niederländische Gruppe in regelmäßigen mehrwöchigen Aufenthalten steinzeitliche Lebensweisen nach. *Live-Ins* gewinnen eine neue Dimension als massenmediales Programmformat: Die BBC versetzte 1977/78 fünfzehn Menschen für ein ganzes Jahr in die Eisenzeit, um eine Fernsehserie zu drehen.[47] Das deutsche Publikum wird sich an etliche Serien der ARD erinnern, von „Schwarzwaldhof" über „Gutshaus 1900" bis zur „Bräuteschule 1958".

Als ältester Verein im *Living-History*-Umfeld der USA erscheint 1933 die *National Muzzle Loading Rifle Association*, ein Verband für Frontlader-Enthusiasten. Die erste Nachstellung einer historischen Militäreinheit folgte erst 1958; militärische *Reenactments* boomen im Zuge der Gedenkfeiern des amerikanischen Bürger- und Revolutionskrieges. Als erstes ziviles *Reenactment* gilt das 1936 nachgestellte „Rendezvous" von Trappern und Indianern zwecks Pelzhandels im Green River Valley (Wyoming) – eine in angekündigte Spielszenen mit abschließender Kostümprämierung gegliederte öffentliche Darbietung.[48]

Die Nachgestaltung historischer Agrarbetriebe basiert auf einem seit 1965 erarbeiteten, vom Landwirtschaftsministerium, dem National Park Service und der Smithsonian Institution gleichermaßen unterstützten Masterplan von bis zu fünfzig *Living-History*-Farmen zu den wichtigsten Entwicklungsstufen und regionalen Ausprägungen der Agrarwirtschaft in den USA. Der entsprechende Dachverband, die Association for Living History Farms and Agricultural Museums, gründet sich 1970; um 1990 existieren bereits 140 derartige Besichtigungsbetriebe.[49]

Entwicklungslinien für Deutschland wurden bislang nicht gezeichnet. Offenbar setzten aber nicht Besichtigungsbetriebe die frühen Akzente, sondern Freizeit- und Lebensgestaltungen, selbst wenn man karnevalistische Stadtsoldaten oder historische Schützenbruderschaften außer Acht lässt. Ein „Stammesregister" kölnischer Hobbyistengruppen beginnt mit den „Vringsveedeler Dschungelbröödern" (1950) und den „Präriefreunden Köln" (1951).[50] Im europäischen Überblick gelten die

---

46 Sabine SCHINDLER: Authentizität und Inszenierung. Die Vermittlung von Geschichte in amerikanischen historic sites (American Studies 112). Heidelberg 2003, S. 46.
47 ANDERSON, Time machines (wie Anm. 1), S. 123-129; Tracey Linton CRAIG: Retreat to history. In: Jay Anderson (Hg.): A living history reader. Bd. 1: Museums. Nashville TN 1991, S. 142-149, hier S. 144f, 148.
48 ANDERSON, Living history (wie Anm. 2), S. 9f; ANDERSON, Time machines (wie Anm. 1), S. 136-138, 161.
49 ANDERSON, Living history (wie Anm. 2), S. 5; ANDERSON, Time machines (wie Anm. 1), S. 37-39; KUEGLER (wie Anm. 5), S. 19f.
50 Petra HARTMANN, Stephan SCHMITZ: Kölner Stämme. Menschen, Mythen, Maskenspiel. Köln 1991, S. 151-157.

1980er Jahre als Ausbreitungsphase der „Hobbyistengruppen", vor dem in den 1990er Jahren einsetzenden Boom.[51]

Das erste theatrale Vermittlungsangebot in deutschen Ausstellungen hält 1987 die Heinrich-Hertz-Ausstellung von Stadt und Universität Karlsruhe bereit: eine die Ausstellung durchquerende Aufführungsfolge kurzer Spielszenen ohne moderierende Begleitperson.[52] Breite Resonanz im Museumswesen findet die Ausstellung „Revolution in Baden" des Badischen Landesmuseums Karlsruhe (1998), in der vier Schauspieler die Ausstellungsgäste im Verlauf eines viermal täglich aufgeführten, siebzigminütigen Stationentheaterstücks mit sechzehn Szenen der Revolutionszeit konfrontierten.[53] Isolierte Anmutungselemente sind gewiss länger präsent; man denke an historisch uniformiertes Personal bei den sogenannten Museumseisenbahnen (ältester deutscher Betrieb seit 1966 in Bruchhausen-Vilsen).

Entwicklungspotenziale für historisches Spiel im Museum

Historisches Spiel nimmt in der Geschichtsdidaktik einen ähnlich marginalen Platz ein wie in der Museumspädagogik; dennoch liefert die Fachdidaktik Anstöße zur Weiterentwicklung. Manche Geschichtsdidaktiker sehen vielfältige Einsatzmöglichkeiten für historisches Spiel („zur Motivierung, zur Problematisierung, zur Veranschaulichung historischer Zusammenhänge, zur Festigung des Gelernten, zur Lernzielüberprüfung und auch zur Vertiefung"[54]). Aus dieser Sicht verwundert die vorherrschende Orientierung des historischen Spiels auf Inhaltsvermittlung, gleichermaßen die Verwendung weniger Spielformen – Simulations-, aber auch Imitationsspiele fehlen im Museum weitgehend.

Die geschichtsdidaktische Literatur sieht historisches Spiel ausschließlich in handlungsorientierten Lernsituationen, während die Museumsprogramme dem Publikum eher eine passiv-rezeptive Rolle, bestenfalls mit Dialoggelegenheit, zuweisen – hier können beide Sektoren voneinander profitieren. So kann sich historisches Spiel auch im Museum dazu eignen, „Alternativen auszuspielen" und unterschiedliche Perspektiven eines Sachverhalts auszuloten.[55]

---

51 Roeland PAARDEKOOPER: The public confronted with the reconstructed past – and what about the archaeologists? In: Museumsblatt. Mitteilungen aus dem Museumswesen Baden-Württembergs. Nr. 38, 2005, S. 20-23, hier S. 21.
52 KLEIN (wie Anm. 18), S. 81.
53 Wolfgang G. SCHMIDT, Babette STEINKRÜGER: Schauspieler zeigen die Revolution von 1848/49. Was können Theater- und Schauspielpädagogik im Museum leisten? In: Inszenierte Geschichte(n). Museumstheater, Aktionsräume, Bildgeschichten, Umfragen. Am Beispiel der Landesausstellung 1848/49. Revolution der deutschen Demokraten in Baden. Baden-Baden 1999, S. 69-78, hier S. 71f, 77; Kurt RANGER: Anschaulich ausstellen. Bilder erzählen Geschichte. In: Ebenda, S. 11-17, hier S. 13f.
54 Horst W. HEITZER: Geschichte spielen. In: Waltraud Schreiber (Hg.): Erste Begegnungen mit Geschichte. Grundlagen historischen Lernens. Teilbd. 1 (Bayerische Studien zur Geschichtsdidaktik 1). Neuried 1999, S. 635-660, hier S. 655.
55 MEIER, Rollenspiel (wie Anm. 21), S. 326-328.

Markus Walz

Abb. 7: Visuelle Kontraste als eine Inspiration für historisches Spiel: Besichtigung des ältesten in Dienst stehenden Kriegsschiffs der Welt, der U.S.S. Constitution von 1778 mit modern gekleideter Besatzung im jetztzeitlichen Marinehafen von Boston (Foto: Markus Walz, 1997).

Geschichtswissenschaftliche Grundeinsichten klingen nur verhalten an. Zumindest bemerkt der Forschungsleiter von Colonial Williamsburg die Perspektivität der Darstellung und die notwendige didaktische Reduktion („The obligation we feel at Colonial Williamsburg to teach a history worth remembering clearly implies that we recognize the necessity of making careful choices from among the many true stories of the past we could present."[56]).

Konstruktivistische Erwägungen sind an der bisherigen *Living-History*-Literatur vorbeigegangen – von einem einzelnen Textabsatz[57] abgesehen. Die bruchlose Verknüpfung von gestalteter Landschaft, Bauwerken, Exponaten und personalen Vermittlungsformen zu „facsimiles of entire cultures [...] down to the last footscraper"[58] verdeckt sowohl deren Konstruiertheit als auch die Darstel-

---

56 Zitat von Cary Carson (1990) in: Eric GABLE, Richard HANDLER, Anna LAWSON: On the uses of relativism: fact, conjecture, and black and white histories at Colonial Williamsburg. In: American Ethnologist 19, 1992, S. 791-805, hier S. 795.
57 ROTH (wie Anm. 4), S. 23.
58 Zitat von James Deetz in: ANDERSON, Living history (wie Anm. 2), S. 7.

lungsabsicht der veranstaltenden Institution (Abb. 7). Schon 1974 verhallte die Forderung, das Publikum müsse dafür sensibilisiert werden, dass die Nachgestaltungen weder vollständig noch authentisch seien.[59] Symptomatisch erscheint Deetz' widersprüchliche Haltung: Er empfiehlt holistische Präsentationen, in die die Gäste wie zur Feldforschung eintauchen sollen, und hofft, dass die historischen Personen sich dort „at home" fühlten; gleichwohl weiß er um die interessengeleitete Ausschnitthaftigkeit („the possibility of any such simulation being true to what it is attempting to re-create is exeedingly slim").[60]

Konstruktivistische Grundeinsichten, die bei den Museumsfachkräften für die Ausstellungsplanung an Akzeptanz gewonnen haben, lassen sich unverändert für historisches Spiel vortragen: Da Geschichte historische Realitäten nicht maßstabsgetreu wiedergibt, sondern nur im menschlichen Bewusstsein konstruiert wird, erübrigen sich alle Versuche, „Vergangenheit quasi lückenlos und authentisch zu rekonstruieren", die „synthetische Welt der Ausstellung" als eine scheinbar reale anzubieten.[61]

Historisches Spiel bietet folglich eines von mehreren Geschichtsbildern; die Geschichtsdidaktik erwartet Ansatzpunkte zu deren Kritik und Dekonstruktion. Schreiber stellt eine „Sechs-Felder-Matrix des Geschichtsbewusstseins" vor, die drei Fokussierungen des Umgangs mit Geschichte – auf Vergangenheit, auf deren Darstellung, auf deren Gegenwarts- oder Zukunftsbezug – über die Operationen des (Re-)Konstruierens und Dekonstruierens bricht.[62] Nach diesem Modell hebt die bisherige *Living-History*-Literatur überwiegend auf zwei konstruierende „Basisoperationen" ab („aus den Quellen rekonstruieren" und „Vergangenes in Kontexte setzen und darstellen"); Dekonstruktionsangebote sind bisher kein Diskussionsgegenstand (in dieser fertigen Geschichte Aussagen über Vergangenes zu suchen, die Erzählweise dieser Geschichte und die darin gewählten Gegenwartsbezüge aufzudecken). Manches historische Spiel erfüllt nicht einmal die beiden konstruierenden „Basisoperationen": Borries vermisst das notwendig begleitende „historische Denken", die Bildung und Prüfung von Hypothesen, um Bedeutungsebenen aufzuschließen, ohne deren Kenntnis das Spiel eine „quasikonkrete, quasi-historische Hilfs-Operation" bleibt.[63]

---

59 Robert RONSHEIM: Is past dead? In: Jay Anderson (Hg.): A living history reader. Bd. 1: Museums. Nashville TN 1991, S. 170-174, hier S. 171.
60 DEETZ, A sense of another world (wie Anm. 26), S. 375, 379.
61 Heinrich Theodor GRÜTTER: Geschichte sehen lernen. Zur Präsentation und Rezeption historischer Ausstellungen. In: M. Erber-Groiß u.a. (Hgg.): Kult und Kultur des Ausstellens. Beiträge zur Praxis, Theorie und Didaktik des Museums. Wien 1992, S. 178-188, hier S. 182f.
62 Waltraud Schreiber in: Stefanie ZABOLD, Waltraud SCHREIBER: Mit Geschichte in Ausstellungen umgehen lernen. In: Waltraud Schreiber u.a. (Hgg.): Ausstellungen anders anpacken. Event und Bildung für Besucher. Ein Handbuch (Bayerische Studien zur Geschichtsdidaktik 8). Neuried 2004, S. 197-224, hier S. 203-206.
63 Bodo von BORRIES, unter Mitarbeit v. Andreas KÖRBER: Geschichtsbewußtsein als System von Gleichgewichten und Transformationen. In: Jörn Rüsen (Hg.): Geschichtsbewußtsein. Psychologische Grundlagen, Entwicklungskonzepte, empirische Befunde (Beiträge zur Geschichtskultur 21). Köln 2001, S. 239-280, hier S. 271.

Markus Walz

Perspektiven für die Naturalismus-Spirale der letzten Jahrzehnte

Die beobachtete Tendenz, immer mehr wahrnehmbare Details eines Spiels der zugrunde liegenden historischen Situation anzupassen, steht vor wenig günstigen Aussichten.

Zunächst ist die prinzipielle Begrenztheit verschiebbar, aber unaufhebbar: Wer im (befristeten) *Live-In* schlecht wirtschaftet, muss im folgenden Jahr nicht hungern oder Krankheiten erleiden; ökonomische und gesellschaftliche Bedingungen jenseits der räumlichen Grenzen der Spielstätte und deren Auswirkungen auf den Spielort im gewählten Zeitfenster lassen sich bestenfalls in der Art der theatralen „Mauernschau" integrieren; die Gäste kontrastieren die Szenen mit ihrem gegenwärtigen Erlebnishorizont, vermögen aber kaum etwas einzuspiegeln von den im Spielzeitraum durchaus bewussten Kenntnissen und Erfahrungen aus Zeiten, die die Spielhandlung nicht abdeckt.

Viele gewünschte Inhalte lassen sich nicht hinreichend verifizieren, um sie naturalistisch zu inszenieren nach dem Leitsatz „Interpretation should be grounded in documentation, ensuring historical validity"[64]. Bemerkenswert ist in Colonial Williamsburg die fachliche Akzeptanz fiktionaler Darbietungen und die Bereitschaft, dem Publikum diesen Sachverhalt zu erklären, weil man die Geschichte der farbigen Bevölkerung darstellen will, aber die notwendige Faktendichte fehlt.[65]

Zentrale Elemente der Darbietung bleiben gegenwartsbasiert: Die Körpergrößen, Physiognomien, Ernährungs- und Gesundheitszustände der Darbietenden sind unveränderlich; die Verteilung der Darbietenden auf Altersklassen basiert auf dem Rekrutierungsverfahren, ohne das historische Vorbild jemals erreichen zu können – man denke nur an die hohe ehrenamtliche Mitwirkungsbereitschaft von Menschen jenseits des fünfzigsten Lebensjahrs oder die vergleichsweise geringe Anzahl der Kinder in der gegenwärtigen Gesellschaft.

Die Naturalismus-Steigerung steht vor rechtlichen und ethischen Schranken: Auch wenn es gelingt, körperlich und geistig Beeinträchtigte als Darstellende zu gewinnen, wird diesen eine realistisch randständige Rolle ebenso wenig zuzumuten sein wie der Verzicht beispielsweise auf orthopädische Hilfsmittel; nur wenige Eltern werden historische Formen der Säuglingsfürsorge, etwa das Wickelkind im Steckkissen, als günstig für die Entwicklung ihres Nachwuchses einschätzen. Vielfältige Rechtsvorschriften zur Begrenzung von Kinderarbeit und der Arbeitszeit allgemein, zur Einhaltung hygienischer Standards, zum Tier-, Natur- oder Umweltschutz, zur Barrierefreiheit für Menschen mit Behinderungen sowie zur Unfallverhütung bei Darbietenden und beim Publikum begrenzen naturalistisches Streben.

---

64 ROTH (wie Anm. 4), S. 43.
65 GABLE/HANDLER/LAWSON (wie Anm. 56), S. 798.

Mangelnde Praktikabilität und Sicherheit verhindern, Besichtigungsstätten nach Sonnenuhr-Terminen zu betreiben oder interne Einkaufsmöglichkeiten auf historische Zahlungsmittel umzustellen.

Weitere Grenzen setzen die Zielgruppen: Roth betrachtet Körperfunktionen, Gewalttätigkeit, sexuelle Orientierung aber auch Flüche als Tabus für familienfreundliche Besichtigungsbetriebe.[66] Manche Naturalismen stoßen auf wenig Akzeptanz, etwa schlammige Fußwege, üble Gerüche oder Trockenklosetts; andere finden unerwünschte Zustimmung, etwa xenophobe oder misogyne Sprüche. Mühsam erarbeitete historische Dialekte oder nicht mehr bekannte Vokabeln verbreiten die naturalistische Atmosphäre, verhindern aber das inhaltliche Verständnis. Der Superintendent der kanadischen Fortress of Louisbourg sieht sich vor einer undankbaren Aufgabe: Die Gäste beschweren sich über Unbequemlichkeiten; erspart man ihnen diese, sprechen Kritiker von „Zuckerguss-Geschichte".[67] Deetz möchte aus den passiven Museumsgästen Beobachter machen, die sich die dargebotenen Szenen ohne dazwischentretende Vermittlung wie in einem Feldforschungsprojekt selbst erschließen – was nicht alle auf sich nehmen.[68]

Colonial Williamsburg wechselt zwei Programmtypen der 1970er Jahre wegen Irritation der Gäste aus: Offensiv das Gespräch suchende *First-Person*-Interpretationen weichen monologisierenden Darstellungen; zunächst allein monologisierende Sklaven, freie Farbige oder aggressive Wanderprediger bekommen voran- und nachgestellte Erläuterungen.[69]

So etablieren sich Vermittlungstätigkeiten für die Vermittlungsform historisches Spiel: *First-Person*-Interpretationen beginnen mit einer neutralen Einführung (engl. self-introduced roleplay). *Greeters* empfangen die Gäste eines Besichtigungsbetriebs und erläutern vorab schwer verständliche Elemente der folgenden Darbietungen, eine erkennbar jetztzeitliche Begleitperson erläutert die Spielszenen; solche Vermittlung der Vermittlung heißt *guided first-person* oder, wegen des erprobten Kleidungssignals, *Red T-Shirting*. Old Sturbridge Village bietet *Fourth-Wall-Scenes* an: einführende und abschließende Erläuterungen zu einer Spielszene, wobei auf die Anwesenheit des Publikums während der gesamten Sequenz geachtet wird.[70]

Einige US-amerikanische *Reenactment*-Gruppen überwinden derartige Beschränkungen mit strikter Abgrenzung von der Öffentlichkeit. Nachstellungen von Wehrmacht- oder Waffen-SS-Einheiten werden zu *Live-Ins*; die Beteiligten haben

---

66 ROTH (wie Anm. 4), S. 164.
67 John FORTIER: Thoughts on the re-creation and interpretation of historical environments. In: Jay Anderson (Hg.): A living history reader. Bd. 1: Museums. Nashville TN 1991, S. 18-24, hier S. 22.
68 James DEETZ: The link from object to person concept. In: Jay Anderson (Hg.): A living history reader. Bd. 1: Museums. Nashville TN 1991, S. 206-212, hier S. 210f.
69 SCHINDLER (wie Anm. 46), S. 47; ROTH (wie Anm. 4), S. 168-170.
70 ROTH (wie Anm. 4), S. 131, 166, 183f.

Markus Walz

Abb. 8: Selbstverwirklichung als Motivation der Mitarbeiterinnen: Der Inszenierung des Jahrestreffens des Frauen-Wohltätigkeits-Vereins im Besichtigungsbetrieb Old Sturbridge, Sturbridge (Massachusetts), unterlegt Anderson „Sturbridge ladies enjoy both cameraderie and regional specialities, as they spent a pleasant afternoon eating on the job." (Text und Foto: Jay Anderson: Time machines. The world of living history. Nashville, 1984, S. 41).

Gelegenheit, bei Schlechtwetter im Morast zu campieren, realistisch verschmutzte Uniformen zu tragen und auch Mangelernährung zu erleben.[71]

Zielsetzungen von historischem Spiel

Vielfache Betonung finden persönliche Beweggründe der Akteurinnen und Akteure – die Nähe zur Freizeit- und Lebensgestaltung ist unverkennbar. Die vorgetragenen persönlichen Antriebshintergründe fallen in die Kategorien individuelles historisches Lerninteresse, Streben nach Selbsterfahrung in einer gespielten Rolle und die soziale Erfahrung in der spielenden Gemeinschaft (Abb. 8).

Diese Sozial- und Persönlichkeitsbezüge des Spiels werden auch didaktisch genutzt: Schulpädagogen schätzen die „szenische Reflexion" über Widersprüche zwischen intendierten und tatsächlichen Haltungen, Selbst- und Fremdwahrneh-

---

71 KUEGLER (wie Anm. 5), S. 44.

mung.[72] Die aktuelle Theaterpädagogik stellt den Erkenntniszugang durch die Wahrnehmung des eigenen Körpers vor rationalen Nachvollzug, betrachtet „Selbstauseinandersetzung" als Mittel zu einer neuen Sicht auf die Welt und die eigene Persönlichkeit.[73]

Dem eigenen Lerninteresse der Agierenden entspricht der markant in den Vordergrund geschobene Bildungsanspruch der Vermittlungsprogramme. In dieselbe Richtung weisen Bemühungen, mit entsprechend ausgewählten Themen des historischen Spiels den intergenerational-intrafamilialen Dialog zu stärken, und die berichtete Vorliebe der Interpretinnen/Interpreten, allein und nicht als Dialoggruppe aufzutreten und Interaktion mit dem Publikum zu suchen.[74] Der Bildungsanspruch steht auch hinter der Auffassung, dass historisches Spiel aufrütteln müsse: „Reine Information ist keine Interpretation. Interpretation ist eine Offenbarung, die auf Information basiert. [...] Das Hauptziel der Interpretation ist nicht Belehrung, sondern Provokation."[75] Weiterhin bestehen auch erklärte Absichten, mit dem Angebot eines „realistischen Verständnisses von Geschichte" Fortbildung für ihrerseits geschichtsvermittelnd Tätigen wie Lehrerinnen und Lehrer zu betreiben.[76]

Relativierend ist dabei zu sehen, dass die amerikanische Literatur damit einerseits den seit Jahrzehnten dominanten pädagogischen Impetus der US-Museen weiterverarbeitet, andererseits Grenzen zu *Living History* als Freizeitgestaltung ziehen will.

Beherrschender Topos der pädagogisch orientierten Argumente ist der emotional-empathische Zugang zu den Darstellungsinhalten. *First-Person*-Interpretation soll dem historischen Bericht eine individuell-emotionale Dimension verleihen,[77] historisches Spiel allgemein ermöglicht den Darstellenden und ihrem Publikum, sich in historische Sachverhalte einzufühlen, die Binnensicht historischer Handlungsantriebe und Verhaltensweisen zu gewinnen: Empathie statt Distanz, Verstehen statt Memorieren durch die Wiedergabe von Gefühlen, Geisteshaltungen, Überzeugungen.[78] Einseitiger auf das Publikum ausgerichtet erklärt sich das Ziel der in Gruppenführungen integrierten Spielszenen bei der Ausstellung „Salzburg in Bayern: Mühldorf am Inn" (2002), „ein informatives und gleichzeitig emotional berührendes Erlebnis" zu verschaffen, während das im begleitenden Theaterworkshop für Kinder enthaltene Imitationsspiel dem Publikum den Sachverhalt möglichst inhaltsgetreu wiedergeben will, mit den Kindern aber

---

72 Ingo SCHELLER, Rolf SCHUMACHER: Das szenische Spiel als Lernform in der Hauptschule. Oldenburg 1984, S. 16.
73 Tanja BIDLO: Theaterpädagogik. Einführung. Essen 2006, S. 145, 156.
74 ROTH (wie Anm. 4), S. 93, 122.
75 Freeman TILDEN, „sechs Grundprinzipien für die Interpretation von Stätten unter der Verwaltung des National Park Service". In: Ders.: Interpreting our heritage. Chapel Hill NC 1977, Zitat in deutscher Übersetzung bei KUEGLER (wie Anm. 5), S. 16.
76 Mark L. GARDNER: Living history along the Santa Fe Trail. In: Jay Anderson (Hg.): A living history reader. Bd. 1: Museums. Nashville TN 1991, S. 54-56, hier S. 56; KUEGLER (wie Anm. 5), S. 76.
77 ROTH (wie Anm. 4), S. 60.
78 ANDERSON, Time machines (wie Anm. 1), S. 20, 191.

trainiert, andere Menschen „durch Empathie und Nachahmung von innen her zu verstehen".[79] Markant empathisch erklärt sich ein vom Ausstellungsbesuch abgelöstes Workshop-Angebot der Ausstellung „Revolution in Baden": Es bietet den Gästen Gelegenheit, „selbst die Rollen der Revolution zu spielen, um deren Gemütslagen, Beweggründe und Motive am eigenen Leib zu spüren, kennenzulernen und eben nicht nur über den Kopf zu erfahren".[80]

Als dritter Zweck tritt markant ein ökonomisch oder in Werten öffentlicher Resonanz gemessenes Ergebnisinteresse auf. Der Besichtigungsbetrieb Connor Prairie (Indianapolis) bietet seit 1985 eine Begräbnisinszenierung an – und berichtet über gestiegene Besuchezahlen sowie bestplatzierte Presseberichte.[81]

Das historische Spiel ordnet sich hier dem Eventmarketing zu. Gebhardt betrachtet Events als Form des Festes ohne Bindung an Institutionen oder bestimmte Gemeinschaften. Nach seiner Definition sind Events mit dem Anspruch der Einzigartigkeit planmäßig erzeugte Ereignisse, weitgehend ohne individuelle Gestaltungsfreiräume; sie bedienen sich der „Formensprache eines kulturellen und ästhetischen Synkretismus" in der Vernetzung unterschiedlicher ästhetischer Ausdrucksformen, bleiben aber „monothematisch fokussiert".[82] Die geforderte Einzigartigkeit muss der Wiederholungstendenz des historischen Spiels im Museum nicht widersprechen, da die Publikumsperspektive auf die Erlebnisangebote dominiert.

Eventmarketing realisiert entsprechende Veranstaltungen nicht als eigentliche Leistung des betreffenden Unternehmens, sondern als Instrument der Unternehmenskommunikation, das – auch unterhalb des Wahrnehmungshorizonts der Teilnehmenden – Beschaffungs- oder Absatzinteressen des Unternehmens bewegen will, indem Erlebnisse der Profilierung des Unternehmens oder seines Produkts dienen, sei es als „offenes" (breites Publikum) oder „geschlossenes Event" (z.B. für die Belegschaft)[83].

---

79 Achim BIELER, unter Mitarb. v. Marina LÖTSCHERT: Die Ausstellung als Bühne. Schauspieler „führen". In: Waltraud Schreiber u.a. (Hgg.): Ausstellungen anders anpacken. Event und Bildung für Besucher. Ein Handbuch (Bayerische Studien zur Geschichtsdidaktik 8). Neuried 2004, S. 481-489, hier S. 486; Katja LEHMANN, Stefanie ZABOLD: Hexen, Henker, Hochgericht. Kinder machen Theater. In: Ebenda, S. 563-581, hier S. 578.
80 SCHMIDT/STEINKRÜGER (wie Anm. 53), S. 77.
81 John PATTERSON: Connor Prairie refocuses its interpretive message to include controversial subjects. In: Jay Anderson (Hg.): A living history reader. Bd. 1: Museums. Nashville TN 1991, S. 115-118.
82 Winfried GEBHARDT: Feste, Feiern und Events. Zur Soziologie des Außergewöhnlichen. In: Ders. u.a. (Hgg.): Events. Soziologie des Außergewöhnlichen (Erlebniswelten 2). Opladen 2000, S. 17-31, hier S. 19-21.
83 Ingomar KLOSS: Werbung. Handbuch für Studium und Praxis. 4., vollst. überarb. Aufl. München 2007, S. 555f.

Sehen, Verstehen

Abb. 9:
Kontextwechsel historischen Spiels: Die „Magd Brunhilde" aus den „Ritterspielen" in Oybin (Sachsen) führt das Publikum seit 2005 anschließend durch die Burg- und Klosterruine. 2006 animiert sie die Fahrgäste der Schmalspurbahn zur Ruinenbesichtigung, 2007 wirbt die Bahngesellschaft „Magdbegleitung ab Zittau!" (Vorderseite des Werbeblatts der Sächsisch-Oberlausitzer Eisenbahngesellschaft, Zittau, 2006/07; siehe auch URL: http://www.burg-oybin.de, abgerufen am 13. Mai 2008).

Probleme von historischem Spiel im Museum

Aus der Praxisnähe der bisherigen Literatur ergibt sich eine positive Bewertungstendenz, darum sollen mögliche negative Effekte für eine kritische Wertung benannt werden.

In der Alt-Bundesrepublik der 1980er Jahre wurde im Umfeld der volkskundlichen Freilichtmuseen eine lebhafte Diskussion um die Berechtigung von Freizeit- und Unterhaltungsveranstaltungen geführt; Zippelius' Befürchtung, die historischen Bauten verkämen zu „Kulissen für folkloristisches Theater"[84], klingt wie ein Vorgriff auf die gegenwärtige Diskussion um *Living History*. Das vielfach vor-

---

84 Adelhart ZIPPELIUS: Der Aufgabenkatalog der Freilichtmuseen im Zugriff der Freizeitgestalter. In: Museumsblatt. Mitteilungen aus dem Museumswesen Baden-Württembergs. Nr. 1, 1990, S. 16-22, hier S. 19.

Abb. 10: Ein öffentlich-rechtliches Schlossmuseum als Kulisse eines Epochen-Potpourris: Zum „Ritter-Turnier" vor Schloss Neuenburg in Freyburg gehören seit 2006 die für alle offenen Meisterschaften „Ludus Maximus" – „… modernes Sportoutfit ist verpönt. Höchst willkommen hingegen sind uns Kämpfer im ‚Look' sämtlicher historischer Zeitepochen …" (Ausschnitt des Werbefaltblatts, 2007).

getragene Gegenargument aus der *Living-History*-Praxis kreist um die Begriffe Qualität und „Authentizität": Angreifbar, beispielsweise wegen folkloristischer Tendenzen, seien Spielformen fragwürdiger Qualität, wobei sich Qualität wesentlich am Grad eines sorgfältig erarbeiteten Naturalismus festmache.

Auffällig ist ein ambivalentes Verhältnis des historischen Spiels zum – wenigstens in konservativer Sicht – Zentrum der Museumsarbeit, den Musealien. In amerikanischer Sicht erscheinen europäische Freilichtmuseen leer, „crying out for actors to illustrate past life".[85] Die ausgestellte materielle Kultur wäre demnach Grundlage

---

85 G. Ellis Burcaw: Introduction to museum work. 2. erw. Aufl., Nashville TN 1983, S. 141.

und Hintergrund der Spielszenen. Plimoth Plantation setzt ganz auf die Fähigkeit der Gäste, ihre Interessen selbst zu artikulieren; dort geraten die Dinge (neben den Tätigkeiten der Darstellerinnen und Darsteller) sogar in die Position des alleinigen Gesprächsanstoßes.[86] Allerdings ist die Anlage aus praktischen Gründen mit Reproduktionen ausgestattet; die seit der Gründung (1947) zusammengetragene Sammlung originaler Objekte wird nach dem Formwechsel zum *Living-History*-Museum (1967) versteigert – für Anderson die Transformation eines Museums für historische Möbel zu einem lebenden historischen Dorf.[87] Dagegen verwendet das Washburn-Norlands Living History Center historische, aber nicht zum authentischen Hausrat gehörende Dinge.[88]

Die Verbindung von Museum und historischem Spiel schafft Seriositätsprobleme: Teilnehmende Beobachtungen in Colonial Williamsburg führen zum Schluss, dass der hypothetische und interpretative Charakter der Spielinhalte zwar klar angesprochen wird, die Präsenz der sorgfältig aufbewahrten Musealien jedoch diese Information mit der Autorität des Ortes von Authentizität und Wahrheit überlagert und zunichte macht.[89] Eigenaktivitäten, die indirekt ihre darstellerischen Elemente – unzulässig – authentifizieren, entfalten amerikanische *Living-History*-Museen dadurch, dass sie im Wettbewerb mit kommerziellen Themenparks auf gesicherte Fakten und originale Sachzeugen als Basis ihres „Edutainments" verweisen[90].

Weiterhin steht in der Kritik, dass historisches Spiel den existierenden Medienverbund Museumsausstellung mit zusätzlichen Elementen auflädt. Nach einer Einzelmeinung bergen synthetische Medienverbünde grundsätzliche Nachteile, weswegen theatrale und ausstellende Elementen klar getrennt werden sollten: „Nur dadurch können kunst- und theaterpädagogische Arbeit die Nicht-Darstellbarkeit von Wirklichkeit erfahrbar machen und gleichzeitig ein Bewusstsein dafür schaffen, dass das eine System nicht in das andere ‚übersetzbar' ist."[91]

Die Vermehrung visueller Angebote macht noch unvorhersehbarer, womit sich die Museumsgäste näher befassen. Folgt man den viel zitierten Formeln von Heiner Treinen, dass der Museumsbesuch eine „angeleitete Tagträumerei", ein „aktives Dösen" sei,[92] wendet sich das Interesse der Museumsgäste mal hierhin, mal dorthin; je mehr Abwechslungen geboten sind, desto angenehmer, zerstreuender mag

---

86 SCHINDLER (wie Anm. 46), S. 211.
87 Jay ANDERSON: Serious play. In: Ders. (Hg.): A living history reader. Bd. 1: Museums. Nashville TN 1991, S. 215-221, hier S. 219; ANDERSON, Time machines (wie Anm. 1), S. 47-50.
88 CRAIG (wie Anm. 47), S. 147.
89 GABLE/HANDLER/LAWSON (wie Anm. 56), S. 794f.
90 SCHINDLER (wie Anm. 46), S. 108.
91 Ulrike HENTSCHEL: Alles Theater? Die Chancen szenischen Spiels in der Ausstellungspraxis. In: Gabriele Kindler (Hg.): MuseumsTheater. Theatrale Inszenierungen in der Ausstellungspraxis (Schriften zum Kultur- und Museumsmanagement). Bielefeld 2001, S. S. 43-56, hier S. 54.
92 Heiner TREINEN: Das Museum als kultureller Vermittlungsort in der Erlebnisgesellschaft. In: Vom Elfenbeinturm zur Fußgängerzone. Drei Jahrzehnte deutsche Museumsentwicklung. Versuch einer Bilanz und Standortbestimmung (Schriften des Rheinischen Museumsamtes 61). Opladen 1996, S. 111-121, hier S. 118.

der Museumsbesuch empfunden werden, umso undefinierbarer wird aber auch, ob vom Museum angestrebte Wirkungen erreicht werden.

Bernhard Graf verweist auf die Problematik der Knowledge-Gap-Theorie: Die wachsende Menge bereitstehender Informationen verleitet das Massenmedien-Publikum zur Fehleinschätzung, gut informiert zu sein, und so zur Bereitschaft, eine geringere Tiefe und Genauigkeit aufgenommener Informationen für hinreichend einzuschätzen.[93] Die daher steigende Bedeutung nachlaufender Kommunikation, um aufgenommene Informationen zu verarbeiten und Kenntnisse zu festigen, begründet eher eine Konzentration der Besichtigungsangebote auf zentrale Aspekte (außerdem Forderungen nach mehrgliedrigen museumspädagogischen Angebotspaketen) als die Aufstockung des Medienverbundes Ausstellung.

Zwei geschichtsdidaktische Denkfiguren führen zu weiteren Einsichten. Schörken bietet die Begriffe „Vordergrund" und „Hintergrund" an für die Beobachtung, dass die Aneignung historischen Wissens gleichermaßen aus der Darbietung des betreffenden Stoffes selbst und aus dem darin nicht explizit vorkommenden, aber zum Verständnis notwendigen Vorwissen erwächst. Er verlangt, Hintergründe sichtbar zu machen, und schlägt vor, „die methodischen Formen des Geschichtsunterrichts durch gezielte Vordergrund-Hintergrund-Wechsel zu erweitern".[94] Historisches Spiel neigt bislang dazu, noch mehr Vordergründiges zu bieten, ohne die Hintergründe des Publikums näher zu bedenken; Roth empfiehlt für die Programmentwicklung eine ausgewogene Vermischung (!) von Bildungszielen mit den Vorerwartungen des Publikums.[95]

Reine „Hintergrund-Präsentation" ist ebenso vorstellbar – das historische Spiel hat sich vorgefasste Meinungen des Publikums, aber keine Sachkenntnis über historische Stoffe angeeignet und vermittelt diese Inhalte. Kritik an „Qualitätsmängeln" historischen Spiels dürfte oftmals in diese Richtung erfolgen; doch ist dies kein spezielles Problem des historischen Spiels, sondern beruht auf der – für Mittelaltermärkte wie Museumsangebote, von „Omas Wäsche" bis „klösterliches Skriptorium" ebenso anwendbaren – Frage, ob es berechtigt erscheint, zur Freizeitgestaltung ausschließlich Bestätigungen seiner Kenntnisse und Vorurteile sehen zu wollen (und zu sehen zu bekommen).

Folgt man der Auffassung, dass für das Verständnis historischer Sachverhalte die subjektiven Vorstellungen, „innere Bilder", von zentraler Bedeutung sind,[96] dann sollte sich das Interesse nicht ausschließlich den Wahrnehmungsmöglichkeiten von Vergangenheitsdarstellungen widmen, sondern auch der parallelen individu-

---

93 Bernhard GRAF: Das „sozialfreundliche" Museum? Die gesellschaftliche Öffnung / Demokratisierung des Museums „von Innen" im Lichte der Besucherforschung. In: Vom Elfenbeinturm zur Fußgängerzone. Opladen 1996, S. 25-51, hier S. 38f.
94 Rolf SCHÖRKEN: Historische Imagination und Geschichtsdidaktik. Paderborn 1994, S. 25 und 113 (dort das wörtliche Zitat).
95 ROTH (wie Anm. 4), S. 44.
96 Rolf SCHÖRKEN: Historische Imagination – Wort. In: Klaus Bergmann u.a. (Hgg.): Handbuch der Geschichtsdidaktik. 5., überarb. Aufl., Seelze 1997, S. 64-67, hier S. 64 (Vorbemerkung).

ellen Imagination. Die Haltung, zu Texten (den auch im Museum vorliegenden Narrationen) inszenierte visuelle Eindrücke als Klischees der individuellen „inneren Bilder" anzubieten,[97] entspricht daher einer doktrinären Einflussnahme auf die Imaginationen der Gäste – die *Living-History*-Praxis müsste sich den Spiegel vorhalten, ob eine (den Darbietungen zu unterstellende) derartige Dominanz ihrem pädagogisch-politischen Selbstverständnis entspricht.

Einen unbewussten Reflex dieser Überlegung zeigt die im bekanntesten deutschen Besichtigungsbetrieb mit Modellen prähistorischer Bauwerke, dem Pfahldorf Unteruhldingen, vertretene Auffassung, Dialogführungen seien, allein aufgrund der vielfältigen Sinneseindrücke, „Vermittlung von Informationen in größtmöglicher Dichte"; selbst der in jungsteinzeitlicher Gewandung auftretende Pädagoge des Kinderprogramms soll letztlich „Bilder im Kopf" und keine Eindrücke begehbarer Szenen hervorrufen.[98]

Schluss

Es überrascht, wie spät die deutschen Museen die Diskussion einer Aktivitätsform aufnehmen, die in den Großausstellungen des 19. Jahrhunderts eine wesentliche Wurzel hat und im heterogenen Feld der Besichtigungsbetriebe explizit als Vermittlungsform weiterentwickelt wurde. Die verzögerte Aufmerksamkeit gestattet aber, durchschrittene Entwicklungen, erklärte und eingelöste Zielsetzungen auf ihre Konsequenzen für die Museumsarbeit zu prüfen.

Bemerkenswert ist der Kontrast zwischen der Entwicklungsrichtung des historischen Spiels und abstrahierenden, stilisierenden Tendenzen der darstellenden Künste, die sich im Verlauf des 20. Jahrhunderts gegen den Naturalismus des illusionistischen Theaters durchsetzen,[99] und der Neigung der 1990er Jahre zur „intellektuelle[n] Abstraktion und Verfremdung der Inszenierungen" in deutschen Museumsausstellungen.[100]

Lohnende Anwendungsmöglichkeiten des historischen Spiels im Museum mögen daher jenseits des favorisierten Naturalismus liegen. Ein geschichtsdidaktischer Merksatz bezieht Position: „Die Leitfrage [Kann es so gewesen sein?] darf dennoch nicht die gestaltende Phantasie verschrecken und einschnüren. Das historische Spiel ist kein historisches Quellenstudium, die spielende Vergegenwärtigung keine Dokumentation."[101] Erste Einsichten zur Fiktionalität manchen historischen

---

97 Christina von BRAUN: Historische Imagination – Bild. In: Klaus Bergmann u.a. (Hgg.): Handbuch der Geschichtsdidaktik. 5., überarb. Aufl., Seelze 1997, S. 67-71, hier S. 69f.
98 Gunter SCHÖBEL: Jetzt entscheidet der Besucher. Kulturmarketing in den Pfahlbauten von Unteruhldingen am Bodensee. In: Museumsblatt. Mitteilungen aus dem Museumswesen Baden-Württembergs. Nr. 38, 2005, S. 11-16, hier S. 13.
99 Ulrich PAATSCH: Konzept Inszenierung. Inszenierte Ausstellungen – ein neuer Zugang für Bildung im Museum? Ein Leitfaden (AfeB-Taschenbücher Weiterbildung). Heidelberg 1990, S. 12, 20.
100 GRAF (wie Anm. 93), S. 36.
101 SCHULZ-HAGELEIT (wie Anm. 20), S. 28.

Markus Walz

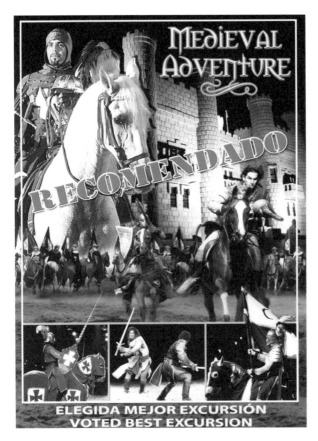

Abb. 11:
Spektakel ohne Authentizitätsprobleme: Auf einer im Mittelalter unbekannten, erst 1494 von Spanien eroberten Insel wird niemand ernsthaft eine Ritterburg vermuten. Die Dinner-Shows versprechen „lots of fun" und „mucha emoción" – Live-Acts mit der Fiktionalität von Ritterfilmen und -romanen (Vorderseite des Werbe-Handzettels für das Unternehmen „Castillo San Miguel", San Miguel, Teneriffa, 2006).

Spiels und zu Spielformen, die Brechungen zwischen der Zeitebene des Spiels und der Gegenwart akzeptieren, weisen in diese Richtung.

Für Ausstellungsinhalte wie für andere Stoffe stellt historisches Spiel eine Gruppe von Vermittlungstechniken bereit, deren Nutzen sich mit dem anderer Mittel – von der Exponatpräsentation bis zum wissenschaftlichen Museums-Jahrbuch – messen muss. Eine „Vermittlung der Vermittlung" spricht nicht für didaktischen Spürsinn, die differenzierte Planung von integrierten wie separierten Vermittlungsangeboten zu einer einzigen Ausstellung verdeutlicht die komplexe Anforderung. „Je weniger vertraut und je komplexer die Inhalte, desto umfassender muss deren Vermittlung durchdacht werden"[102], gilt auch für Museen ohne historisches Spiel und markiert den Rang der pädagogischen Auswahlentscheidung. Der empathische Zugriff empfiehlt das historische Spiel besonders; die Potenziale handlungsorientierter Spielformen scheinen fern zu liegen, sie sind aber der Museumspädagogik längst vertraut.

---

[102] Hans Rudolf REUST: Ausstellungen vermitteln – zur medialen Struktur des Museums. In: Thomas Dominik Meier (Hg.): Medium Museum. Kommunikation und Vermittlung in Museen für Kunst und Geschichte. Bern 2000, S. 59-66, hier S. 60.

Die Blindheit der *Living-History*-Literatur gegenüber konstruktivistischen Ansätzen und die das historische Spiel im Museum belastende Problematik einer verfehlten Authentifizierung des Spiels fordern zusätzlich heraus. Betrachtet man historisches Spiel im Museum als Erlebnisangebot, so öffnet sich außerdem der museumsrelevante Diskurs, ob die Selbstbeschreibungen der Jetztzeit als Erlebnis- und Wissensgesellschaft gleichermaßen zutreffen oder ob die Wissens- die Erlebnisgesellschaft ablösen wird.[103]

Die Charakteristik als Erlebnisangebot schlägt die Brücke von der didaktischen Anwendung des historischen Spiels zum Eventmarketing (Abb. 11). Misstrauen ist unbegründet: Keine verantwortungsbewusste Marketingkraft käme auf die Idee, Aufmerksamkeitswerte mit einer Veranstaltung gewinnen zu wollen, die das wesentlich auf Integrität und fachlicher Autorität basierende Image der Institution beschädigt; außerdem verbindet sich werbliches Interesse günstiger mit dem Novitätsstreben der Events als die Leistungsgestaltung von Museen, deren Bildungsanspruch auf Nachhaltigkeit achtet.

Ergebnisse der Publikumsforschung zu Museums-Events in Deutschland geben Fingerzeige, Veranstaltungen mit historischem Spiel als PR-Instrument und weniger als Programmangebot des Museums anzusehen: Die Berliner „Lange Nacht der Museen" spiegelt die auch tagsüber zu beobachtenden Präferenzen der beiden Geschlechter und mobilisiert ein museumsgeübtes, gebildetes Publikum; auch „Mega-Ausstellungen" gewinnen kaum einen museumsfernen Gast, sondern motivieren bereits bekannte Ausschnitte der Bevölkerung – jüngere Menschen in der Neuen, ältere Menschen in der Alten Nationalgalerie – zu einem Museumsbesuch.[104]

Mit oder ohne Erlebnissuche bleiben Museen Orte differenzierter Informationsangebote im Sinn des Sehens und Verstehens. Eindringlich hat dies bereits 1974 ein pädagogischer Mitarbeiter von Plimoth Plantation problematisiert: „Which would you choose to hear […]: a costumed pianist giving a note-perfect performance on a period piano […] or a performance on a modern piano by someone who had devoted himself to Beethoven and his music?"[105]

---

103 Hannah BRÖCKERS: Der Museumsbesuch als Event. Museen in der Erlebnisgesellschaft (Mitteilungen und Berichte aus dem Institut für Museumsforschung 37). Berlin 2007, S. 17.
104 Andrea PREHN: Schlange stehen für die Kunst – einmal und nie wieder? Über die Besucher von Event-Ausstellungen und langen Museumsnächten. In: Abschied vom Event? Referate der Fachkonferenz des Hessischen Museumsverbandes e.V. am 1. Juli 2006 in Bad Homburg vor der Höhe (Museumsverbandstexte 11). Kassel 2006, S. 43-59, hier S. 46-50, 57.
105 RONSHEIM (wie Anm. 59), S. 174.

Wolfgang Hochbruck

Im Schatten der Maus: Living History und historische Themenparks in den USA

Während Großbritannien vermutlich die prozentual zur Bevölkerung größte Anzahl von *living historians* aller Arten und Ausprägungen beherbergt, wurde das Konzept der Belebung von Freilichtmuseen durch kostümierte Führer und Akteure, die dort *interpreters* genannt werden, in den USA am enthusiastischsten aufgenommen und weiterentwickelt. Typischerweise für die kulturelle Aneignungspraxis, die man als *Disneyfizierung* bezeichnen kann, wurden dabei andernorts entwickelte Formate auf die amerikanischen Vorlieben und Bedingungen adaptiert, das heißt: Anpassung von Plots, Motiven und Figuren an amerikanische Mythen, wo möglich an manichäischen Mustern ausgerichtete Infantilisierung der Problemstellungen und ihrer Lösungen, schließlich durchgehende Kommerzialisierung. Die Gesamtzahl historischer Freilichtmuseumsdörfer, Forts, Gehöfte, Farmen und historisch ausgerichteter Themenparks geht in die Hunderte. Schon ihre Lokalität macht sie dabei oft zu einem regional bedeutenden Wirtschaftsfaktor, wenn die Lokalisierung in meistens nicht primär urban geprägten Gebieten nicht überhaupt eine der Triebkräfte hinter ihrer Gründung war: Auffällig ist, dass eine ganze Reihe der heute bekanntesten und größten dieser Orte – und alle drei in dieser Untersuchung zentral behandelten: Plimoth, Conner Prairie, Tombstone – in Zeiten ökonomischer Depression gegründet und aufgebaut wurden. Der größte historische Themenpark/ Freilichtmuseum, Colonial Williamsburg in Virginia, stellt nicht nur über die Zuschauerzahlen, sondern auch mit seinen 3.500 Beschäftigten eine erhebliche Wirtschaftsmacht dar.

Die Wirkmächtigkeit der *Living-History*-Einrichtungen auf das Geschichtsbild ihrer Besucher ist umstritten, bei geschätzten 100 Millionen Besuchern im Jahr dürfte ihr Einfluss aber allenfalls vom Fernsehen übertroffen werden und dem schulischen Geschichtsunterricht ernsthafte Konkurrenz machen.[1] Über allen Formen der Geschichtsvermittlung aber liegt der Schlagschatten der Maus: Was Mike Wallace 1987 provokativ als „Mickey Mouse History" bezeichnete und was bei Gerhard Schulze „Kulissen des Glücks" heißt,[2] erscheint im Museumskontext als primär eventkulturell überformte Anpassung an die Erwartungshorizonte

---

1 Jedenfalls ist dies schon 1988 in einem allerdings umstrittenen, von Lynne V. Cheney verantworteten Memorandum behauptet worden.
2 Mike WALLACE: The Politics of Public History. In: Past Meets Present. Essays About Historic Interpretations and Public Audiences. Ed. Jo Blatti. Washington: Smithsonian, 1987, S. 37-52, hier S. 42; Mike WALLACE: Mickey Mouse History. Portraying the Past at Disney World. In: Mickey Mouse History and Other Essays on American Memory. Philadelphia: Temple Univ. Press, 1996, S. 133-158; Gerhard SCHULZE: Kulissen des Glücks. Streifzüge durch die Eventkultur. Frankfurt o.J. [1999].

des Publikums und/oder als Anpassung an die Wünsche von Sponsoren – die Bedeutung dieser Gruppe sollte keinesfalls unterschätzt werden.

Die Frage nach dem Verhältnis von Ursache und Wirkung in dieser Anpassung sowie nach der historischen Entwicklung der Beziehung von *Living History* im Museumskontext zur Disneyfizierung der Kulturwarenwelt und zu ihrer Umstrukturierung in *Event*kultur ist für eine Beurteilung des Geschichtstheaters im amerikanischen historischen Museum von entscheidender Bedeutung. Der folgende Beitrag setzt sich deshalb exemplarisch mit drei Museums- bzw. Themenpark-Orten auseinander; der Schwerpunkt liegt auf einer kulturwissenschaftlichen Abwägung des jeweiligen Einsatzes und Stellenwerts von geschichts- bzw. museumstheatralen Formaten in der Interpretationspraxis.

Unter *Museumstheater* werden dabei zum einen jene Auftrittsformen des Geschichtstheaters verstanden, die im englischen Sprachraum in der Regel unter *Living History* firmieren. Während Geschichtstheater aber alle Formen der theatralen und/oder dramatisierten Aufführung von Geschichte, historischen Motiven oder Figuren umfasst, ist Museumstheater beschränkt auf jene Formate des Geschichtstheaters, die im musealen Kontext genutzt werden.[3] Darüber hinaus bezeichnet Museumstheater aber auch alle weiteren, zwangsläufig dramatischen Führungs- und Interpretationsformate sowie jene interaktiven Strategien, die Zuschauer etwa über mit der Eintrittskarte zugewiesene historische Identitäten in eine dramatisierte Abfolge von historisch-biographischen Ereignissen involvieren und insofern den Museumsbesuch als dramatisches Erlebnis – bzw. als *Event* – strukturieren.

Die exemplarisch untersuchten Orte sind die auf der Basis von Dokumenten und archäologischen Befunden im Zustand von 1627 wiederaufgebaute Puritaner-Siedlung *Plimoth Plantation* in Massachusetts, das um das 1823 erbaute Haus der Familie Conner nördlich von Indianapolis entwickelte *Conner Prairie Museum* und die Westernstadt von *Tombstone*, Arizona. All diese Orte können in ihrem Aufbau und von ihrer Konzeption her als Freilichtmuseum beschrieben werden. Gleichwohl gibt es im Vergleich zur europäischen und spezifisch zur deutschen Konzeption und Praxis eines Freilichtmuseums wie etwa Cloppenburg auch für den Laien bereits deutliche Unterschiede: Die europäische Praxis der Relokation in der Regel *in situ* bedrohter Strukturen in die Museen fehlt an diesen Orten: In Conner Prairie und Tombstone sind einige historische Gebäude erhalten worden, der Rest wurde – wie ganz Plimoth – nachgebaut. Insofern sind auch die Bereiche der ethnohistorischen Erforschung an den translozierten Strukturen und an gesammelten Objekten im Museum und über das Museum hinaus sehr unterschiedlich ausgeprägt. Das lässt sich zwar, wie z.B. der Überblicksartikel von John D. Krugler ausweist, keinesfalls für den gesamten US-amerikanischen Raum verallgemeinern: Natürlich gibt es in US-Freilichtmuseen sowohl Translokationen als auch Orte mit ausgeprägtem Forschungsprofil. Sowohl in Conner Prairie wie in Plimoth

---

3 Vgl. Wolfgang HOCHBRUCK: *Living History, Geschichtstheater und Museumstheater: Übergänge und Spannungsfelder*. In: Heike Duisberg (Hg.): Living History in Freilichtmuseen. Neue Wege der Geschichtsvermittlung. Ehestorf 2008, S. 23-35.

Im Schatten der Maus: Living History und historische Themenparks in den USA

lag allerdings der Anteil der wissenschaftlichen Recherche im Untersuchungsjahr 1990 bei unter 2 Prozent des Gesamtvolumens, während beide Orte ebenso wie Tombstone extensiv historisch kostümierte Rollenspielformen nutzen; eine Praxis, die in den USA weit verbreitet ist, in vielen deutschen Freilichtmuseen – und speziell in Cloppenburg – dagegen bisher auf mehr oder weniger deutliche und z.T. auch begründete Vorbehalte trifft.[4]

Schon vor diesen Unterschieden müssen die angesprochenen nordamerikanischen Orte weniger als Freilichtmuseen denn als historische Themenparks erscheinen. Damit gehen sie noch über die grundsätzliche Problematik hinaus, die den meisten amerikanischen Freilichtmuseen im engeren Sinne innewohnt und die Warren Leon und Roy Rosenzweig exemplarisch für Old Sturbridge Village in Massachusetts so beschrieben haben:

> "The general public probably has no difficulty identifying an institution like the National Museum of American History as a museum, but people become more confused when visiting a place like Old Sturbridge Village, a re-created 1830s community in Massachusetts. Sturbridge's outdoor setting suggests a park. Its animals summon up a farm or a zoo, the role playing by staff members evokes a theatrical performance, and the organization of the experience seems to parallel a theme park."[5]

Ich werde mich im Folgenden auf die letzten beiden Punkte konzentrieren; die Theatrikalität der Figuren-Rollenspiele und ihre themenweltliche Organisation. Beide sind grundsätzlich vorhandene Elemente im Museumserlebnis: eine dramatische Interaktion zwischen Besuchern und Personal findet immer statt, egal, ob dieses lediglich Hausdienst schiebt oder in die historische Umgebung interpretierend integriert ist. Desgleichen ist die dargestellte Wirklichkeit des Museums immer *themen*weltlich strukturiert; die Annäherung an *Lebens*weltlichkeit kann angestrebt werden, Identität ist aber historisch, biographisch und schon technisch unmöglich, die so gerne in Museumsprospekten beworbene „Zeitreise" grundsätzlich suggestopädische Fiktion. Die Unterschiedlichkeit liegt demnach in Ausformung und Prominenz einzelner Faktoren.

Im Museumstheater wird bisher in der Regel pauschal als *Living History* bezeichnet, was als dramatische Interaktion zwischen historisch kostümiertem Personal und Besuchern abläuft. Tatsächlich sollte aber zwischen zwei Arten des histo-

---

4 In Conner Prairie kamen auf 70 Festangestellte und ca. 100 Teilzeitbeschäftigte zwei Wissenschaftler, in Plimoth waren es bei 165 Festangestellten und 65 *part-timers* fünf; siehe John D. KRUGLER: Behind the Public Presentations. Research and Scholarship at Living History Museums of Early America. In: William and Mary Quarterly 48, 1991, S. 347-385, hier S. 360; vgl. auch Carroll VAN WEST: History and Interpretation at The Western History Museum. In: Journal of American Culture 12, Heft 2, 1989, S. 7-11, hier S. 9f. Zu den Vorbehalten des Freilichtmuseums Cloppenburg siehe das Interview mit Museumsdirektor Uwe Meiners: Heinrich KAISER: „Zu viel Spaß schadet dem Museum." In: Münsterländische Tageszeitung vom 20.10.2007, S. 10, sowie den Beitrag „Verlebendigungsstrategien im Freilichtmuseum. Gedanken über Chancen und Probleme populärer Vermittlungsversuche" von Uwe MEINERS in diesem Band.
5 History Museums in the United States. A Critical Assessment. Eds. Warren Leon, Roy Rosenzweig. Urbana: Univ. of IL Press, 1989, S. xiii.

rischen Rollenspiels in der museumsgestützten Interpretation im Sinne Freeman Tildens[6] wesentlich grundsätzlicher unterschieden werden, als dies bisher getan wird: Im Personen*bericht* benutzen die *interpreters* die dritte Person Singular, um über die von ihnen in der Themenwelt des Museums verkörperte Figur zu reden. Die in dieser Form beibehaltene Distanz wird in der Personen*rede* in der ersten Person Singular aufgegeben: Hier wird von den Darstellern gegenüber den Besuchern eine Identität mit einer Figur vorgegeben. Dieses Format galt gerade in US-amerikanischen Freilichtmuseen bis vor kurzem als quasi entwicklungsgeschichtlicher Höhepunkt der Museumspädagogik.[7]

Die Größe dieses Schritts für die Theatrikalität der Darstellung ist nicht zu unterschätzen: Er überschreitet die Grenze von der lebensweltlichen Ebene, auf der Figur und Besucher sich gemeinsam befinden und über die besuchte Zeit auseinandersetzen, auf die themenweltliche Ebene, deren Zeit von der des Besuchs verschieden ist. Damit wird der im traditionellen Sinne informationszentrierte Museumsbesuch zur vom dramatischen Erlebnis bestimmten Zeitreise, der Dialog *über* die Zeit, ihre Objekte und ihr Personal zum Dialog *zwischen* Figuren der Geschichte. Die Konstruktion einer *Heterochronie* im Sinne Foucaults resultiert in „a bit of a cross between an archive and a festival", wie Scott Magelssen dies nennt.[8] Die themenweltlich aufbereitete Geschichte wird zugleich nicht mehr vignettenhaft-episodisch besucht, sondern durch Figuren und Zuschauer belebt. Zwar meint z.B. Stephen Eddy Snow, dass Zuschauer wie Akteure sich der Nicht-Identität historischer und dargestellter Welten, also der Ungleichzeitigkeit von Lebenswelt und Themenwelt, immer bewusst seien. Sein Versuch einer theoretischen Unterfütterung dieser Einlassung aus dem Geiste Brechts ist aber wegen ihrer fehlerhaften Theoriebildung bereits von Scott Magelssen zurückgewiesen worden: Die Idee, aus dem Bewusstsein der Zeit- und Personenungleichheit entstünde eine „unique and pleasurable aesthetic experience" (Snow) ist im Brechtschen Sinne in der Tat absurd.[9] Tatsächlich wäre ein Verfremdungseffekt im Sinne einer wiederholt diskursiv eingebrachten De-Familiarisierung eher für

---

6   „An educational activity which aims to reveal meaning and relationships through the use of original objects, by first-hand experience, and by illustrative media, rather than simply to communicate factual information." Freeman TILDEN: Interpreting Our Heritage. Chapel Hill: Univ. of North Carolina Press, 1957, S. 8.

7   Die Entwicklung und Aneignung einer *First Person* wird auch produktionsseitig als besondere Herausforderung verstanden, siehe z.B. Tom VANCE: Developing a First Person Program Part I-IV. In: Midwest Open-Air Museums Magazine, Fall 1986 – Summer 1987, gesammelt in Douglas A. HARDING: Reenactors. Asset or Menace [Arbeitshandbuch]. Jefferson National Expansion Memorial, o.J. o.P. Die Idee einer historischen Schrittfolge scheint von James Deetz ausgegangen zu sein, der für die entsprechende Umstellung in Plimoth verantwortlich zeichnete (s.u.), James DEETZ: A Sense of Another World. History Museums and Cultural Change. In: Museum News 59, 1980, S. 40-45, hier S. 44f; vgl. Marvin CARLSON: Performing the Past. Living History and Cultural Memory. In: Paragrana 9, Heft 2, 2000, S. 237-248, hier S. 241; Scott MAGELSSEN: Stepping Back in Time: The Construction of Different Temporal Spaces at Living History Museums in the United States. In: The Theatre Annual. A Journal of Performance Studies 57, 2004, S. 43-68, hier S. 44.

8   MAGELSSEN (wie Anm. 7), S. 43.

9   Stephen Eddy SNOW: Performing the Pilgrims. A Study of Ethnohistorical Role-Playing at Plimoth Plantation. Jackson: Univ. of MS Press, 1993, S. 147, 181; MAGELSSEN (wie Anm. 7), S. 68.

die Praxis des Personenberichts zu argumentieren.[10] Mit der Überschreitung der Zeitschranke werden dagegen *interpreters*, deren Aufgabe die wie auch immer spielerisch integrierte hermeneutisch determinierte Erklärung der historischen Objekte, Verhältnisse und Ereignisse ist, zu *actors*, also zu Schauspielern in einem Theaterstück im Rahmen eines „environmental theatres" wie Richard Schechner das schon 1981 genannt hat.[11]

Wie weit die Täuschung über die Zeitreise gehen kann, muss an dieser Stelle offen bleiben – Berichte über Zuschauer, die angesichts von Personenrede und historischer Ausstattung die historische Themenwelt für eine spatial besuchbare Raumkomponente zu halten scheinen, sind anekdotal jedenfalls in beliebiger Menge erhältlich. Sie sind beunruhigend genug, da sie Einblicke in mit einiger Sicherheit medial induzierte Realitätsverluste geben. Theatertheoretisch ist für diese Untersuchung aber wichtiger, dass die wie auch immer erfolgreiche Suggestion der Zeitreise allein bereits unterstellt, eine Verschiebung des lebensweltlichen „Holotextes" (Gerald Vizenor), in dem wir unsere alltäglichen und besonderen Erfahrungen machen, sei überhaupt möglich. Diese Verschiebungsillusion entsteht dadurch, dass keine Bühne und kein Vorhang Darsteller und Besucher trennt, die Besucher auch in der Regel angeredet werden, als seien sie selbstverständlich Elemente der dargestellten Zeitebene. Gehen sie auf die illokutive Einladung zur Teilnahme ein, werden sie in der eigenverantwortlichen Figurenführung zu Mitspielern. Das Erlebnis dominiert.

Nun soll nicht angezweifelt werden, dass eine im Vergleich zum traditionellen Museumsaufbau stärker erlebnisorientierte Pädagogik rezeptionelle Vorteile hat: Wer an einem Lernprozess aktiv beteiligt wird, lernt in der Regel mehr. Es ist aber fraglich, ob das zum einen für alle Formen des Erlebens gilt und ob es auch dann gilt, wenn – und dies ist die entscheidende Sprungstelle – die Ebene bewusster Reflektion des Gelernten optional wird.

Was nämlich in der Grenzverschiebungsillusion zwischen Besuchszeit und besuchter Zeit schwindet, ist das Bewusstsein der Distanz zwischen Lebenswelt und Themenwelt. Herausgetreten aus der Besonderheit des Besuchs in die scheinbare Alltagswelt des Besuchten, die aufgrund der Situation fast zwangsläufig als Lebensweltlichkeit missinterpretiert werden muss, erscheint diese als „real". Tatsächlich ist sie aber nach wie vor besuchte Themenwelt, ist Bühne. Die zur Aufführung gebrachten Figuren, ihre Biographien und historischen Verhältnisse können dabei sehr wohl intensiv recherchiert sein. Gleichwohl ist diese Recherche weder historisch in der Lage, eine komplette lebensweltliche Erfahrungsebene zu rekonstruieren, noch ist dramatisch eine Identität mit einer dargestellten histo-

---

10 Dass die aktive Übernahme und Auseinandersetzung mit einer Figurendarstellung – einschließlich der Personenspielform – eine Erfahrung im Sinne der Brechtschen *Lehrstücktheorie* bewirken kann, habe ich selbst bereits 1996 argumentiert: Wolfgang HOCHBRUCK: Between „Living History" and Pageantry. Historical Reenactments in American Culture. In: Beyond the Mainstream. Ed. Peter-Paul Schnierer (Contemporary Drama in English 4). Trier 1997, S. 93-105.
11 Richard SCHECHNER: Restoration of Behavior. In: Studies in Visual Communication 7, 1981, Heft 3, S. 2-45, hier S. 22; vgl. SNOW (wie Anm. 9), S. 7.

rischen Figur zu erreichen.[12] Es liegt ein gerüttelt Maß an Ironie darin, dass fast exakt in dem Maß, in dem Historiker und Museologen bereit sind, in Vollzug des *postmodern turn* die zwangsläufige Lückenhaftigkeit historisch-archäologischen Wissens einzuräumen, einige historische Themenparks suggerieren, in der „Ich"-Form sei umfassendes Wissen möglich.

Die Suggestion eben dieser Identität und Lebensweltlichkeit macht den Unterschied zwischen Personenbericht und Personenspiel und ihre unterschiedlichen Bezüge zur dargestellten historischen Themenwelt aus. Sie verschiebt auch die dem Museumsbesuch eigene Form der Akquise von Wissen und der Erfahrung des Historischen als Ebene einer Alterität hin zu einer erlebniszentrierten Inszenierung von Selbst als etwas Anderem, als Teil eines suggerierten Identitätswechsels. Damit aber wird das Museum zu einem die historische Themenweltlichkeit simulierenden Vergnügungspark.

Conner Prairie

Wie diese Themenweltlichkeit funktioniert, lässt sich z.B. an der Funktionsweise eines Besuchs in Conner Prairie ausführen. Das 1823 als einer der ersten Steinbauten in Indiana errichtete William Conner Haus wurde 1934 von dem Pharmazie-Magnaten Eli Lilly erworben und in den sechziger Jahren dem Earlham College geschenkt. Aus dem historischen *Conner Homestead* wurde nach und nach eine Zusammenstellung mehrerer Ensembles entwickelt, die neben der Conner-Farm ein Städtchen der ersten Siedlungsphase („1836 Prairietown") und im Teil „Liberty Corner" eine Farm beinhaltet, die wie im Jahr 1886 bewirtschaftet wird. Seit einigen Jahren ist das Museum unabhängig und verwaltet sich selbst. Entsprechend wurden Werbeauftritt und Ausrichtung auf die anvisierten und erhofften Publikumsgruppen ausgerichtet, und das heißt vor allem: finanzkräftige Familien der Mittelklasse mit Kindern sowie Schulklassen und andere Jugendgruppen. Anscheinend mit Erfolg:

> "The need for larger, more diverse audiences coupled with the intense need for more support has flooded the *help wanted* pages in our trade journals with descriptions for Development Officers and Marketing Directors. Some museums, like Conner Prairie Pioneer Settlement in Indiana, have expanded their marketing efforts so vigorously that visitation has increased tremendously and earned revenues have never been more healthy."[13]

---

12 Wie Diskussionen gerade mit in ihren materiellen Darstellungen sehr guten amerikanischen Geschichtstheater-Interpreten gezeigt haben, ist dieses Missverständnis nicht auf die Besucher begrenzt: Die Vermutung, man habe sich über die Recherche der Lebensumstände, der Objekte, der handwerklichen Fähigkeiten und biografischer Daten die mehr oder weniger komplette Lebensweltlichkeit der anderen Zeitebene angeeignet, ist nicht selten. Vom Standpunkt des Theaterwissenschaftlers handelt es sich um eine Hybridform der Stanislavskij-Methode; vgl. SNOW (wie Anm. 9), S. 42.

13 William J. TRAMPOSCH: Heritage Recreated in USA. Colonial Williamsburg and Other Sites. In: Cultural Tourism. Papers Presented at The Robert Gordon University Heritage Convention 1994. Ed. J. M. Fladmark. Aberdeen: Donhead, 1994, S. 26-43, hier S. 36.

Die Liberty Corner Farm, für die einschließlich Schulgebäude und Quäker-Versammlungshaus laut Prospekt eine Besichtigungszeit von 30 bis 40 Minuten veranschlagt wird, thematisiert vermutlich schon deshalb weniger die Schwierigkeiten einer Existenz im Mittleren Westen von 1886, noch erfährt man etwas über die Finanzierungsprobleme der Farmen, die z.B. Hamlin Garland in einigen seiner besten Short Stories verewigt hat.[14] Ziel der Schaustellung ist vielmehr hier wie an allen anderen Stellen eine Involvierung der Gäste in Alltagsgespräche und Alltagsaktivitäten – „Mr. and Mrs. Zimmermann are always looking for help with chores." Die Farm ist eher ein Streichelzoo, die „animal encounters" sind besonders für Kinder gedacht: „Meet the farm animals up close! Snuggle a lamb, pet a calf, or see chicks hatch. Animal specialists will be on hand to assist and share their expertise."[15] Was wie eine Informationsmöglichkeit klingt, ist schon versicherungstechnisch notwendig, damit keines der in der Mehrheit landfremden Kinder von einem Tier gebissen oder getreten werde.

Auffällig ist die ubiquitäre Betonung der Interaktivität: Nicht Wissenserwerb steht im Vordergrund der Präsentation, sondern Eigenaktivität der Besucher. Dabei wird erlebbare Geschichte so angekündigt, als hätten die Besucher die dafür notwendige Expertise bereits erworben: „Live the farm life in 1886 Liberty Corner. – Walk in the shoes of a pioneer in 1836 Prairietown". Die Summe der Aufforderungen kulminiert in „Enjoy fun, interactive activities each day with our historic area highlights."[16]

Prinzipiell ist, wie gesagt, an zuschauerorientierter Pädagogik nichts auszusetzen. Es ist aber gerade am Beispiel Conner Prairie belegbar, dass die Fokussierung auf das Zuschauer-Erlebnis in Einzelfällen zu bedenklichen Verwerfungen führen kann. Zu den „highlights" der Erlebnisorte in Conner Prairie gehörte traditionell im Winter auch ein Weihnachtsprogramm:

> "In 1978, curatorial concern for authenticity all but eliminated Christmas and confined seasonal activities to butchering a hog. When dismayed visitors stayed away, the drop in receipts forced curators to 'adjust' settlers' biographies to permit Christmas talk and activity. Thus the upstate-New York origins of a Methodist family were shifted toward the Hudson Valley to get enough Dutch influence to have come across St. Nicholas,' and converting the doctor's wife from Presbyterian to Episcopalian left room for more Christmas green to slip into their house. It was easier to tamper with these prototypical historical 'realities' than change the public's concept of Christmas."[17]

Man könnte an dieser Stelle Susan Lori-Parks' „Some inaccuracies are good for business" aus *The America Play* zitieren und über die drohende Nähe zu

---

14 Hamlin Garland: Under the Lion's Paw (1888).
15 Conner Prairie School Programs 2007-2008 [Lehrerbroschüre], URL: http://Connerprairie.org/Teachers, S. 2 (abgerufen am 5. Mai 2008).
16 N.N., Conner Prairie. URL: http://www.connerprairie.org (abgerufen am 5. Mai 2008).
17 David LOWENTHAL: Pioneer Museums. In: History Museums in the United States. A Critical Assessment. Eds. Warren Leon, Roy Rosenzweig. Urbana: Univ. of IL Press, 1989, S. 115-127, hier S. 121f.

Wolfgang Hochbruck

Disneyland und den *Ferengi Rules of Acquisition* lamentieren. Problematisch an der geschilderten Praxis ist aber im Sinne dieses Artikels weniger die Abweichung vom „token isomorphism" historischer Authentizität[18] als die prokrusteanische Methode, mit der das recherchierte historische Wissen an den Erwartungshorizont des Publikums angepasst wird. Diese kommen also nach Conner Prairie um zu erleben, was sie vorher schon kannten – die Chance auf eine Konfrontation mit einer historischen Anderweltlichkeit wird im Interesse themenweltlicher Harmonie mit der Lebensweltlichkeit der Besucher und ihrer Geldbeutel aufgegeben. Das angeblich „reale" 19. Jahrhundert ist die im doppelten Wortsinne *imaginierte* Gegenwart der Besucher: Vorstellung und Bebilderung fallen in eins.

Ebenfalls grenzwertig ist der den örtlichen Ureinwohnern eingeräumte Anteil am Museumsraum und seinen Inhalten: Dass die Lenape (Delawaren), die einen eigenen Platz in Conner Prairie haben, nicht ursprünglich in Indiana ansässig waren, sondern im Rahmen der Jacksonschen Vertreibungen und Relokalisierungen in der ersten Hälfte des 19. Jahrhunderts hierhin kamen, ist auf der *webpage* für potenzielle Besucher nicht ersichtlich.[19] Dominant sind Spiel und Spaß, suggerierte Teilnahme über Geschichtenerzählen (auf Englisch), nachgespielter Pelzhandel und Tomahawk-Werfen – womit die spezifischen und historisch algonquinsprachigen Lenape wieder zu stereotypen Allgemein-Indianern werden.

Nur in den Schulprogrammen von Conner Prairie scheint an manchen Stellen ein edukatorischer Anspruch durch: Ein „Science Sampler: Living Off the Land" für die Schulklassen 3 bis 5 vergleicht Lebens- und Umweltbedingungen im Vergleich des Damals mit dem Heute, aber auch hier wie in allen anderen Schulprogrammen steht das praktische Handeln und Verfertigen wenigstens gleichberechtigt neben stärker kognitiv-reflektiertem Lernen.

Was verwundern muss: Angesichts der Betonung von Interaktivität sind die theatralen Anteile der Personenspiel-Vorführungen anscheinend unterstrukturiert. Das Conner Prairie-Freilichtmuseum arbeitet wie die meisten Einrichtungen dieser Art und Größe in den Interpretationsprogrammen zusätzlich zum festangestellten Mitarbeiterstab mit zahlreichen *volunteers*, für die ihre Aneignung historischer Figurenprofile Teil jenes sozialen Engagements ist, das in den USA auch schon von Jugendlichen erwartet wird.

> "Every day, each volunteer receives a description of the character he or she is to portray that day, and they make up the lines based on the descriptions. Everyone plays a variety of characters. 'I think the best part is probably dressing up in costume and going outside in the village and playing a character, learning new characters all the time and getting to

---

18 Richard HANDLER, William SAXTON: Dyssimulation. Reflexivity, Narrative, and the Quest for Authenticity in Living History. In: Cultural Anthropology 3, 1988, S. 242-260, hier S. 243.
19 Artikel „Trowbridge and the Delaware Indians". Conner Prairie. URL: http://www.connerprairie.org/historyonline/saveourhistory (abgerufen am 5. Mai 2008). Die vorgeschaltete Seite „Lenape Indian Camp" (URL: http://www.connerprairie.org/planyourvisit/lenape) ist völlig auf „fun activities" ausgerichtet.

Im Schatten der Maus: Living History und historische Themenparks in den USA

learn new things every day,' said Lauren Peterson. 'I think Conner Prairie is almost a play in itself... It is set up like a play to the visitors, at least,' said Lauren Esping."[20]

Dass *interpreters* bei ihrer Tätigkeit permanent dazulernen, ist fraglos Teil der Erfahrung. Dass man aber hier anscheinend, wenn man den jugendlichen Personendarstellern vertrauen kann, Figuren nicht nur nicht einstudiert, sondern die Textgeneration sogar den nur mit einigen die Figuren charakterisierenden Merkmalen versorgten *interpreters* überlässt, ist erstaunlich. Dies um so mehr, als es sich offenkundig bei der Darstellungsform um die schauspielerisch vergleichsweise komplexere Form des Personen*spiels* handelt:[21]

"Sometimes visitors try to make the volunteers step out of character. 'They really talk a lot about TVs, microwaves and cars and buses, and they keep doing it no matter how many times you say you don't know what they're talking about,' said Laura Esping. Some volunteers have more challenges than others do. Lauren Peterson explained what she does when someone asks her about her braces. 'You can only say: Boys wear braces (meaning suspenders) or: It's not polite to judge people by their appearances,' she said." [22]

Dass in beiden Fällen sowohl die Form des Personenspiels überhaupt als auch der individuelle Umgang damit inadäquat sind, ist offenkundig. Das Mädchen mit der Zahnspange hätte in der Personen*berichts*form jederzeit die Möglichkeit, die gemeinsame Lebensweltlichkeit von Besuchern und Darstellerin ins Gespräch zu bringen, um ihr orthodentales Hilfsmittel zu erklären; im Fall ihrer Kollegin ist die *First Person*-Darstellung an sich offenbar so wenig überzeugend, dass Zuschauer sie offen angreifen. Der Personen*bericht* wäre davor sicher. Da er jedoch vermittlungszentriert ist, es in Conner Prairie aber nicht zentral um die Wissensvermittlung zu gehen scheint, sondern um spielerisches Erleben, ist das Resultat unfreiwillige Komik. An dieser leiden nicht etwa die Besucher, die sich offenbar zu amüsieren scheinen, haben sie doch Sprünge und Brüche in der Themenwelt entdeckt. Die Komik geht auf Kosten der nicht adäquat ausgebildeten und ausgesuchten Teilzeitkräfte; die Besucher ihrerseits sind von der Historizität des Vorgeführten abgelenkt. Lerneffekte stellen sich so nicht ein.

---

20 Briana HANSEN, Lauren HARRIS, Olivia MOZZI: Conner Prairie Interpreters Put Aside Modern Developments to Assume Roles. Feb. 11, 2001, URL: http://ypress.org/news/ (abgerufen am 5. Mai 2008). Die dreizehn- bis fünfzehnjährigen Reporterinnen interviewten fünf gleichaltrige *Interpreters* in Conner Prairie.
21 Wissenschaftlich komplexer ist die Berichtform, da die Zuschauer hier auch Fragen stellen können, die generell an Museumsführer gestellt werden und die in der Ich-Form erzählende Figuren nicht beantworten könnten – Gerald KROCKOVER, Jeanette HAUCK: Training for Docents. How to Talk to Visitors. In: History News 35, Heft 3, 1980, o.S. [American Association for State and Local History Technical Leaflet 125]. Schauspielerisch anspruchsvoller ist natürlich das Personenspiel.
22 HANSEN/HARRIS/MOZZI (wie Anm. 20).

Wolfgang Hochbruck

Plimoth Plantation

Die Idee, eine holotextuelle Simulation historischer Zustände und Verhältnisse zu konstruieren,[23] wird vermutlich nirgendwo – systematisch und technisch gesehen – so erfolgreich umgesetzt wie in Plimoth Plantation in Massachusetts. Ebenfalls technisch gesehen ist Plimoth kein Museum, sondern ein historischer Themenpark: Die Siedlung ist ein kompletter Neubau an einem neuen Ort. Hinzu kommt, dass 1969 alle in diesem Neubau bis dahin versammelten historischen Objekte – gegen den Willen des Direktors David Freeman und handstreichartig – entfernt wurden:[24] Unter der Ägide des Vize-Direktors James Deetz und unterstützt durch den Hauptsponsor wurde die gesamte Darstellung reformiert. Dadurch wurde sie historisch gesehen authentischer: Ein Großteil der Objekte hatte offenbar nicht in die Zeitschiene des frühen 17. Jahrhunderts gepasst, die zentral für die Darstellung war. In einer historisch authentischen, aber nicht mehr museal strukturierten Umgebung gingen die *pilgrims*-Darsteller dazu über, sich als die Personen aufzuführen, die sie darstellen sollten. Der zunächst graduelle, dann systematisierte Wechsel vom Personen*bericht* zum Personen*spiel* ist aus Stephen Eddy Snows und James W. Bakers Innensicht ausführlich dokumentiert.[25] Er wird als unausweichlich geschildert:

> "By 1977, full-fledged characterization of and intentional identification with the Pilgrim role was an idea whose idea [sic] had come. It was the next step in a logical progression that led from the living museum environment to living history performance."[26]

Die Vorstellung einer fortschrittsgemäßen Unausweichlichkeit ist nicht nur wie bereits angemerkt theatertheoretisch, sondern sogar in der Praxis vor Ort insofern fragwürdig, als etwa Scott Magelssen nachdrücklich auf die Vorzüge hinweist, die das Beharren der „Bewohner" des an die Plimoth-Rekonstruktion angrenzenden, ebenfalls rekonstruierten Wampanoag-Dorfes auf der relativen Distanz des Personenberichts für die Darstellung an sich wie auch geschichtsdidaktisch hat: Die Bruchlinien der vergangenen Jahrhunderte stereotyper „Indianer"-Bilder bleiben in der distanzierteren Form klarer erkennbar und darstellbarer; die Einladung ist nicht zur einfühlenden Identifikation, sondern zur Reflexion.[27]

---

23 Zum ambivalenten Verhältnis zwischen dem Bewusstsein der Unmöglichkeit einer solchen Simulation und ihrer fortgesetzten Konstruktion in *Living-History*-Museen siehe HANDLER/ SAXTON (wie Anm. 18), S. 244f und: Eric GABLE, Richard HANDLER: Deep Dirt. Messing up the Past at Colonial Williamsburg. In: Social Analysis 34, Heft 1, 1993, S. 3-16, hier S. 3: „And even though visitors are more sophisticated about historical interpretation than highbrow critics presume them to be, they nonetheless tend to accept the museum's claims to mimetic accuracy. For both staff and visitors, to tour Colonial Williamsburg is to experience 'the real thing'."
24 SNOW (wie Anm. 9), S. 34.
25 SNOW (wie Anm. 9), S. 21ff; James W. BAKER: Plimoth Plantation. Fifty Years of Living History. Plymouth MA: Plimoth Plantation Publications, 1997.
26 SNOW (wie Anm. 9), S. 40.
27 Scott MAGELSSEN: Recreation and Re-Creation: On-Site Historical Reenactment as Historiographic Operation at Plimoth Plantation. In: Journal of Dramatic Theory and Criticism 17, 2002, S. 107-126, hier S. 123; freundliche Auskunft von Anna-Lena Hauenstein am 14.2.2008.

Im Schatten der Maus: Living History und historische Themenparks in den USA

Gleichwohl wird in Plimoth anscheinend mit wesentlich größerer Konsequenz als etwa in Conner Prairie das historisch gesichert vorhandene Wissen in dargestellte theatrale Praxis umgesetzt (wobei man die tiefe Ironie der Tatsache, dass die äußerst theaterfeindlichen Pilgerväter hier durchgehend dramatisiert aufgeführt werden,[28] außer Acht lassen muss). Die Schwierigkeiten eines Anglikaners inmitten der Pilgrims etwa werden von der Figur des Master George Soule anscheinend mit für Museumsbesucher sehr respektablem Erfolg interaktiv angesprochen:

> "When asked, ten of the twenty visitors interviewed were able to state that the Separatists showed disdain for non-Separatists, and many visitors could cite examples of how the religious restrictions affected the minority colonists. One-third of the people interviewed understood that it was difficult to be in the religious minority; they commented that Master Soule was unhappy and uncomfortable with the situation and were able to cite specific examples of how the religious restrictions had affected him. Almost all of the visitors interviewed stated that they had found the interpretation of the religious situation at Plimoth interesting and informative. Several people commented that they had received a good understanding of the issues and problems."[29]

Noch eindrücklicher signalisiert ein Erlebnis, das William J. Tramposch in Plimoth hatte, was in einer Personenspiel-Interaktion passieren kann und was sowohl in der Personenberichtsform wie in deutschen Formen des Museumstheaters als Kustoden-Führung schlechterdings unmöglich wäre:

> "I was walking in the recreated village when all of a sudden a wet and warm chicken bone struck me on the shoulder. A brand new shirt had been ruined. I strolled up to the costumed Massasoit Indian who had hurled the half-eaten meal over his shoulder and asked as politely as I could, 'Just what is the point of throwing food in the direction of visitors?' I explained that I, too, worked in a museum (Old Sturbridge Village at the time) and implied that he would probably not have a more receptive audience than me on the matter. After appearing to listen he continued with his role playing which dictated, of course, that he had no knowledge of English and therefore could neither understand or respond to me." [30]

Dass Tramposch den Absatz mit einem indignierten „Understandably, many visitors can be alienated by such rigid methods of teaching history" endet, macht die Komik der Szenerie komplett. Zu ihrer Beurteilung wäre es wichtig zu wissen, ob in den scheinbaren Alltagssituationen in Plimoth wirklich „an unscripted ensemble performance that is environmental and improvisational"[31] vorliegt, ob es sich um einen Unfall, einen individuell-postkolonialen Racheakt des „Massasoit Indian" –

---

28 Darauf hat z.B. Stephen Snow hingewiesen, der selbst ein Nachfahre des *Pilgrims* Nicholas Snow ist (SNOW (wie Anm. 9), S. xxv), und Stephen SNOW: Plimoth Plantation. Living History as Blurred Genre. In: Kentucky Folklore Record 32, Heft 1-2, 1986. S. 34-41, hier S. 39.
29 Kate F. STOVER: Is It *Real* History Yet? An Update on Living History Museums. In: Journal of American Culture 12, Heft 2, 1989, S. 13-17, hier S. 15.
30 TRAMPOSCH (wie Anm. 13), S. 38.
31 Barbara KIRSHENBLATT-GIMBLETT: Destination Culture. Tourism, Museums, and Heritage. Berkeley: Univ. of CA Press, 1998, S. 189.

gemeint ist wohl ein Wampanoag, Massasoit war eine historische Person – oder um eine geskriptete Düpierung des Kollegen aus dem anderen Museum gehandelt hat bzw. haben könnte. „Alienated" in Tramposchs Reaktion ist jedenfalls nicht zu verwechseln mit der bereits angesprochenen Verfremdungsmethodik Brechts: In deren Sinn hat der Beworfene inadäquat reagiert, indem er aus der 1627-Rolle fiel und genau die kleinbürgerliche Reaktion zeigte, die den „deep dirt" der tatsächlichen historischen Orte – den physischen Dreck und Müll, aber auch die bestenfalls ambivalenten Rassen- und Geschlechterverhältnisse – am liebsten zu Gunsten eines patriotisch verbrämten Wohlfühlens ignorieren möchte.[32]

Tombstone

Während die Zeitschleife in Plimoth immerhin das ganze Jahr 1627 umfasst und in Conner Prairie die temporale Zieloptik auf 1836 bzw. 1886 eingestellt ist, erinnert die Zeit-Rekonstruktion in Tombstone mit einer gewissen Zwangsläufigkeit an Bill Murray in *Groundhog Day*, in dem er monatelang immer wieder am selben Tag aufwacht: Jeder Tag in Tombstone ist der 21. Oktober 1881, der Tag des Feuergefechts zwischen den Earp-Brüdern und Doc Holliday auf der einen und den McLowry-Brüdern und ihren Clanton-Cousins auf der anderen Seite am O.K.-Corral.[33] Anders als die von Murray verkörperte Figur des Phil Connors, der sich durch ein internalisiertes Lernen und Arbeiten an einem Persönlichkeitswandel letztlich wieder in die normale Chronologie katapultiert, sind die Darsteller in Tombstone allerdings in der Endlosschleife ihres Themenparks so lange gefangen, wie sie den Job machen.

Wie Imke Rathje beschrieben hat, war es die Story, die in mehrfacher Hinsicht ihren Ort des Geschehens erst erfand.[34] Tombstone war bereits zu Beginn der Depressionszeit auf dem Weg zur Geisterstadt; ökonomische Rettung versprachen sich die Städter von einer Wendung zur Geschichte.

> "Tombstone had only one asset left: its colourful past. Billy Breakenridge's *Helldorado* had generated interest in that past only the year before, so in October 1929, nine months after Wyatt Earp's death, 'The Town Too Tough to Die' mounted its first Helldorado celebration. Tombstone's citizens, fighting for economic survival, presented all stuff of myth; stagecoach robberies; Indian attacks; a reenactment of the gunfight on the vacant lot, now part of the O.K. Corral."[35]

---

32 GABLE/HANDLER, Deep Dirt (wie Anm. 23).
33 William LUHR: Reception, Representation, and The OK Corral. Shifting Images of Wyatt Earp. In: Authority and Transgression in Literature and Film. Eds. Bonnie Braendlin, Hans Braendlin. Gainesville: Univ. of Florida Press, 2001, S. 23-44.
34 Imke RATHJE: "Several Men Hurled into Mythology in the Duration of Decades". The "Gunfight at the OK Corral" and its Legendary Repercussions. Magisterarbeit, Braunschweig 2005.
35 Paula Mitchell MARKS: And Die in the West. The Story of the O.K. Corral Gunfight. Norman: Univ. of Oklahoma Press, 1996, S. 422.

Während Postkutschenüberfall und Indianerangriff als Standard-Programmanteile der *Wild West Shows* aus der Zeit vor der Jahrhundertwende bekannt waren, war es das Earp-McLowry/Clanton-Gefecht, das ein Alleinstellungsmerkmal der Stadt konstruierte. Man ging von 1929 an zwei Wege: Zum einen wurde vom örtlichen *Chamber of Commerce* konsequent die Historisierung der überlebenden Ortskernteile betrieben – daraus resultierte die Designation der ganzen Stadt als *National Historic Landmark*, zum anderen wurde in einem *tourist turn* die Zeitläufte auf den einen Tag zusammengestrichen, der Tombstone zu einer Zeitreise-Kuriosität macht. Der Ort ist, in den Worten von William Luhr, "a kind of theme park and memorial to the event that happened there on October 26, 1881."[36]

Die Kombination von Themenpark und Memorial ist bezeichnend – ein Themenpark beinhaltet in der Regel mehr Attraktionen bzw. eine umfassendere Ausstellung, während ein Memorial fokaler Ausdruck eines zeitlich und räumlich eng begrenzten Gedenkens ist. Der Status eines Freilichtmuseums wird nicht einmal reklamiert, historisches Lernen wird nicht thematisiert. Es gibt zwar ein *Tombstone Historama*, aber es gibt auch eine (mehr oder weniger) festgelegte Aufführungspraxis der O.K.-Corral-Ereignisse, obwohl deren Art und Ablauf unter Historikern nach wie vor umstritten sind und nicht einmal der Ort historische Faktizität beanspruchen kann:

> "The OK Corral gunfight did not take place in the OK Corral but around the block in a vacant lot, and it wasn't known as the OK Corral fight until the 1920s, that designation being perceived, I presume, as more dramatic than the 'gunfight in the lot between Fly's Photographic Studio and the Harwood House'."[37]

Nachdem sich die Legende ihren Ort aus- und umgedeutet hatte, wurden Häuser oder wenigstens deren Fronten nach alten Photos und generellen Impressionen des „Western"-Baustils aus den 1880er Jahren restauriert oder nachgebaut.

Das Motto „Live the Legend" ist chronotopisch wörtlich zu nehmen. Es gibt mehrere Shows verschiedener Gruppen mit unterschiedlichem theatralischen Anspruch und unterschiedlicher Professionalität. Zum Teil handelt es sich um selbstgestylte Darsteller der jeweiligen Charaktere, die sich in Gruppen zusammengefunden haben und von denen viele im richtigen Leben nicht nur bereits pensioniert sind, sondern nur deshalb nach Tombstone gezogen sind, um nach ihrer Pensionierung an den Darstellungen mitwirken zu können.[38] Insofern sind diese Darsteller auch keine *Living Historians*, sondern *Reenactors*.

Eine andere, immer noch *Helldorado* genannte Gruppe, besteht zum Teil aus professionellen Stuntmen und Filmschauspielern, deren (Klein-)Rollen, *credits,* unter anderem den Film *Tombstone* von 1993 verzeichnen.[39] Diese inszeniert zusätzliche

---
36 LUHR (wie Anm. 33), S. 24.
37 LUHR (wie Anm. 33), S. 36.
38 RATHJE (wie Anm. 34), S. 25.
39 RATHJE (wie Anm. 34), S. 27.

Shows mit anderen Westernhelden als Teilnehmern, die in dieser Konstellation zwar nie in Tombstone anwesend waren: „... pitching legendary gunmen from all over the West against each other, with the accompanying voice-over: ‚There is historical evidence (pause) of them *never* having met in Tombstone – but *if* they had – this *could* have been the result.'"[40] Vom Einsatz aller Gruppen und ihrer Schaustücke, die in einer völlig unironischen Aufnahme der kulturellen Postmoderne als „the myth, the legend, and the truth"[41] angekündigt werden, profitieren vor allem die Besitzer der diversen Läden, „Saloons" etc., die einen im Vergleich zur historischen Datenlage natürlich deutlich überproportionalen Anteil des Ortes ausmachen.

Schluss

Dass Tombstone als Beispiel in diesem Beitrag auftaucht, ist damit begründet, dass der Unterschied zwischen der Western-Stadt, dem Prairie-Dorf und der Puritaner-Ansiedlung letztlich nur graduell und nicht in absoluten Paradigmen ausgedrückt werden kann. Zusammen mit den Rückwirkungen, die diverse Verfilmungen der Earp-Clanton-Schießerei seit den vierziger Jahren natürlich zusätzlich bis in die Diktion der Figuren hinein auf die Darstellungen gehabt haben, lässt sich an Tombstone am deutlichsten ablesen, wie und bis zu welchem Grad medialisierte Vorgaben und die daraus resultierende Perzeption seitens der Darsteller wie des Publikums die historische Datenlage beeinflussen können. An allen drei Orten wird Geschichte suggestiv verräumlicht; alle drei fokussieren eine Erlebnis-Wertigkeit des Besuchs und favorisieren diese über implizierten Lerneffekten. Über den Tag verteilt repetierte illustrative Schaustücke sind an allen drei Orten nachweisbar; ein Zusammenhang zwischen Schau und Geschäften auch. Vorherrschend an allen drei Orten ist Illusionstheater. Kritische Distanz oder reflektierte Darstellung sind nur als Randerscheinung oder als aus Inkompetenzen erscheinendes Zufallsprodukt Teil der Programme.

Das Problem, das die angeführten Beispiele exemplifizieren, ist nicht ursächlich auf die Frage nach dem Einsatz oder Verweigerung von *Living History* als Museumstheaterpraxis zu reduzieren. Ausgangspunkt der amerikanischen Akzeptanz von Personenspiel als Darstellungsform war die durchaus berechtigte Kritik an der aufgeräumten, schmutzfreien, auf die bürgerlichen Schichten fokussierten Darbietungsweise in den Freilichtmuseen. Um 1970 setzten sich die sogenannten *New Social Historians* durch, die gegen die Vorführung und Erklärung von Gegenständen und Handwerksprozessen die Rekreation einer ganzen sozialen Gemeinde zu stellen suchten.[42] Die beste Art, eine solche Vollständigkeit zu erreichen, schien eine systematische Vernetzung der ohnehin bereits überwiegend in der Form dramatischer Vignetten oder als *special events* vorhandenen Spielszenen

---

40 RATHJE (wie Anm. 34), S. 28.
41 *Voiceover*-Ankündigung der *gunfight*-Show, zit. nach RATHJE (wie Anm. 34), S. 27.
42 Warren LEON, Margaret PIATT: Living-History Museums. In: History Museums in the United States. A Critical Assessment. Eds. Warren Leon, Roy Rosenzweig. Urbana: Univ. of IL Press, 1989, S. 64-97, hier S. 68f.

Im Schatten der Maus: Living History und historische Themenparks in den USA

zu einer Gesamtdarstellung zu sein, die das Leben in einem historischen Gebäude, auf einer Farm oder in einem ganzen Dorf quasi als historisches Hologramm inszenierte und in die willige Zuschauer im Sinne einer historischen Immersion einsteigen konnten.

Während die Idee an sich ebenso interessant wie nachvollziehbar ist, zeigt die Praxis, dass die Herstellung einer „Restoration of Behavior" im Sinne Richard Schechners nicht mit der Wiederherstellung, ja nicht einmal mit der temporären Simulation von Lebensweltlichkeit gleichzusetzen ist. Dass die scheinbar am meisten für Belebung sorgende Rollenspielform schon von der Produktionsseite her gesehen tückisch sein kann, war wenigstens ansatzweise schon bei Warren Leon und Margaret Piatt zu sehen und sollte aus den Ausführungen deutlich geworden sein;[43] der Popularität des Formats wird das vermutlich keinen Abbruch tun. Dass Zuschauer sich bewegen und verhalten, als befänden sie sich in einem dreidimensional aufgeblähten Film, auch nicht. Jedenfalls werden die Effekte der zunehmenden Medialisierung und Virtualisierung der Alltagswelt durch die Personenspielpraxis anscheinend nicht konterkariert, im Gegenteil. An diesem Punkt ist allerdings die Diskussion noch nicht abgeschlossen; weitergehende Erforschung von Aspekten wie Performativität, Rollenspiel und besonders Rollenrezeption ist nötig.[44]

Ähnlich wie es im Handel in den zu Erlebnis-Shoppingcentern mutierten Kaufhäusern nicht mehr darum geht, eine Nachfrage zu bedienen, sondern eine Überstimulation zu schaffen, sind zu historischen Themenparks umgerüstete Museen nicht mehr primär Lehrstätten, sondern eventkulturelle Hybridformen. Zur Forschung eignen sie sich – pointiert gesprochen – am ehesten auf der Quasi-Metaebene der Medienpädagogik. Das soll nicht heißen, dass man in Tombstone oder Conner Prairie gar nichts lernen könne: So, wie man auch in das Braunschweiger ECE-Center hinter der vorgeblendeten Fassade des ehemaligen Schlosses gehen kann, einfach nur um sich eine Hose zu kaufen, kann man aus Tombstone historisches Wissen über die Zustände im ariden Südwesten der achtziger Jahre des 19. Jahrhunderts mitnehmen oder in Conner Prairie über die Pioniere im Mittleren Westen. Man sollte sich allerdings über Herkunft und *fabric* des dort Eingekauften im Klaren sein.

Planung und Auslegung eines Themenparks zielen schon in der Anlage weniger auf die kognitiven Fähigkeiten der Besucher als auf eine ideologische Rückbindung, d.h. die Besucher finden das vor, was sie aus anderen Quellen bereits wussten. Auf der Basis dieser Selbstversicherung im erlebnishaft strukturierten *Event* ist der Themenpark konsumorientiert: Mit dem Eintrittspaket wird der *Event* vorstrukturiert und werden die schauspielhaften und interaktiven Anteile bezahlt; der Rest des Geldbeutelinhalts bleibt bei den Konzessionären und in den Andenkenläden

---

43 LEON/PIATT (wie Anm. 42), S. 89f.
44 Zu diesem Thema befindet sich im Rahmen der Freiburger Forschergruppe „Historische Lebenswelten in populären Wissenskulturen der Gegenwart" (DFG – FG 875) eine Dissertation von Carolyn Oesterle in Arbeit.

und Museums-Shops. Die strategische Verteilung dieser Besuchermagnete zweiter Ordnung im Gelände wäre eine eigene Studie wert.

> "By billing themselves as popular tourist destinations, institutions like Williamsburg have reached large audiences, but those audiences have included many visitors who neither want nor expect to learn disturbing information about the past. Such vacationers seek escape from their normal concerns and cares. Living-history museums, which charge higher admission prices and rely more on tourist dollars than other history museums, cannot afford to alienate this hard-won tourist audience."[45]

Das traditionelle deutsche Freilichtmuseum zielt (noch) auf eine etwas anders gelagerte Klientel, die mit Museum in der Regel immer noch ein Bildungsangebot verbindet und dieses auch nachfragt. Mit seiner einigermaßen gesicherten Finanzierung können hiesige Freilichtmuseen ihren Volksbildungsauftrag zudem unabhängiger von den eskapistischen Anwandlungen eben dieses Volkes gestalten als ihre sich im Wesentlichen selbst tragenden amerikanischen Verwandten.

Eine Einladung zum Langweilen, ein Freibrief zur Überfrachtung musealer Räume mit modernen Kunstaktionen oder eine Aufforderung zum lediglich verwahrenden Aufstapeln von Objekten (siehe die Scheune mit den historischen Feuerspritzen in Cloppenburg) ist das nicht. Geschichtstheater hat, wie z.B. die Experimente in Bad Windsheim und Kommern eindrücklich belegen, für eine Museumslandschaft viel zu bieten, ohne dass Forschung oder museumsgestützte Lehre beeinträchtigt werden müssten.[46] Im Gegenteil: Intelligent verwendet kann Geschichtstheater eine konstruktive Erweiterung und Ergänzung bestehender Programme bilden; speziell die Nähe von lehrstückhaftem Lernen im Sinne Brechts und besucherseitigem Erlebnishunger kann kreativ genutzt werden. Dass die in der Regel freien Gruppen qualitativ überzeugender deutscher *Living Historians* in ihrer kritischen Reflexion der Möglichkeiten und Reichweiten von Geschichtstheater-Darstellungen den Bedenkenträgern in der Museumslandschaft durchaus entgegenkommen, sollte sich herumsprechen.[47] „Wege vorbei an Disneyland"[48] werden nicht dadurch gefunden, noch weniger beschritten, dass man sich, um im Bild zu bleiben, an Methoden des Wegebaus aus der grauen Mitte des 20. Jahrhundert klammert.

---

45 LEON/PIATT (wie Anm. 42), S. 75.
46 Siehe dazu auch die Beiträge von Michael Faber, Martin Klöffler und Kai Vahnenbruck in diesem Band.
47 Siehe Angharad Sybille BAYER, Andreas STURM: Geschichte für Herz und Verstand. Rekonstruierte Vergangenheit als Chance für lebendige Museen. In: Archäologische Informationen 29, Heft 1-2, 2006, S. 63-71, bes. S. 66: „...gerade weil ein Ort wie das Archeon [hist. Themenpark in NL, W.H.] für den unbedarften Besucher eine anscheinend perfekte Illusion schafft, müssen wir auch immer wieder darauf hinweisen, dass jede Rekonstruktion nur eine Annäherung an die tatsächliche Vergangenheit ist; dass die Forschung nicht jeden Aspekt restlos aufzuklären vermag." Beyer und Sturm arbeiten mit der Gruppe *Rete Amicorum* als *interpreters*.
48 Thomas NAUMANN: Wege vorbei an Disneyland. Freilichtmuseumskonzeptionen und ihre Auswirkungen auf Museumscharakter und Besucherverhalten. Konsequenzen für den Aufbau des Odenwälder Freilandmuseums. In: Beiträge zur Erforschung des Odenwaldes und seiner Randlandschaften 5, 1992, S. 475-496.

Adriaan de Jong

Gegenstand oder Vorstellung?

Erfahrungen mit Living History, vor allem am Beispiel niederländischer Freilichtmuseen[1]

Einleitung: die ethnologische Empfindung

> „Doch um wie viel heftiger schlug das Herz, als man ein Ruderboot nach dem anderen mit schnellen Schlägen hinter der Landzunge hervorkommen sah. Die roten und weißen Kleider glänzen in der Sonne. Die Mädchen sitzen am Rand der Boote und bilden einen Kreis aus kräftigen Farben. [...] Man stelle sich 30 bis 40 solcher Boote vor, die gleichzeitig über die sonnenüberflutete Wasseroberfläche gleiten! Welch ein prächtiger und zur gleichen Zeit unbeschreiblich anmutiger Anblick! Es war unmöglich, dieses bemerkenswerte Schauspiel ohne Tränen in den Augen zu betrachten."[2]

So beschrieb Sofi, die Frau von Artur Hazelius, dem Gründer des ersten Freilichtmuseums Skansen (bei Stockholm), in ihrem Tagebuch, was sie und ihr Mann 1872 an einem sommerlichen Sonntagmorgen im schwedischen Dalarna sahen (Abb. 1). Das Schauspiel der Kirchboote auf dem spiegelglatten Siljansee war einer der Höhepunkte dieser Reise, die das Ehepaar Hazelius in die schwedische Provinz unternommen hatte.[3] Der panoramaartige Ausblick auf diese Szene auf dem See und die Erkenntnis, dass das, was sie gesehen hatten, bald der Vergangenheit angehören würde, brachten Hazelius dazu, sich auf die Suche nach

---

1   Ich danke der jetzt in den Niederlanden forschenden deutschen Volkskundlerin Sophie Elpers M.A. für die Überarbeitung des deutschen Textes. Teile dieses Beitrags basieren auf meinem Aufsatz „Sie haben Glück, der Bauer ist gerade zurück!" Zur unterschiedlichen Präsentation von Alltagsleben und Baugeschichte im Freilichtmuseum. Beitrag für die baltische Tagung des Verbandes europäischer Freilichtmuseen, 25. August bis 1. September 1997. In: Hessische Blätter für Volks- und Kulturforschung, Neue Folge 33, 1999, S. 161-170 und A.A.M. DE JONG: Die Dirigenten der Erinnerung. Musealisierung und Nationalisierung der Volkskultur in den Niederlanden 1815-1940. Münster u.a. 2007; siehe auch: A.A.M. DE JONG: Voorwerp of voorstelling? Een historisch dilemma van openluchtmusea. In: Jaarboek 1995 Nederlands Openluchtmuseum I, Arnheim 1995, S. 58-79 [Gekürzte Fassung in deutscher Sprache: Die Darstellung gemeinschaftlichen Lebens in Freilichtmuseen: Ausstellung oder Spektakel? In: Verband Europäischer Freilichtmuseen 1993, Bukarest 1997, S. 167-173].
2   Fredrik BÖÖK: Artur Hazelius. En levnadsteckning (Artur Hazelius. Eine Kurzbiografie). Stockholm 1923, S. 264-265; Dank an Drs. Hetty Gonggrijp-van Wezel, Delden, für die niederländische Übersetzung des Zitates aus dem Schwedischen (die deutsche Übersetzung basiert auf der niederländische Übersetzung).
3   Nils-Arvid BRINGÉUS: Artur Hazelius och Nordiska museet (Artur Hazelius und das Nordiska Museet). In: Fataburen 1972, S. 7-32, hier S. 7-9; Bo GRANDIEN: Grogrunden. Tiden före 1891 (Der Nährboden. Die Zeit vor 1891). In: Arne Biörnstad (Hg.): Skansen under hundra år (Hundert Jahre Skansen). Höganäs 1991, S. 9-31, hier S. 12.

Adriaan de Jong

Abb. 1: Vilhelm Nicolai Marstrand (1810-1873), *Kyrfolket anländer till Leksand* (Die Kirchgänger legen in Leksand an), 1853, Öl auf Leinwand, 130,5 x 215 cm (Statens Museum for Kunst, Kopenhagen).

Möglichkeiten zu machen, dieses Bild auf die eine oder andere Weise festzuhalten. Dies ist der eigentliche Ausgangspunkt für das volkskundliche Museum und das erste Freilichtmuseum Skansen, so wie Hazelius es entwickelt hatte.

Heute würde man von einer volkskundlichen Empfindung sprechen, ähnlich wie der berühmte niederländische Historiker Johan Huizinga von der historischen Empfindung sprach. Er definierte diese als ein Gefühl unmittelbaren Kontakts mit der Vergangenheit, und es sei „genauso tief wie der reinste Kunstgenuss". Die historische Empfindung könne sogar eine ekstatische Wahrnehmung der Berührung mit dem Wesen der Dinge sein.[4]

Hazelius: das Festhalten des Bildes

1993 fand die Tagung des Verbandes europäischer Freilichtmuseen in Rumänien statt. Dort erfuhren verschiedene Teilnehmer etwas Ähnliches wie Hazelius in Dalarna. Nicht weit von der Stadt Sighet in Maramures trafen wir unerwartet ei-

---

[4] J. HUIZINGA: Het historisch museum. In: Ders.: Verzamelde werken, Teil II, Haarlem 1948, S. 559-569, hier S. 566 [Erstveröffentlichung in: De Gids, 84,2, Februar 1920, S. 251-262]. Siehe zu Huizingas Verwendung des Begriffs historische Empfindung/ *historische sensatie*, Jo TOLLEBEEK: De toga van Fruin. Denken over de geschiedenis in Nederland sinds 1860. Amsterdam 1990, S. 212-217. Seit den 90er Jahren des 20. Jahrhunderts besteht ein neues Interesse an Huizinga und der historischen Empfindung, siehe auch: Jo TOLLEBEEK: Tom Verschaffel: De vreugden van Houssaye. Apologie van de historische interesse. Amsterdam 1992; Bram KEMPERS: De verleiding van het beeld. Het visuele als blijvende bron van inspiratie in het werk van Huizinga. In: Tijdschrift voor Geschiedenis 105,1, 1992, S. 30-50.

Gegenstand oder Vorstellung?

Abb. 2: Bauernmarkt bei der Stadt Sighet in Maramures (Rumänien), Sept. 1993 (Foto: Adriaan de Jong).

nen Bauernmarkt an, wo in unseren Augen die Zeit stehen geblieben war.[5] Was wir dort sahen, hörten und rochen, wollten wir am liebsten komplett einpacken und mitnehmen, um es in unseren Museen für immer zu zeigen (Abb. 2). Aber die Szene, die sich vor unseren Augen abspielte, konnten wir nicht mitnehmen. Und was macht der Museumsmann oder die Museumsfrau in solchen Fällen? Er/sie sieht, dass die Trachten, die man dort noch trägt, auf diesem Markt auch an die Bevölkerung verkauft werden. Als Zuschauer von außen erwirbt er eine Schürze und nimmt diese als ethnographisches Stück mit nach Hause.

Diese materielle Erinnerung an die volkskundliche Empfindung kann in einer Vitrine ausgestellt werden, wie wir das zum Beispiel mit unseren Trachten machen. Die Kleidungsstücke in der Vitrine sind schön, aber obwohl es ursprüngliche Objekten betrifft, fehlt etwas: die ganze Empfindung des Volkslebens wird nicht mittransportiert. Inzwischen haben sich Generationen von Museumsleuten bemüht, die Empfindung nachzuahmen, um Relikte besser zu kontextualisieren.

In dem Museum, das Hazelius nach seiner Reise in Stockholm gründete, gelang es ihm, mit lebensgroßen Figurinen und panoramaartigen Hintergrundmalereien eine Reihe von Szenen wieder aufleben zu lassen[6] (Abb. 3). Die Niederländer gin-

---

5   A.A.M DE JONG: Roemenië. Op de drempel van levende naar musale volkscultuur. In: Museumvisie 17,4, 1993, S. 181-183, hier S. 182.
6   Bengt NYSTRÖM: Att göra det förflutna levande (Die Vergangenheit zum Leben erwecken). In: Hans Medelius, Bengt Nyström, Elisabet Stavenow-Hidemark (Hgg.): Nordiska museet under 125 år (125 Jahre Nordiska Museet). Stockholm 1998, S. 53-87, hier S. 68-71.

Abb. 3: *Skandinavisk-etnografiska samlingen* in Stockholm wie 1873 von Hazelius gefertigt, Zeichnung von R. Haglund: eine Szenenreihe, die die Besucher als Dioramen besichtigen konnten (Foto: Nordiska Museet, Stockholm).

gen mit der Darstellung des Hindelopener Zimmers im Jahr 1878 noch weiter (Abb. 4). Der Unterschied bestand darin, dass die Besucher dieses Zimmer nicht als Außenstehende von draußen betrachten mussten, wie es bei den schwedischen Szenarien der Fall war, sondern sie durften das Zimmer betreten, konnten dort umhergehen und den Raum von allen Seiten auf sich wirken lassen.[7]

Die Illusion menschlicher Anwesenheit kann auch durch raffinierte Details im Interieur kreiert werden, die dem Besucher den Eindruck vermitteln, dass die Bewohner das Zimmer gerade erst verlassen haben. Diese Methode wird zur Zeit in den meisten europäischen Freilichtmuseen angewandt. Ein hervorragendes Beispiel sah ich im Nordiska Museet (Stockholm): Kein gedeckter Tisch vor dem Mittagessen, sondern ein Tisch, wie er nach dem Essen aussieht. Oft wurde auch Aufsichtspersonal eingestellt, das man in Nationalkostümen einkleidete[8] (Abb. 5).

---

7   DE JONG, Dirigenten der Erinnerung (wie Anm. 1), S. 103-105.
8   Adelhart ZIPPELIUS: Der Mensch als lebendes Exponat. In: Utz Jeggle u.a. (Hgg.): Volkskultur in der Moderne. Probleme und Perspektiven empirischer Kulturforschung. Reinbek bei Hamburg 1986, S. 410-429, hier S. 423f; Arne BIÖRNSTAD: Artur Hazelius och Skansen. 1891-1901. In: Arne Biörnstad (Hg.): Skansen under hundra år (Hundert Jahre Skansen). Höganäs 1991, S. 33-75, hier S. 67-69

Gegenstand oder Vorstellung?

Abb. 4: Das Hindelooper Zimmer auf der Weltausstellung 1878 in Paris; links Figurinen in Trachten, die die Vorbereitungen für eine Taufe darstellen, rechts die Weltausstellungsbesucher im Zimmer. Holzstich (Foto: Fries Museum, Leeuwarden).

Abb. 5: Trachtenträgerinnen als Aufseherinnen in Skansen vor dem Haus aus Mora (Dalarna); bei den Figuren rechts im Hintergrund handelt es sich um Figurinen (Foto aus den 90er Jahren des 19. Jahrhunderts, Lindahls Fotografiaffär, Nordiska Museet, Stockholm).

65

Adriaan de Jong

Geburt der Living History in Amerika

All diese Ausstellungsmethoden wurden von den Freilichtmuseen übernommen und weiterentwickelt. Obwohl die Tradition, Personen in Trachten als Aufseher einzustellen, auf das 19. Jahrhundert zurückgeht, erfolgte die Geburt der *Living History* nach verbreiteter Auffassung erst im Amerika der 70er Jahren des 20. Jahrhunderts. Der Unterschied zu Hazelius ist, dass dieser an einem Volksleben, das im Begriff war zu verschwinden, noch teilgenommen hatte und es so gut wie möglich festhalten wollte, während die *Living History* versucht, ein narratives Element als pädagogisches Hilfsmittel einzuschalten.

Unter *Living History* verstehen die amerikanischen Spezialisten der Museumspädagogik Warren Leon und Margaret Piatt:

> "A teaching approach, which uses costumed staff members to enact historical activities in restored or re-created settings."

Eine pädagogische Methode, die kostümierte Mitarbeiter nutzt, um historische Aktivitäten in einer restaurierten oder rekonstruierten Umgebung aufzuführen.[9] Wenn ich im weiteren Verlauf dieses Vortrags von *Living History* spreche, meine ich es in diesem Sinn und jedenfalls nicht im Sinn der Vorführungen, die ausschließlich kommerziellen oder Unterhaltungszwecken dienen oder nur aus Liebhaberei aufgeführt werden.

Der Ursprung der pädagogischen *Living History* in Amerika liegt in den Führungen kostümierter Vermittler durch historische Häuser.[10] Einige Freilichtmuseen in den Vereinigten Staaten fingen in den 70er Jahren an, typische Rollen früherer Bewohner mit Schauspielern zu besetzen. Diese Vermittlungsart, auch *first-person interpretation* genannt, weil die Schauspieler nicht mehr in der dritten sondern in der ersten Person sprechen, ist eine Kommunikationstechnik, die versucht, einen historischen Rahmen als Ganzes zu kreieren – einschließlich der Menschen selber. Für diese Darstellung muss nicht nur die materielle Kultur mit Akribie untersucht werden, sondern es müssen auch historische Quellen herangezogen werden, die Auskunft über das Verhalten, die Sprache, die Gedanken und die Religion der Menschen aus der gezeigten Periode geben. Hier wird eine Brücke zwischen materieller Kultur und Sozialgeschichte oder biographischer Geschichte geschlagen.

Ein gutes Beispiel der *first-person interpretation* ist Plimoth Plantation in Massachusetts, eine Rekonstruktion der ersten Siedlung einer Gruppe englischer Puritaner aus dem Jahre 1627. Unter der Leitung des Historikers David Freeman wird hier seit 1978 *first-person interpretation* auf eine besonders professionelle Art durchgeführt. Dabei bilden Tagebücher der damaligen Bewohner die Basis für die schauspielerische Darstellung. Die Tagebücher werden zuvor sorgfältig von

---

9 Warren LEON, Margaret PIATT: Living-History Museums. In: Warren Leon, Roy Rosenzweig (Hgg.): History Museums in the United States. A Critical Assessment. Urbana/Chicago 1989, S. 64-97, hier S. 64.
10 LEON/PIATT (wie Anm. 9), S. 65-66.

Gegenstand oder Vorstellung?

Abb. 6:
Mutter und Tochter in einer *first person interpretation* in Plimoth Plantation, USA 1994 (Foto: Adriaan de Jong).

Historikern ausgewertet. In fast jedem Gebäude gibt es Schauspieler, die Personen verkörpern, die tatsächlich in Plymouth zu dieser Zeit und in diesem Gebäude gelebt haben (Abb. 6). Durch Kontakte mit den Schauspielern können die Besucher Hintergrundinformationen erhalten, beispielsweise über die religiösen Motive, die Anlass für die Puritaner waren, England zu verlassen, um in Amerika ein neues Leben aufzubauen.[11]

Ein weiterer Schritt wäre, den Besucher selbst zum Schauspieler zu machen. Diese Art Aktivität wird in Amerika *visitor participation* genannt. In Williamsburg (USA) spielen Schauspieler die Rolle des Richters bei der Aufführung einer Gerichtsverhandlung. Die Rollen der Kläger und der beschuldigten Partei werden von Besuchern gespielt, die ihren Text ablesen. Auf diese Weise wird das Gerichtsgebäude für die Besucher mehr als nur interessante Architektur. In anderen Museen dürfen die Besucher Musikinstrumente spielen oder sie können etwas

---

11 LEON/PIATT (wie Anm. 9), S. 86-91; Jaap KERKHOVEN: Levend verleden in de Nederlandse openluchtmusea. In: Leidschrift. Historisch tijdschrift 7, 1991, S. 17-34, hier S. 23f.

von den Darstellern lernen. In vielen Kinderprogrammen dürfen die Kinder in historischen Kleidern verkleidet teilnehmen.

Zuiderzeemuseum

Auch in Europa haben einige Freilichtmuseen mit dieser Art von Präsentation begonnnen. Ich beschränke mich im Folgenden auf die zwei größeren niederländischen Freilichtmuseen.

In den Niederlanden hat das Zuiderzeemuseum in Enkhuizen, das 1983 eröffnet wurde und in dem die Häuser zu einem Museumsdorf gruppiert sind, im Jahr 1990 *first-person interpretation* eingeführt, und zwar in einem Teil des Museums, dem Ensemble der Fischerinsel Urk. Seit 1990 werden drei Häuser im Urker Viertel während der Öffnungszeiten von fünf Personen bewohnt: von einem Nordseefischer und seiner Frau, von der Witwe eines verunglückten Fischers und ihrer Tochter sowie dem Inhaber eines Kaffeehauses, der zugleich auch Briefe für andere Leute schreibt. Es ist das Jahr 1905. Außer dem Schreiber tragen alle Urker Tracht. Sie führen alltägliche Arbeiten auf der Straße oder in ihren Häusern aus, zugleich ist es beabsichtigt, dass sie mit Besuchern Gespräche führen (Abb. 7). Manchmal halten sie auch einen Monolog. Mit den Besuchern wird dialektfrei niederländisch gesprochen, was akzeptabel ist, da auf Urk im Jahr 1905 die Schulpflicht nahezu allgemein eingehalten wurde. Deutsche Besucher können auch ein paar Worte wechseln: die Fischer fuhren nämlich manchmal auf deutschen Loggern.

Das Fischerehepaar symbolisiert die sonnige Seite des damaligen Lebens, die Witwe dagegen kann nur mit größter Mühe ihren Lebensunterhalt fristen. Der Briefschreiber verkörpert die Aspekte des sozialen Lebens auf Urk, die normalerweise im Schatten bleiben. Er schreibt gegen Bezahlung Briefe für die Allerärmsten, um Geld von den Wohlhabenden auf dem Festland zu erbitten.

Das Ziel der *first-person interpretation* ist ein pädagogisches. Gezeigt wird, dass die Insel 1905 keine isolierte Insel war, auf der alles beim Alten blieb, sondern eine Insel, die mehr und mehr am Leben in einem größeren, nationalen Rahmen teilnahm. Anekdotische Geschichten sind zu vermeiden, und die Orientierung ist eher auf Sozialgeschichte gerichtet als auf Volkskunde oder Heimatkunde.

Das Museum entschied sich für das Jahr 1905, weil damals viele Maßnahmen auf dem Gebiet der Hygiene und des Wohnungswesens erfolgten. Für die fünf Rollen sind ca. 30 Spieler angestellt, alle ehrenamtlich nur mit einer Unkostenvergütung. Die Wahl eines bestimmten Jahres, in dem die Präsentation spielt, hat auch Konsequenzen für die Ausstattung der Häuser: es dürfen keine jüngeren Gegenstände ausgestellt werden.[12]

---

12 Leo ADRIAANSE, Herman DE BOER: Nagespeeld verleden nieuwe presentatiemethode in het Zuiderzeemuseum. In: Museumvisie 14, 4. Dez. 1990, S. 139-141; KERKHOVEN (wie Anm. 11), S. 20-22.

Gegenstand oder Vorstellung?

Abb. 7: *First person interpretation* im Zuiderzeemuseum, Enkhuizen, Niederlande (Zuiderzeemuseum, Enkhuizen).

Obwohl vier von fünf Besuchern die *first-person interpretation* als positiv erfahren, hegt das Museum schon länger den Wunsch, die Qualität zu verbessern und allmählich eingeschlichene unerwünschte Gewohnheiten abzustellen. Dazu gehören eine zu starke Betonung der Gemütlichkeit, falsche Requisiten, ein zu mikroskopisches Niveau, aber auch die Beschränkung, dass die Entwicklungen zwischen 1905 und unserer Gegenwart nur indirekt zur Sprache gebracht werden können.[13]

Niederländisches Freilichtmuseum

In Arnheim wurde bis 1990 ein sehr puristisches Darstellungsprinzip angewandt, wobei die Gebäude und Gegenstände und ihre materielle Authentizität die einzige Perspektive waren. Seit dem Direktionswechsel 1990 versuchen wir immer mehr, in den Gebäuden den Eindruck der Lebendigkeit zu vermitteln.[14] Wir vertreten jetzt den Standpunkt, dass das menschliche Verhalten mehr betont werden soll; den Besuchern sollen also nicht nur materielle Relikte aus der Vergangenheit gezeigt werden, sondern sich auch eine Vorstellung vom damaligen Leben machen

---

13 Mündliche Mitteilungen von Jaap Kerkhoven, Zuiderzeemuseum. Sept. 2007.
14 Jan VAESSEN: Over context. In: Jaarboek 1996 Nederlands Openluchtmuseum 2, Nimwegen/Arnheim 1996, S. 10-29.

können – soweit so etwas möglich ist. Dies bedeutet einen Übergang von einer passiven zu einer aktiveren Präsentation.[15]

Wir entschieden uns aber nicht für eine großangelegte Einführung der *first-person interpretation* wie im Zuiderzeemuseum. Einer der Hauptgründe hierfür ist, dass unser Museum zu den ältesten in Europa zählt und deshalb als ein sogenannter Parktyp gilt, also kein „Dorftyp"-Freilichtmuseum ist. Wir haben Gebäude aus verschiedenen Regionen der Niederlande und aus verschiedenen Perioden gesammelt und können fast nirgendwo ein Gebäudeensemble mit Einheit von Ort und Zeit darstellen. Das macht es schwierig, eine lebendige Dorfgemeinschaft wie in Plimouth aufzubauen. Nachbarn aus unterschiedlichen Perioden und Regionen würden eher Verwirrung stiften als Lernerfahrungen bieten.[16]

Um mehr Menschen in die Vermittlung einzubeziehen, haben wir beschlossen, statt passiver Wächter aktive Darsteller anzustellen.[17] Sie haben die Aufgabe, die Besucher im Haus zu empfangen und, wenn diese wollen, mit ihnen ein Gespräch über das Haus und das Leben dort in der Vergangenheit zu führen (Abb. 8). Dazu werden sie von Konservatoren oder anderen Sachverständigen instruiert. In einigen Fällen haben sie die Aufgabe, die Besucher zu einem Kaffee einzuladen, etwas vom Essen zu kosten oder aktiv mitzumachen, wie zum Beispiel in unserer historischen Wäscherei oder in der alten Dorfschule.

Vereinzelt beginnen die Darsteller auch in *first person*, meistens jedoch in *third person*. Wenn sie sich für die *first person* entschieden haben, brauchen sie sich aber nicht krampfhaft an ihre Rolle zu klammern, wenn es für die Vermittlung besser ist, in der dritten Person mit dem Besucher zu sprechen. *Visitor participation* kennen wir zum Beispiel bei den Volkssportarten wie dem Handbogenschießen, beim Krockspiel oder im Winter beim Schlittschuhlaufen auf der Kunsteisbahn, womit wir eigentlich den nicht mehr bestehenden kalten niederländischen Winter musealisieren. Für Kinder gibt es einen Kinderbauernhof mit vielen Aktivitäten, die als *visitor participation* bezeichnet werden können.

Viel Erfolg hat das von uns entwickelte sogenannte Erinnerungsspiel, das in der Scheune eines großen Gulfhauses aus dem Norden des Landes vorgeführt wird. Hier wird die Museumspräsentation mit einem Theatervortrag ergänzt, der ungefähr zwanzig Minuten dauert. In dieser Region, wo die Mechanisierung schon früh die Handarbeit reduzierte, war die Distanz zwischen den reichen Bauern und den Landarbeitern in der ersten Hälfte des 20. Jahrhunderts besonders groß und die Verhältnisse gespannt.

---

15 Buitenkansen. Basisvisie Museumpark (Bericht des Nederlands Openluchtmuseum über das Freilichtmuseum). Arnheim 1999, S. 23-29.
16 A.A.M. DE JONG, Rob SPREEUW: Buitenkansen. Een nieuwe visie op het Museumpark. In: Jaarboek 1999 Nederlands Openluchtmuseum 5, 1999, S. 302-327, hier S. 319-322.
17 Jaarverslag Nederlands Openluchtmuseum (Jahresbericht des Nederlands Openluchtmuseum) 1992. 1993, S. 11.

Gegenstand oder Vorstellung?

Abb. 8: *Third person interpretation* im Nederlands Openluchtmuseum, Arnheim. „Interpretator" John Wieringa erzählt Museumsbesuchern vom Leben in früheren Zeiten auf einem Bauernhof in Staphorst (Provinz Overijssel), 1997 (Foto: Nederlands Openluchtmuseum, Arnheim).

Im Jahre 1929 fand hier ein großer Landarbeiterstreik statt, der am Ende von den Bauern gebrochen werden konnte, indem sie Streikbrecher einsetzten. In einem interaktiven Theaterstück (Abb. 9), das von einem Darsteller und mit Hilfe von multi-medialen Techniken gespielt wird, werden die Besucher aufgefordert, sich als Mitstreikende in die Lage der streikenden Landarbeiter und in das Dilemma des Streikführers hineinzuversetzen. Nach der Aufführung kehrt der Mitarbeiter, der die Rolle des Streikführers gespielt hat, in die dritte Person zurück, um mit den Besuchern über die Episode zu sprechen, Fragen zu beantworten und den Streik zu diskutieren.

Das Spiel wurde in Zusammenarbeit mit der Arnheimer Theatergruppe Oostpool entwickelt. Mit dem Theaterstück gehen wir weit darüber hinaus, lediglich den Bauernhof zu zeigen, vielmehr integrieren wir den Bauernhof in eine wichtige historische Episode der niederländischen Sozialgeschichte: Der fast das ganze Jahr 1929 beherrschende Landarbeiterstreik hatte das Ziel, der Mechanisierung der Landwirtschaft Grenzen zu setzen. Außerdem können wir mit dem Theaterstück Informationen über Situationen und Vorfälle vermitteln, die nicht durch Gegenstände zu veranschaulichen sind. Diese Vorführung war 2005 eines der fünf Elemente, die die Kommission für den *European Museum of the Year Award* dazu

Abb. 9: Theaterstück über den großen Landarbeiterstreik 1929 im Gulfhaus aus Beerta (Provinz Groningen) im Nederlands Openluchtmuseum 2004 (Foto: Nederlands Openluchtmuseum, Arnheim).

gebracht haben, dem niederländischen Freilichtmuseum diesen Preis zu verleihen.[18]

Living History: Pro

Warum sollen wir uns überhaupt mit der Lebensweise dieser Menschen beschäftigen, wenn schon deren Häuser uns Anschauung genug sein könnten?

1) *Ethnologisch:* Zuerst müssen wir die Entwicklungen in der volkskundlichen Forschung untersuchen. Ich stelle fest, dass Volkskundler jetzt ein größeres Interesse an dem Menschen hinter den Objekten haben. Moderne ethnologische Forschung ist nicht an den Objekten an sich interessiert, sondern an der spezifischen Rolle, die sie für die Menschen spielten. Dies bedeutet eine Verlagerung von einer Objekt-orientierten zu einer Mensch-orientierten Vorgehensweise.[19]

---

18 Jan VAESSEN: Five steps towards an inclusive museology. Five ways to reshape a traditional museum. Entry European Museum of the Year Award 2005 (Nominierung des Nederlands Openluchtmuseum für Museum of the Yaer Award 2005). Arnheim 2004; Jane MORRIS: A breath of fresh air. In: Museum Practice Magazine. Museums Association, Winter 2005, S. 24-29, hier S. 28; Marlite HALBERTSMA: Welk museum is het Europees Museum van het Jaar 2005? In: cULTUUR. Tijdschrift voor etnologie 1,2, 2005, S. 125-131, hier S. 126, 130.

19 Gerard W.J. ROOIJAKKERS: Mensen en dingen. Beschouwingen over materiële volkscultuur. In: Charles de Mooij, Renate van de Weijer (Hgg.): Rijke oogst van schrale grond. Een overzicht van de Zuidnederlandse materiële volkscultuur ca. 1700-1900. Zwolle 1991, S. 8-21, hier S. 8.

2) *Erhalten des immateriellen Erbes: Living History*, wenn mit Akribie ausgeführt, kann dazu beitragen, das immaterielle ethnologische Erbe zu erhalten, wie zum Beispiel Erzählungen, Lieder, Tanz, Handwerksberufe und überhaupt die praktischen Kenntnisse der vielfältigen Arbeitstechniken. In Japan werden Handwerker, die in traditionellen Gewerben ausgebildet sind, sogar als *Living National Treasures* bezeichnet. [20]

3) *Pädagogisch:* Ein dritter Punkt pro *Living History* ist ihre pädagogische Kraft. In Gesprächen mit Besuchern können viele Informationen vermittelt werden.[21] Diese werden besser aufgenommen als Erläuterungen auf Informationsschildern. Besonders in unserer Zeit, in der die meisten Besucher wenig Geschichtswissen haben, ist die persönliche Vermittlung sehr wichtig. Man kann nicht davon ausgehen, dass die Exponate von den Besuchern selbst in den jeweiligen historischen Rahmen gesetzt werden können, von Ausnahmen einmal abgesehen. Die meisten Besucher können nur Objekte jüngeren Datums einordnen, weil hier die eigene Erinnerung zur Hilfe kommt, aber an Objekten der fernen Vergangenheit gehen sie einfach unbedacht vorbei, wenn sich das Museum nicht um eine Vermittlung bemüht. Natürlich gibt es eine Menge Möglichkeiten, wie zum Beispiel die traditionelle Führung; die Überzeugungskraft einer guten *Living History* ist aber besonders groß.

4) *Gesellschaftlich:* Ein vierter Grund, warum den ehemaligen Bewohnern der Häuser in unseren Freilichtmuseen mehr Aufmerksamkeit zuteil werden sollte, ist das sich wandelnde Besucherinteresse. Eine Studie von Sonja Schurink aus dem Jahr 1997 zeigt, wie sehr Museumsbesucher Lebendigkeit und Abwechslung schätzen. Die Objekte, bei denen Mitarbeiter des Museums anwesend sind, um Vorführungen zu veranstalten oder um den Besuchern einiges zu erläutern, erfreuen sich großer Beliebtheit. Häuser mit einer passiven Darstellung werden eher als austauschbar erfahren. [22]

Diese Untersuchung wurde im Juli 2007 bestätigt, als Rosalie Hans und Cecile Post eine Studie zu unserem Jahresthema „Freizeit in den 1960er Jahre" durchführten. Auch sie kamen zu dem Ergebnis, dass die Besucher es besonders schätzen, wenn Mitarbeiter des Museums anwesend sind, um mit ihnen zu sprechen. So wurde die Präsentation eines Wohnwagens aus den 60er Jahren ohne die Anwesenheit von Mitarbeitern ganz anders erfahren als an den Tagen, an denen Vermittler zugegen waren[23] (Abb. 10). Nur im letzten Fall entstand die Interaktion zwischen den Besuchern, wie sie vom Museum mit dem heutigen *Mission Statement* „Erfahrung teilen" angestrebt wird.

---

20 David LOWENTHAL: The past is a foreign country. Cambridge 1985, S. 384-385.
21 KERKHOVEN (wie Anm. 11), S. 32.
22 Sonja SCHURINK: Een dagje terug in de tijd? In: Jaarboek 1997 Nederlands Openluchtmuseum 3, Nimwegen/Arnheim 1997, S. 152-185, hier S. 169f.
23 Rosalie HANS, Cecile POST: Vrij als vroeger! Even terug naar de jaren 60. Onderzoek naar het seizoensthema 2007 (Besucherbefragung zum Jahresthema Freizeit). Arnheim 2007, S. 27.

Adriaan de Jong

Abb. 10: Vermittlerin zur Präsentation eines Wohnwagens aus den 60er Jahren zum Jahresthema Freizeit in den 60er Jahren im Nederlands Openluchtmuseum 2007 (Foto: Nederlands Openluchtmuseum, Arnheim).

Eine der Folgerungen dieser beiden Studien ist, dass die Besucher nicht nur wissen möchten, wie Dinge funktionieren, sondern auch die Geschichte hinter den Objekten erfahren möchten. Man könnte daraus schließen, dass ein Großteil der Museumsbesucher vor allem Informationen über das Leben und den Alltag in der Vergangenheit erwartet. Eine Geschichte, die nur über Objekte vermittelt wird, würde viele Fragen unbeantwortet lassen.

Living History: Kontra

Aber jetzt das Kontra. Sind wir wirklich auf dem richtigen Weg, wenn wir das Leben der Bewohner in den Mittelpunkt stellen anstatt die Gegenstände? Besteht nicht die Gefahr, dass die Museumssammlung nur zum Dekor wird und der Schwerpunkt zu sehr auf Aktivitäten liegt? Und hören wir nicht aus Amerika, dass *Living History* oder jedenfalls *first-person interpretation* passé ist und die Freilichtmuseen mit dieser Art Aktivität Besucher verlieren?

In einer der führenden niederländischen Zeitungen hat der neue Direktor des Zuiderzeemuseums, Erik Schilp, im September 2007 angekündigt, die *Living History* in seinem Museum zur Diskussion zu stellen, weil die lebendige Geschichte jetzt ein viel zu schönes Bild der damaligen Realität vermittele: es gibt keinen Gestank, keinen Hunger, keine Krankheiten, keinen Tod, keine Armut, keine faule Zähne. Das, was gezeigt wird, erscheine wie in einem Märchen. Damit will sich Schilp nicht gegen jede Aufführung, gegen Theater oder Filmaufnahmen im Museum wenden. So lange man wisse, dass diese Darstellungen reine Interpretationen sind, sei es kein Problem, wohl aber, wenn *Living History* als Realität erscheint.[24]

Bedenken gegen eine Imitation der Wirklichkeit hat es immer schon gegeben. Diese wurden bereits in der Gründerzeit der ersten Freilichtmuseen in Skandinavien geäußert und 1897 von dem dänischen Archäologen Sophus Müller (1846-1934) in einem scharf formulierten Artikel zum Ausdruck gebracht. Er erachtete die Art und Weise der Präsentation in volkskundlichen Museen und Freilichtmuseen, die das Leben so detailgetreu wie möglich nachbilden wollten und zu diesem Zweck Bauernhöfe und Interieurs aus ihrer ursprünglichen Umgebung entfernten, als im Kern museumsatypisch. In seinen Augen war das Museum ein Ort, an dem Relikte aus der Vergangenheit als wissenschaftliche Dokumente und nicht als Teil einer imitierten Welt gezeigt werden sollten. Volkskundliche Präsentationen versuchten, genauso wie es im Theater geschieht, das Volksleben zu *vergegenwärtigen*, also buchstäblich die Vergangenheit zur Gegenwart zu machen.[25] – Gilt das nicht auch für *Living History*?

Die Bedenken, die Sophus Müller und spätere, vom Modernismus geprägte Museologen[26] äußerten, lassen sich in den folgenden drei Punkten zusammenfassen:

1) *Ethisch:* Intime und interne Angelegenheiten einer kleinen Gemeinschaft würden einem großen Publikum präsentiert. Der erste Volkskundler sei innerhalb der traditionellen Gemeinschaft nichts weiter als ein neugieriger Voyeur gewesen, aber im Museum würden die Traditionen zu einer Vorstellung, die speziell für das Publikum aufgeführt werde. An die Stelle der Teilnehmer treten Akteure und Zuschauer. Sobald es ein Schauspiel geworden sei, setze ein Prozess der Ausschmückung und Anpassung ein, der die ursprüngliche Tradition transformiere und letztendlich vernichte.

2) *Historisch-philosophisch:* Als zweiter Einwand wurde angeführt, es werde zu Unrecht der Eindruck erweckt, dass ein Abbild der Vergangenheit identisch mit der Vergangenheit selbst sei. Von einem wissenschaftlichen Standpunkt aus könne ein Museum die historische Wirklichkeit nie komplett übertragen, sondern höchstens ein reduziertes Abbild dieser Wirklichkeit. Solche Abbilder seien nicht mehr als Fragmente der Vergangenheit und dann häufig auch noch „festliche" Fragmente.[27]

---

24 Erik SCHILP: Het stinkt hier niet. In: Maarten van Haaff: Levende geschiedenis: acteurs geven demonstraties en rondleidingen in historische huizen. In: NRC/ Handelsblad vom 29./30. Sept. 2007, Thema Geschiedenis S. 12-13.
25 Sophus MÜLLER: Museum og Interiør (Museum und Interieur). In: Tilskueren, Sept. 1897, S. 683-700.
26 Siehe u.a.: J.B. VAN LOGHEM: Antiquarisme en openlucht-museum. Mit einem Nachwort von J. Gratama. In: Bouwkundig Weekblad 33,3 (18. Jan. 1913), S. 26-28 und: DE JONG, Dirigenten der Erinnerung (wie Anm. 1), S. 328-333.
27 LOWENTHAL (wie Anm. 20), S. 295-301.

3) *Museologisch:* Der dritte Einwand betraf die Art und Weise, wie der naturalistische Ansatz mit den Objekten umgehe. Naturalismus bedeute, dass der Besucher vergessen müsse, dass er nur ein Besucher in einem Museum sei; stattdessen solle er die heraufbeschworene Vergangenheit als Gegenwart erleben. Demzufolge müssten alle Gegenstände so aussehen, wie sie ausgesehen haben, als sie noch in Gebrauch waren. Aber gerade deswegen sei diese naturalistische Präsentation im Grunde unmuseal, denn sie pflege die Objekte nicht als Relikte, sondern behandele sie wie Requisiten in einem Theater, unter starker Beachtung der visuellen, aber nicht der materiellen Authentizität. Eine naturalistische Präsentation bedeute daher auch eine vollständige Restaurierung (oder genauer: Renovierung), um alle Spuren des Alters zu entfernen, sowie die Anfertigung von Replikaten für fehlende Objekte.

Ein bekanntes Beispiel, um dies zu illustrieren, ist die Präsentation von Zinntellern. Einerseits wird die Alterspatina als überaus wertvoll erachtet, andererseits wurden solche Teller früher in der Regel blank gescheuert. Ein mit patinierten Zinntellern gedeckter Tisch gibt also ein historisch falsches Bild wieder und würde von Zeitgenossen als ungepflegt beurteilt; würde man die Zinnteller blank scheuern, zerstört man wiederum ihren antiquarischen Wert auf eine äußerst barbarische Art und Weise.[28]

Und auch wenn man sich zwischen materieller und visueller Authentizität entscheiden kann, so verhindert das Problem der funktionellen Authentizität, dass wir in der Zeit zurückreisen können. In einem Museum erhalten Objekte immer eine völlig andere Funktion als bei ihrer ursprünglichen Verwendung; als Ausstellungsobjekte dienen sie den Zielen des Museums.[29]

Zum Schluss

Die zentrale Frage ist: Sollte gezeigt werden, wie Häuser und Gebrauchsgegenstände ausgesehen haben oder wie die Menschen gelebt haben? Anders gesagt, geht es in erster Linie um die *Gegenstände* aus der Vergangenheit oder darum, eine *Vorstellung* dieser Vergangenheit zu vermitteln?

Ich glaube nicht an einseitige oder extreme Lösungen. Ich bin der Meinung, dass in der heutigen Gesellschaft, sowohl aus ethnologischem Gesichtspunkt wie auch aus dem Gesichtspunkt der Besucher, dem Leben der Menschen mehr Aufmerksamkeit gewidmet werden soll. Die authentische ethnologische Empfindung wie sie Hazelius in Dalarna erfuhr, kann man aber nicht nachspielen.

---

28 DE JONG, Dirigenten der Erinnerung (wie Anm. 1), S. 31; dieses Problem wurde u.a. während der Studientage des Verbands europäischer Freilichtmuseen in Singleton (England) 1998 diskutiert, siehe: Interpretation in Open Air Museums. Transcripts from the training seminar held at The Weald & Downland Open Air Museum 24-26 June 1998. Verband Europäischer Freilichtmuseen 1999. Zur gleichen Problematik bei den Gebäuden in Freilichtmuseen siehe: A.J. BERNET KEMPERS: Vijftig jaar Nederlands Openluchtmuseum. Arnheim 1962, S. 143.
29 LOWENTHAL (wie Anm. 20), S. 263-274.

Gegenstand oder Vorstellung?

Abb. 11: Sklavenhütte im LSU Rural Life Museum, Baton Rouge, Louisiana (USA), 1994 (Foto: Adriaan de Jong).

Wenn unsere verwöhnten Kinder in einer Seilerbahn im Museum fünf Minuten an einem Rad drehen, erfahren sie natürlich nicht, was Kinderarbeit für die damals ausgemergelten Kinder in der Seilerei wirklich war. Aber dennoch reizt die Erfahrung vom schweren Rad etwas mehr das Vorstellungsvermögen als der reine Anblick. Aber damit meine ich nicht, dass von nun an jedes Haus von Inszenierungen oder *Living History* geprägt sein sollte.

Ich fand die *first-person interpretation* im Plimoth Plantation sehr ansprechend, ebenso den Besuch in Williamsburg, aber es gibt ein kleines Freilichtmuseum in Louisiana (USA), das mich stärker beeindruckt hat.[30] Dieses Museum, das zur Louisiana State University gehört, ist eines der ergreifendsten Freilichtmuseen, das ich je besucht habe. Wenn es Ihnen gelingt, das Museum mitten in den Feldern des tiefen Südens der Vereinigten Staten zu finden, zeigt es Ihnen eine Siedlung authentischer Sklavenhütten (Abb. 11), das Haus des Aufsehers, eine Krankenbaracke, ein Schulgebäude und eine Kirche von ehemaligen Sklaven, die um 1835 auf den Plantagen gearbeitet haben.

Äußerst karg eingerichtet, mit nur einem Bett, ein paar primitiven Stühlen, einer Feuerstätte und einigen abgenutzten Küchengeräten, hat mich das Interieur der Sklavenunterkünfte sehr beeindruckt. All das erinnerte mich an die Erzählung *Onkel Tom's Hütte*, die mir als Kind vorgelesen wurde. Es war ein emotionaler Augenblick.

---

30 The LSU Rural Life Museum. Louisiana State University, Baton Rouge 1993, S. 15-16.

Adriaan de Jong

Es gab, Gott sei Dank, kein Programm, das um 10 Uhr eine große Inszenierung eines Sklavenmarktes, um 11 Uhr eine Darstellung des brutalen Sklaventreibers und um 12 Uhr die äußerst bedrückende Rückkehr der erschöpften Sklaven von den Feldern vorführte.

Living History reizt das Einfühlungsvermögen, aber manchmal ist die schweigende materielle Erbschaft viel ergreifender.

Thomas Bloch Ravn

Living History in Scandinavian Open Air Museums – especially Den Gamle By

I think you could say that the Danish museum professionals in general are not – and especially were not – in favour of Living History. And I certainly was part of that tradition when I came to Den Gamle By in 1996. At that time Living History was not an integrated part of the museum's activities. We had a pottery-shop, a baker and from time to time you could rent a horse carriage for a trip on the cobbled stones.

But in the late 1990s we at Den Gamle By began to think of the museum more as an open-air museum than as a traditional object orientated museum. At the same time we conducted some visitor surveys, according to which our visitors were asking for demonstrations and Living History.

To make a long story short, we decided to rethink our positions and to seek inspiration.

My way to Living History

The Living History project at Den Gamle By was inspired from what we, and especially I, had seen at other museums. Sources of inspiration in Scandinavia were museums like:
- Hjerl Hede, Denmark
- Skansen, Stockholm in Sweden
- Gamla Linköping in Sweden
- Jamtli Historieland in Östersund, Sweden
- Maihaugen, Lillehammer i Norway

It should be mentioned, that I also got important inspiration from the crafts-demonstrations in Westfälisches Freilichtmuseum in Hagen, Germany; from the variety of Living History presentations at Nederlands Openluchtmuseum in Arnhem, Holland; from the first-person interpretation in the Urk 1905 part at the Zuiderzeemuseum in Holland; and from the diversified first-person acting at Bokrijk in Belgium.

I could – and maybe should – have visited other museums too, especially important Living History museums in USA as Conner Prairie in Indiana and Plimoth Plantation in Massachusetts, which I first later had the opportunity to visit.

Hjerl Hedes Frilandsmuseum, Jutland, Denmark

Hjerl Hede Open Air Museum has been the pioneer of Living History in Denmark – and possibly in Scandinavia and Europe too. And being pioneer made the museum rather controversial in academic museum circles.

Hjerl Hede is a traditional open-air museum, founded in 1932, and focused on presenting buildings and every-day life in the countryside as it was in especially the western part of Jutland in the 1800s and the beginning of the 1900s.

They began making Living History as early as 1932 and permanently from 1955. But only a couple of months in the summer period and in the four weekends up to Christmas, and primarily with volunteers, who participate year after year.

Hjerl Hede has two main features. Firstly the competently reconstructed settlement from the palaeolitic Stone Age, where you can watch volunteers dressed in true copies of period-dress making tools, cooking, fishing etc. Secondly the old village with a working dairy, a working bakery, a saw-mill, a grocer and several crafts and domestic activities plus a train for peat-transportation (Figure 1).

The Living History is exclusively focused on presenting, while first-person interpretation is not used at Hjerl Hede.

Hjerl Hede was the pioneer for decades, but the methods have not changed during the recent years.

Frilandsmuseet, Lyngby, Denmark

In 2001 both Frilandsmuseet (The Open Air Museum) in Lyngby and Den Gamle By began experimenting with Living History. I will come back to Den Gamle By later on, but here it should be mentioned that quality Living History attractions as Lejre on Sealand and Middelaldercentret on Lolland, years before that began to attract many visitors and thereby became a competitor to the traditional open air museums.

Frilandsmuseet is a museum in the Skansen-tradition, founded in 1901 in Lyngby north of Copenhagen and with buildings from the countryside all over Denmark, even from former Danish regions such as Schleswig and Scania.

---

1   Sten RENTZHOG: Open Air Museums. The history and future of a visionary idea. Stockholm 2007.

Living History in Scandinavian Open Air Museums

Figure 1: Hjerl Hede in Jutland, Denmark, was the pioneer of Living History in Denmark (Photograph: Hjerl Hedes Frilandsmuseum, Vinderup).

They began with more traditional presentations, and during the recent years the have developed the Living History part with different kinds of theatrical plays (Figure 2).

Skansen, Stockholm, Sweden

Skansen is founded in 1891 as the world's first open air museum with rural buildings from all over Sweden, and from the 1930s also a little town-quarter. Apart from being an open air museum Skansen is also a zoo with Nordic animals and a scene for different kinds of entertainment and traditional and national celebrations.

From the very beginning the staff were dressed in traditional costumes, and to-day most of the houses from time to time are staffed with presenters in traditional costumes. They primarily show different techniques and offer information about the houses to the visitors (Figure 3).

Figure 2:
Since 2001 Frilandsmuseet (The Open Air Museum) in Lyngby has introduced Living History in their presentations. Here a couple of maids 1935 (Photograph: Anker Tiedemann).

Figure 3: At Skansen, Stockholm you can see traditional Christmas decorations, presented by staff in period costume (Photograph: Marie Andersson).

At Skansen I saw for the first time real fire in the fireplaces and stoves, which made it possible to make the visitors smell the odour of for instance burned coffee beans.

One of the most characteristic features is the baker, where you can buy tradition Swedish pastry.

Gamla Linköping, Sweden

Gamla Linköping is founded in 1951 with houses from the city of Linköping, which at that time underwent a radical modernization. In the houses you find both period-rooms, object oriented exhibitions, shops and workshops.

The shops, the post-office and the bank are to a large degree staffed with employees in period costume, and some of the houses are rented out to different arts and crafts.

Characteristic is the policeman, who helps the visitors with general information, and the rope-maker, who demonstrates and explains about his trade.

Jamtli Historyland, Östersund, Sweden

The regional museum of Jämtland is founded in 1912 with both an indoor museum and an open-air museum with buildings from the region.

Since 1984 the open-air museum every summer was transformed to what is called Jamtli Historyland, where amateur actors moved into the historic buildings recreating how people lived and worked in the past. Jamtli Historyland became a huge success and a lot of energy was – and is – put into professionalizing and developing the Living History parts, which are focused on four fixed years: 1785, 1895, 1942 and 1956.

At Jamtli Historyland visitors can experience consistent role-play and first-person interpretation, where the visitors actually meet and can make conversation with "people from another time", and they even run the risk of being put to work.

At Jamtli Historyland particularly interested children can enjoy a whole day where they get a new identity and take part in the activities at one of the historic environments (Figure 4). Special history time-travels and historic plays are arranged, focusing on topics that are not easy to present in traditional Living History. Some of the plays are very moving and are open for visitor participation.

Thomas Bloch Ravn

Figure 4: At Jamtli Historyland they focus on role-play and participation. Here a group of children on a time-travel in 1895 (Photograph: Bengt Weilert).

Maihaugen, Lillehammer, Norway

Maihaugen was founded in 1904 as a regional open air museum for the valley of Gudbrandsdalen. Today it consists of four parts: the countryside, the market town, the residential neighbourhood and the exhibition building.

Living History has never been prevalent in Norway, but in tune with the headline Magical Maihaugen this museum to-day use several elements from the Living History tradition. One of the farms are in the summer period staffed with actors working and living as in the 1800s, and at one of the houses in the market town the visitors can experience a very consistent role play about the life in Lillehammer in the 1930s.

Living History at Den Gamle By: Aim and values

Den Gamle By was founded in 1909 as the world's first open air museum dedicated to urban history and culture. It consists of 75 buildings from towns and cities from all over Denmark, housing period-rooms, object-oriented exhibitions, shops, workshops and Living History.

Living History in Scandinavian Open Air Museums

Being inspired by some of the above mentioned museums, we at Den Gamle By decided to walk the path to Living History. The decision was taken in 2000. Doing this we redefined the museums aim and values.

In accordance with the traditions of open air museums we defined that our primary aim will be to convey history to people, and we decided that we would be proud if we could manage to reach out to people who in general consider museums to be boring and elitist. Of course we have other tasks too, such as to collect and to make research, but we underline that the prime mission is to bring the history to people. Doing this we – so to say – play different themes in the same symphony. Of course we still show exteriors and interiors, we make object oriented exhibitions, temporary exhibitions, we write books and – as one more angel – we now make Living History.

We defined four pairs of values in doing this:
- Everything we do should be authentic and trustworthy
- We will encourage fantasy and participation
- We will encourage innovation and development
- And we will focus on kindness and visitor-service

And we have some guidelines:
- In Den Gamle By we work with the past, but we do so in the present with a view to the future.
- There is research behind everything that we do, but we do not want the museum to appear academic.
- Den Gamle By holds knowledge, which may have become superfluous, but which may perhaps prove useful in the future.
- We think that one should be able to feel and sense history – taste, smell, and experience it.
- It should be enjoyable to visit museums, and we are convinced that providing museum visitors with a good experience will open up for thoughts, inspiration and contemplation, which are the museum's true objectives.

Smell, taste and try out history

We invented the motto: Smell, taste and try out history for our Living History part, and we defined it, not as a replacement but as an addition to the other ways of conveying history, which should still be of importance at Den Gamle By.

In accordance with what we had experienced at other museums we wanted to include different elements:
- Details in the environment such as set tables, fresh fruit in the season etc.
- Real fire in the fireplaces and stoves using the original heating systems
- Sounds (real or taped) from voices, music, wagons on cobbled stones, watermills etc and smells from dunghills, open fire and cooking
- Animals in the environment such as horses, chickens, cats, dogs

Figure 5: At Den Gamle By the visitors are invited to take part in the activities. Here making decorations for Christmas at the home from 1910 (Photograph: Den Gamle By, Århus).

- Dolls and mannequins in period costume in selected period rooms
- Period shops, where visitors can buy items characteristic for different periods, such as a baker selling bread and cakes baked after recipes no younger than 1900, a hard-ware shop with items no younger than 1927 and house plants from before district heating and modern double-glazed windows
- Demonstrations of crafts by people in costume – such as turner, cooper, blacksmith, beer-brewer and woodcarver.
- Making visitor access to the work in the museum's building trades – such as the re-erection and decoration of the huge Mintmaster's Mansion
- First-person interpretation by actors in costume – such as the widow at the almshouse 1833, the shoemakers wife 1840, the organ grinder 1864, the ostler at the merchant yard 1864, the housewife 1910 etc. (Figure 5).
- Visitor participation by having the opportunity to taste the beer or the food when it is ready, trying old games, being asked to get the water at the well etc.

Living History in Scandinavian Open Air Museums

Figure 6:
The drummer informs about what is happening in the town around 1864 (Photograph: Den Gamle By, Århus).

Framework

Since 2006 there will be Living History every day from Easter to New Year's Eve with July-August and November-December as the high season with most staff at play.

The full-time permanent staff consists of two dramaturges, one professional actor and two players. They are supplemented by one dramaturgical developer, four part-time professional actors, around 50 students or retired people, typically with a background in history or dramaturgy, and 15 children on drama courses at Den Gamle By.

In the Living History part we focus on four key-years:
– 1833 with the Eilschous' Almshouse
– 1840 with the Shoemakers Home
– 1864 with the Merchant Yard, the organ grinder, the ferryman
– 1927 with the stoker's home, the post office and the hard ware shop and the bookshop

In between these years there are other years, which – I must admit – to some visitors make the chronology a bit confusing.

Figure 7:
The actor's costumes are made as true copies from items in the museum's textile collections. Here a woolen vest with striped sleeves in cotton. To the left the original from the collections (Photograph: Den Gamle By, Århus)

Authentic and trustworthy

It is important to stress that it is not about entertainment. We do think it is fine if the museum visit could be amusing and enjoyable. But the basic aim is to convey history! And we think that the Living History part is an important supplement to the other ways we present history at Den Gamle By.

It is obvious that the Living History cannot be authentic in the strict meaning of the word. Therefore we use the word trustworthy. All the actors are employees and paid by the museum, which make it easier to keep the quality, than for instance with volunteers. Before they begin they are given an intense course focusing on time-language and -gesture and a general historical introduction to the period and the role, they will play. They also receive a compendium for further reading, and newcomers will always be accompanied by an experienced actor. The education is based on the research and knowledge of the museum's scientific staff.

They are dressed up by our own dressmaker, who in collaboration with the curatorial staff will find costumes to copy from the museum's huge textile collection. The copies are authentic or trustworthy, as the dressmaker use only the same kinds of material as used for the artefacts from the collection (Figure 7).

Plans for the future

We now have about seven years of experience with Living History at Den Gamle By. And we are still learning and still we are finding better ways to do things.
- First of all we have realized that we have to clarify the chronological lay out, and we are working on focusing on fewer years with a longer distance in between. In some years the focus years for the Living History part are planned to be 1768, 1864, 1927 and 1974.
- Secondly we have realized that some visitors would like a deeper involvement and understanding. Therefore we have begun to develop dramatized guided tours where the visitors for instance can experience the importance of light in the dark. And with direct reference to Jamtli Historyland we have begun to develop a concept called being a kid for a day in history.
- Thirdly, on the background of the general experience with Living History, we have developed a project called the house of memory where people suffering from senile dementia can have an experience, where their sensing of another time can help them to go behind their blocked minds – and the results are indeed stunning and moving.

So, in short, we are happy that we embarked on the path to Living History, and we are convinced that there will be several new challenges in the years to come.

Heike Duisberg

Gelebte Geschichte 1804: Ein Türöffner in die Vergangenheit[1]

Das Freilichtmuseum am Kiekeberg wurde 1953 von Professor Dr. Willi Wegewitz, dem damaligen Direktor des Harburger Helms-Museums, als Außenstelle dieses Museums gegründet. Wegewitz erkannte den rasanten Wandel von der vorindustriellen Landwirtschaft zum technisierten Leben und Arbeiten auf dem Lande. Er hatte den Wunsch, die Gebäude der Region in ihrem ursprünglichen Zustand zu bewahren. So wurden die ersten Häuser auf das heutige Museumsgelände transloziert. 1987 wurde das Museum an den Landkreis Harburg verkauft und im Jahr 2003 in die Stiftung Freilichtmuseum am Kiekeberg, eine Stiftung privaten Rechts, überführt. Die Stiftung verfolgt ein dezentrales Museumskonzept. Zum Freilichtmuseum gehören zehn Außenstellen, die alle im Landkreis Harburg verortet sind. Außerdem betreibt das Museum das Museumsmanagement der Kunststätte Bossard und des Heidemuseums in Wilsede.

Das Programm der Abteilung Besucherservice

Zum Programm der Museumspädagogik, die im Jahr 1998 formell und inhaltlich in die Abteilung „Besucherservice" umgewandelt wurde,[2] gehören neben zahlreichen buchbaren Programmen wie Führungen und Mitmachangeboten für Erwachsene, Führungen für Schulklassen, Kindergärten und Vorschulgruppen sowie Kindergeburtstagen auch Veranstaltungen an den Wochenenden. Bis zum Jahr 2004 gab es ein offenes Wochenendprogramm, bei dem ehrenamtliche Mitarbeiter des Museums unterschiedliche land- und hofwirtschaftliche Tätigkeiten in verschiedenen Häusern vorführten. Zu den Vorführungen gehörten das Backen im Lehmbackofen, Dreschvorführungen, das Kochen historischer Gerichte und vieles mehr. Die Programme fanden in Häusern unterschiedlicher Zeitschnitte und regionaler Herkunft statt und unterlagen keiner festen, zusammenhängenden Struktur. Die Mitarbeiter trugen keine historische Kleidung einer bestimmten Zeit oder Region. Um dem Programm eine festere Struktur zu verleihen und um die Möglichkeiten der direkten persönlichen Vermittlungsarbeit zu verbessern, beschloss das Museum, ein eigenes *Living-*

---

[1] Dieser Beitrag erscheint in ähnlicher Form auch im Band zur Tagung „Living History in Freilichtmuseen. Neue Wege der Geschichtsvermittlung", die vom 1. bis 3. Mai 2008 im Freilichtmuseum am Kiekeberg stattfindet.

[2] Christine GÖTZE, Sven NOMMENSEN: Von der Museumspädagogik zum Besucherservice. Entwicklung eines Arbeitsbereiches des Freilichtmuseums am Kiekeberg. In: Giesela Wiese, Rolf Wiese (Hgg.): Ein Museum kommt in die Jahre. Festschrift zum 50jährigen Bestehen des Freilichtmuseums am Kiekeberg. Rosengarten-Ehestorf 2003, S. 107ff.

Heike Duisberg

Abb. 1: Holznägelschnitzen (Freilichtmuseum am Kiekeberg).

History-Programm zu etablieren. Dabei orientierte sich das Museum an *Living-History*-Vorbildern aus dem skandinavischen und angloamerikanischen Raum. Das Ziel war es, ein Vermittlungsprogramm zu schaffen, das neben den buchbaren Veranstaltungen (Führungen, Mitmachangebote, Schulklassenveranstaltungen und Kindergeburtstage) eine direkte personelle Vermittlung für Einzelbesucher ermöglichte. Dieses Angebot sollte in einem festen und gut vermittelbaren Rahmen, sowohl zeitlich als auch räumlich, stattfinden.

Seit dem Jahr 2004 existiert das Programm „Gelebte Geschichte 1804" als festes Vorführangebot im Museum. An vielen Wochenenden und in der Sommersaison über einen Zeitraum von knapp zwei Wochen interpretieren die ehrenamtlichen Teilnehmer des Programms das Leben um 1804 in der nördlichen Lüneburger Heide. Dabei tragen sie historisch rekonstruierte Kleidung und zeigen die Alltagstätigkeiten früherer Heidehofbewohner, wie sie den Quellen nach waren oder gewesen sein könnten. Zu diesen Tätigkeiten gehören neben den haus- und hofwirtschaftlichen Dingen wie Kochen, Vieh versorgen etc. auch handwerkliche und landwirtschaftliche Arbeiten. So zeigt der Häusling, der „Hofhandwerker" des Bauern, die Holzarbeiten mit historischen Werkzeugen, während der Bauer mit seinen Knechten das Feld bestellt, die Wiesen mäht (mit der Sense, versteht sich),

Gelebte Geschichte 1804: Ein Türöffner in die Vergangenheit

Abb. 2:
„Der Bur und der Amtsvogt"
(Freilichtmuseum
am Kiekeberg).

die Lehmwand am Haus ausbessert und den Zaun an der Gänseweide repariert (Abb. 1).

Die Besucher haben die Gelegenheit, den Darstellern über die Schulter zu schauen und sich die Tätigkeiten und die Begebenheiten dieser Zeit erklären zu lassen. Dabei sprechen die Teilnehmer der „Gelebten Geschichte 1804" die Sprache unserer heutigen Zeit und geben sich als Menschen aus dem Hier und Jetzt zu erkennen. Sie spielen in der Regel in der dritten Person. Nur selten verlassen sie die heutige Zeit komplett und spielen eine kurze Szene. Anhand dieser Szenen lassen sich die gesellschaftlichen Verhältnisse der damaligen Zeit verdeutlichen (Abb. 2). Ein einprägsames Bild schafft die Tischszene. Die Hofgemeinschaft sitzt an einem großen Tisch, auf der einen Seite die Männer, auf der anderen Seite, näher am Herd, die Frauen, am Kopfende sitzt der Bauer, ganz am Ende die Kinder. Der Bauer spricht das Gebet. Erst wenn er anfängt zu essen, dürfen auch alle anderen zugreifen (Abb. 3).

Heike Duisberg

Abb. 3: „Tischszene" (Freilichtmuseum am Kiekeberg)

Projektstart der „Gelebten Geschichte 1804"

Bevor das Programm starten konnte, waren umfangreiche Recherchen notwendig. Das damalige Team besuchte Freilichtmuseen in Deutschland, Dänemark und den Niederlanden. Dabei stieß es auf unterschiedliche Konzepte, mit denen die Museen ihr Vermittlungsprogramm in den Museumsalltag integriert hatten. Einige Museen arbeiten mit festen Gruppen zusammen, die meist privat in Vereinen organisiert sind und zu einzelnen Veranstaltungen ins Museum kommen. Andere gestalten ihr *Living-History*-Programm, indem Museumsmitarbeiter mit festen Rollen einzelne Charaktere in bestimmten Häusern darstellen. In manchen dänischen Freilichtmuseen wie im Hjemsted Oldtidspark verbringen Besucher ihren Urlaub über mehrere Tage oder Wochen. In dieser Zeit tauchen sie, angeleitet von Museumsmitarbeitern, in die Vergangenheit ein und beleben das Museumsgelände.

Für das Freilichtmuseum am Kiekeberg stand zunächst die Frage im Raum, welcher Zeitschnitt und welche Region den Rahmen für das Programm geben sollten. Schnell stand die Entscheidung fest, ein bestehendes Gebäudeensemble aus der Region der nördlichen Lüneburger Heide zu beleben. Zu diesem Ensemble gehören ein Bauernhaus aus dem Ort Kakenstorf sowie diverse Nebengebäude. Die einzelnen Gebäude standen ursprünglich zwar nicht auf einem Hof, passen jedoch von der Baustruktur her gut zusammen. Alle Gebäude stammen aus der Region der nördlichen Lüneburger Heide. Mit der Entscheidung für die Region ergab sich die Wahl des zu interpretierenden Zeitraumes, denn die Inszenierungen der Gebäude bezogen sich überwiegend auf die Zeit des beginnenden 19. Jahrhunderts. Außerdem sollte das Leben auf dem Land in vorindustrieller Zeit gezeigt werden. Als 2004 das Programm startete, drehte das Museum seine Uhren genau zweihundert Jahre zurück und entschied sich für den Zeitschnitt 1804. In diese Entscheidung floss auch die Überlegung ein, dass der Zeitraum des beginnenden 19. Jahrhunderts eine gute Vermittlungsbasis bildet. Denn die Erwähnung bekannter Zeitgenossen wie Goethe, Schiller oder Napoleon gibt dem Besucher die Möglichkeit, das Geschehen auf dem Museumsgelände besser einzuordnen.

Die Startphase des Projektes war für die Mitglieder des Museumsteams mit hohem zeitlichem und inhaltlichem Aufwand verbunden. Neben der Anpassung der Inszenierung der Häuser an das Programm musste die passende Kleidung recherchiert werden. Es galt, Repliken herzustellen und zu beschaffen sowie ein Marketingkonzept für das Programm zu erstellen. Um den hohen finanziellen Aufwand tragen zu können, wurden Drittmittel eingeworben, die von verschiedenen Geldgebern, unter anderem dem Land Niedersachsen und der VGH-Stiftung, zur Verfügung gestellt wurden. Nach der vorangegangenen Recherche traf das Freilichtmuseum am Kiekeberg die Entscheidung, eine museumseigene Gruppe zu gründen – ein Konzept, das so bisher in keinem anderen deutschen Museum umgesetzt wurde.

Im Mittelpunkt: die ehrenamtlichen Teilnehmer

Das Museum startete einen Zeitungsaufruf, mit dem es Mitglieder für die Darstellergruppe akquirierte. Aus den damaligen Bewerbern wurden rund vierzig Teilnehmer ausgewählt, die zu einem großen Teil noch heute in der Gruppe aktiv sind. Die Altersstruktur der Teilnehmer ist heterogen. Die jüngsten Teilnehmer gehen noch zur Schule, die ältesten sind Rentner. Einige der Darsteller bringen zu den Terminen ihre Kinder mit, so dass auch diese Altersgruppe präsent ist. Diese Tatsache, dass ein Großteil der Ehrenamtlichen von Beginn an dabei ist, ist für die kontinuierliche Qualität des Programms von großer Bedeutung. Denn die Teilnehmer müssen neben den historischen Kompetenzen, die sie sich über die Zeit aneignen, auch eine ganze Reihe an sozialen und kommunikativen Fähigkeiten mitbringen. Die Darsteller erläutern während ihres Auftritts dem Besucher nicht nur ihre Tätigkeit und die sozialen Strukturen der Hofgemeinschaft, sondern werden auch als Museumsmitarbeiter angesprochen und müssen entsprechend agieren. So kann es passieren, dass Beschwerden an sie herangetragen werden, die sie und die Darstellung nicht betreffen. Dass sie auch in solchen Fällen angemessen zu reagieren wissen, hängt mit dem hohen Grad der Identifikation mit dem Museum zusammen, den sie durch die kontinuierliche Betreuung erhalten.

Für die Ehrenamtlichen bedeutet die Teilnahme an der „Gelebten Geschichte 1804" einen hohen zeitlichen Aufwand, da sie sich kontinuierlich über das ganze Jahr für das Programm engagieren müssen. Die Teilnahme ist mit der Bereitschaft verbunden, sich ständig fortzubilden. Während der Wintersaison bietet das Museum

Heike Duisberg

Fortbildungen zu unterschiedlichen Themen an. Ein Pflichttermin für alle ist die Basisfortbildung, in der es um das Auffrischen des historischen Wissens und der besonderen Gegebenheiten der Zeit und Region geht. Weitere Fortbildungen beschäftigen sich mit Themen wie z.B. historischem Kochen, Holzhandwerk, Lehmbau, Beleuchtungstechniken, Weben, Spinnen, Korbflechten etc. Darüber hinaus bietet das Museum den Teilnehmern Exkursionen in andere Museen oder zu historischen Orten an. Zu den Inhalten der jährlichen Fortbildungen gehören auch Arbeitssicherheit und Brandschutzübungen.

Um die gleichbleibende Qualität zu gewährleisten und um die Gruppe angemessen zu betreuen, ist ein Team von vier angestellten Museumsmitarbeitern für das Programm zuständig. Diese Betreuung gibt dem Museum auch die Möglichkeit, die Termine und Inhalte der Darstellungen auf seine individuellen Anforderungen abzustimmen. Neben dem inhaltlichen Anspruch, den das Museum an das Programm hat, besteht die Hauptaufgabe des Teams in der Betreuung der Gruppe.

„Gelebte Geschichte 1804" als Vermittlungsmethode

Eine zentrale Überlegung bei der Etablierung des Programms war die Frage, wie die Vermittlung der historischen Begebenheiten an die Einzelbesucher verbessert werden kann. Die Besucher sollten die Möglichkeit haben, durch eigenes Erleben eine Vorstellung von historischen Zusammenhängen zu erhalten. Es ist keine neue Erkenntnis, dass Wissen, das durch Erzählen oder durch eigenes Handeln erworben wird, stärker im Gedächtnis bleibt als Dinge, die wir uns durch Lesen aneignen. Die Hirnforschung hat herausgefunden, dass Lernen in direktem Zusammenhang mit der Ansprache aller Sinne steht. Auch der Hirnforscher Wolf Singer führt aus, dass der Mensch vor allem von anderen Menschen lernt und dass seine Lernleistung größer ist, wenn er etwas selbst erlebt und ausführt, als wenn er sich Inhalte durch Lesen aneignet.[3] Die Motivation, etwas zu lernen, erfolgt häufig dadurch, dass der direkte Kontakt zu Bezugspersonen innere Kommunikationsprozesse auslöst. Genau diese Chance haben die Darsteller der „Gelebten Geschichte 1804", indem sie nicht nur durch die direkte Kommunikation mit den Besuchern, sondern schon anhand ihrer Tätigkeiten, die die Besucher beobachten können, einprägsamere und leichter wieder abrufbare Kenntnisse über historische Zusammenhänge vermitteln können.

Der Inhalt der Darstellungen und Kooperationen mit anderen Gruppen

Das Programm der „Gelebten Geschichte 1804" lässt sich inhaltlich weiter ergänzen. Bislang stellen die Teilnehmer das alltägliche Leben der Heidebauern auf einem Hof in der nördlichen Lüneburger Heide dar und zeigen die Tätigkeiten, die

---

3 Gerold BECKER: Was geschieht im Gehirn, wenn wir lernen? [Gespräch mit dem Hirnforscher Wolf Singer]. In: Schüler – Wissen für Lehrer. Hg. von Gerold Becker. (Seelze) Jg. 2006, S. 23-25.

Gelebte Geschichte 1804: Ein Türöffner in die Vergangenheit

Abb. 4: „Die Obrigkeit schaut nach dem Rechten" (Freilichtmuseum am Kiekeberg).

die Menschen damals tagein, tagaus durchgeführt haben. Diese wenig spektakulären Abläufe der Darstellung sind bewusst gewählt, um den Besuchern ein historisch annähernd korrektes Bild des damaligen Lebens und Arbeitens auf dem Land zu vermitteln. Romantisierende Vorstellungen von der damaligen Zeit werden schnell als Illusion erkannt, wenn die Besucher sehen, dass die Menschen durch den Rauch im Haus häufig an Atemwegserkrankungen litten und dass die Frauen zur Versorgung des Haushaltes täglich bis zu 450 Liter Wasser tragen mussten.[4]

Obwohl das Alltagsleben vor zweihundert Jahren das Hauptthema bleiben soll, entwickelt sich die „Gelebte Geschichte 1804" inhaltlich und darstellerisch fort. Eine Möglichkeit der Weiterentwicklung ist die fruchtbare Zusammenarbeit mit anderen *Living-History-* und *Reenactment-*Gruppen. Bereits seit vielen Jahren beschäftigen sich einzelne private Vereine mit der Interpretation historischer Zusammenhänge und betreiben *Living History* auf einem sehr hohen Niveau. Gemeinsame Darstellungen mit einigen Gruppen bedeuten für die Teilnehmer der „Gelebten Geschichte 1804" eine Bereicherung und Weiterentwicklung. Allerdings muss kritisch angemerkt werden, dass es für das Museum nicht leicht ist, innerhalb der teilweise stark aufgesplitterten Szene die Qualität einzelner Gruppen einzuschätzen und sich für eine dieser Gruppen zu entscheiden (Abb. 4 und 5).

---

4 Oliver FOK u.a.: Die Landtechnische Sammlung im Freilichtmuseum am Kiekeberg. Rosengarten-Ehestorf 1991, S. 39.

Heike Duisberg

Abb. 5:
„Neue Soldaten werden rekrutiert" (Freilichtmuseum am Kiekeberg).

„Gelebte Geschichte 1804" im Kontext des Museumsmarketings

Inzwischen ist die „Gelebte Geschichte 1804" zu einem festen Bestandteil der Museumsveranstaltungen geworden. Bereits im ersten Jahr belegte eine Besucherbefragung, dass ein nicht unerheblicher Teil der Museumsbesucher gezielt wegen diesen Darstellungen ins Museum kam. Inzwischen genießt das Programm durch eine laufende Pressearbeit und durch Mundpropaganda einen hohen Aufmerksamkeitsgrad bei den Besuchern. Die Entwicklung eines eigenen Logos und eine Namensänderung von „Gelebte Geschichte" in „Gelebte Geschichte 1804" haben dazu beigetragen, dass das Programm stärker in den Köpfen der Museumsbesucher vertreten ist und die Besucher sich schneller eine Vorstellung von den Inhalten machen können (Abb. 6).

Bei einem großen Publikum bekannt wurde die „Gelebten Geschichte 1804" durch das Medienprojekt „Leben wie 1806", eine Kooperation zwischen dem Hamburger Radiosender NDR 90,3, dem NDR-Fernsehen, dem Hamburger Abendblatt und dem Freilichtmuseum am Kiekeberg. Im Rahmen dieser Aktion lebten elf Hörer von NDR 90,3 unter Anleitung von Teilnehmern der „Gelebten Geschichte 1804"

Gelebte Geschichte 1804: Ein Türöffner in die Vergangenheit

Abb. 6:
Logo für das Programm
„Gelebte Geschichte
1804"(Freilichtmuseum
am Kiekeberg).

sowie einem Museumsmitarbeiter wie im Jahr 1806. Grundlage dafür war das Programm des Freilichtmuseums am Kiekeberg, denn die Aktion wurde in dem Gebäudeensemble durchgeführt, in dem normalerweise die Darstellungen stattfinden. Die Kandidaten wurden von Teilnehmern der „Gelebten Geschichte 1804" betreut, und es wurden die museumseigenen Requisiten für die Aktion genutzt. Im Rahmen dieser Veranstaltung war das Museum mit über 300 Sendeeinheiten bei Radio NDR 90,3 und über mehrere Wochen im NDR-Fernsehen („Hamburg Journal" und „DAS!") präsent. In der Zeit vom 14. bis 22. Oktober 2006 besuchten über 10 000 Besucher den Kiekeberg, um die Teilnehmer live zu erleben. Im Anschluss an die Aktionszeit wurde mehrmals eine Dokumentation ausgestrahlt, die in drei Teilen à 45 Minuten über die Zeitreise der Teilnehmer berichtete. Aufgrund der guten Resonanz auf dieses Projekt ist im Jahr 2008 eine Folgeaktion geplant (Abb. 7).

Heike Duisberg

Abb. 7: Die Teilnehmer bauen sich ihr eigenes Mobiliar für die anstehende Hochzeit (Freilichtmuseum am Kiekeberg).

Fazit und Ausblick

Die ursprüngliche Idee, das Programm „Gelebte Geschichte" als Instrument für die direkte Vermittlung zwischen Museumsinhalten und den Besuchern einzusetzen, konnte erfolgreich umgesetzt werden. Im Mittelpunkt der Projektarbeit stehen neben der Vermittlung der Inhalte die ehrenamtlichen Darsteller selbst. Ihr Engagement, das weit über die Teilnahme an den Darstellungsterminen hinausgeht, ist der Motor der „Gelebten Geschichte 1804". Deswegen sieht es das Museumsteam als Herausforderung an, die Motivation der einzelnen Teilnehmer zu erhalten und zu stärken. Die Zukunft wird der „Gelebten Geschichte 1804" weitere Medienprojekte mit dem Norddeutschen Rundfunk, aber hoffentlich auch weitere Erfahrungen in der Zusammenarbeit mit anderen Gruppen bringen.

Gefion Apel

„Vivat tempus" oder Geschichte und Alltagskultur als Abenteuer im Freilichtmuseum?

Chancen und Risiken personaler Vermittlung im LWL-Freilichtmuseum Detmold

Living History – und warum man sich überhaupt damit befassen sollte

Um einen sinnvollen Beitrag zu dem gegenwärtig im musealen Zusammenhang nicht nur intensiv diskutierten, sondern auch im Einzelfall sehr unterschiedlich verstandenen und definierten Phänomen *Living History* zu leisten, soll zum Einstieg in die folgenden Überlegungen der Begriff diskutiert und eingegrenzt werden. *Living History* diente als Überschrift für gleich mehrere Tagungen[1] und zeigte sich als eine Mischung von Chimäre und allumfassendem Postulat, das selbst im Diskurs schwer zu greifen ist und daher – wie auch in anderen Artikeln des vorliegenden Bandes konstatiert – einer genaueren Bestimmung bedarf[2] (Abb. 1).

An dieser Stelle ist zunächst festzuhalten, dass trotz der Enthaltsamkeit des LWL-Freilichtmuseums Detmold gegenüber den meisten Methoden aus dem *Living-History*-Spektrum keine Grundsatzdebatte über das Phänomen an sich eröffnet werden soll. Die Kreativität in der Entwicklung neuer Zugangswege zu historischem Wissen und anderen Epochen ist zeitgemäß und begrüßenswert. Die Suche nach Mythen und auch die verschiedenen Formen, sich als Individuum oder als Gruppe Vergangenheit anzueignen und sich ihr anzunähern, besitzen in einer demokratischen Gesellschaft ihre Berechtigung, wenn nicht sogar ihre inhärente Notwendigkeit. Die Fähigkeiten der Fantasie und die Bereitschaft, sich aus der eigenen Epoche gedanklich hinaus zu bewegen, sind Initialzündungen nicht nur für jene, die Science-Fiction, Fantasy-Literatur oder historische Romane und entsprechende Computerspiele lieben, sondern oft auch für diejenigen, die sich dem Studium eines kulturwissenschaftlichen Faches zugewandt haben.

---

1 Tagung „Living History im Museum" der Volkskundlichen Kommission für Westfalen – Landschaftsverband Westfalen-Lippe am 19./20. Oktober 2007 im Niedersächsischen Freilichtmuseum Cloppenburg. Unter dem Titel „Living History im Freilichtmuseum. Neue Wege der Geschichtsvermittlung" fand die Tagung des Bundesverbandes der Museumspädagogen/Innen an Freilicht- und Industriemuseen im Freilichtmuseum am Kiekeberg vom 1. bis 3. Mai 2008 statt.
2 Siehe den Einführungsbeitrag von Markus WALZ in diesem Band.

Gefion Apel

Abb. 1: In den Medien meistens positiv wahrgenommen: Living History zur Steinzeit (Lippische Neueste Nachrichten vom 8. September 2007).

Unleugbar stellen die *Living-History*-Aktivitäten im Rahmen der Erinnerungskultur – schon aufgrund des medialen Zuspruchs in der Öffentlichkeit[3] – auch für jegliche Form musealer Arbeit einen Bezugsrahmen dar, der Beachtung verdient. Beachtung ist hier aber nicht in dem Sinne verstanden, dass dieser Begeisterung für die Fantasie in jedem Fall und unkritisch Folge geleistet werden muss, um die Besucherzahlen in Museen zu steigern oder die Inhalte vermeintlich besser zu vermitteln. Ganz im Gegenteil ist es vielmehr die Aufgabe wissenschaftlich arbeitender Institutionen, gerade auch jene Themen aus der Vergessenheit zu holen, die nicht populär sind, nicht immer gern gehört oder sogar verdrängt werden. Dazu müssen Vermittlungs- und Darstellungsmethoden und deren Ergebnisse – soweit ermittelbar – immer wieder kritisch überprüft werden.[4] Wenn in diesem Beitrag von *Living History* die Rede ist, wurden dafür also in erster Linie die heute tatsächlich im Rahmen der Museen praktizierten Formen in den Blick genommen, die vielerorts feststellbar von hohem Enthusiasmus und Begeisterung getragen sind.

---

3 Die von den Medien begleiteten Produktionen reichten von der Steinzeit über das bäuerliche Leben im Schwarzwald und den Gutshof um 1900 bis hin zur Hauswirtschaftsschule der 1950er Jahre.

4 Zum Stand der Bildungsentwicklung siehe den Beitrag von Klaus KLEMM: Erziehung und Bildung nach der Expansionsphase. In: Andreas Gruschka (Hg.): Wozu Pädagogik? Die Zukunft bürgerlicher Mündigkeit und öffentlicher Erziehung. Darmstadt 1996, S. 55-66.

Trotzdem muss bei einer Diskussion auch die über den engeren musealen Zusammenhang hinausreichende allgemeine Geschichte der Entwicklung des Phänomens *Living History* im 20. Jahrhundert und der Teil der Unterhaltungskultur, der mit historischen Themen arbeitet, berücksichtigt werden. Für die Gesamteinschätzung der Methoden der *Living History*, für ihre Rezeption und für die Diskussion ihrer Verwendbarkeit für Museen ist diese Einordnung von Bedeutung, da die Öffentlichkeit die museale Präsentation nicht unbedingt von ihren sonstigen Erfahrungen trennt.

2. Living History – Entstehung und Hintergründe

Als ein wesentlicher Punkt ist festzuhalten, dass es sich bei den häufigsten, meist außermusealen Erscheinungsformen der *Living History* um eine heutzutage recht verbreitete Freizeitbeschäftigung für Laien in Form von Paraden, Märkten oder sogar Lagern und kleineren temporären Siedlungen handelt. Zahlreiche Internetforen, die Tagespresse und Fernsehberichte informieren über ähnliche Aktivitäten, aber der Blick in die Geschichte des letzten Jahrhunderts lohnt ebenfalls. Den modernen Befürwortern widerstrebt dieser Bezug, und sie stellen die Kontinuität der heutigen *Living-History*-Aktivitäten zu den Vorläufern in Frage. Die aktuellen Erscheinungsformen der „verlebendigten Geschichte" unterscheiden sich durchaus erkennbar in vielerlei Hinsicht von den traditionsreichen Geschichtsdramen der Theaterbühne, sei es das Ausstattungsverständnis, sei es der Grad der Fiktionalisierung. Trotzdem bleibt die Tatsache bestehen, dass die Methode, historische Ereignisse oder Epochen mit Hilfe historisierender Kostümierung, Ausstattung und dem Nachstellen entsprechend bedeutsamer Szenen zu veranschaulichen, keine Erfindung aus der zweiten Hälfte des 20. Jahrhunderts ist.[5] Mangels eines theoretischen oder empirischen Nachweises verbleiben Behauptungen, dass es sich bei den Formen der *Living History* um eine völlig neue Darstellungsart handele, erst einmal das, was sie sind: Behauptungen.

Nicht nur die berühmten Schlachten des amerikanischen Bürgerkriegs werden in den USA von *Reenactment*-Aktivisten seit mehr als hundert Jahren immer wieder gern nachgespielt, auch der „theoretische Unterbau" stammt aus dem angelsächsischen Raum. Robin George Collingwood (1889-1943) zufolge erfährt der Mensch über das Erleben von Ereignissen, die rekonstruiert wurden, nicht nur die Gefühle seiner Vorfahren, sondern ist auch in der Lage, intuitiv deren Gedanken nachzuleben. Ein reizvoller – wenn auch nicht direkt auf Collingwood bezogener – Kommentar dazu stammt wiederum aus dem Internet des Jahres 2008, in dem die Frage aufgeworfen wurde: *Soll der Kelte sich kalken und die Haare hochstehen lassen und über die Römer lamentieren? Der griechische Hoplit wiederum*

---

5 Zum Geschichtstheater siehe beispielsweise Wolfgang HOCHBRUCK: Relikte, Reliquien und Replikate. Der Umgang mit historischen Objekten im Geschichtstheater. In: Historische Anthropologie 16, 2008, S. 138-153.

*über die Keltenplage zu Delphi schwadronieren?*⁶ Grenzen der Methode werden so anhand weniger Beispiele schnell erkennbar.

Bereits im Jahre 1909, also 1900 Jahre nach der Varusschlacht, gedachte man auch in der Region Lippe, dem Standort des Hermannsdenkmals, dieser Auseinandersetzung in angemessener Würde mit entsprechend ausgestatteten „Römern" und „Germanen" (Abb. 2). Die Darstellung historischer Ereignisse geschah gemäß den damals aktuellen politischen Vorstellungen des Deutschen Kaiserreichs. Etwa seit den 1970er Jahren verbreitete sich der Begriff *Living History* zunehmend als Benennung für Methoden museumspädagogischer Ausrichtung in Museen und an historischen Stätten.⁷ Zunächst galt dies vor allem in England, den USA und den skandinavischen Ländern. Heute findet sich die Methode aber auch in einigen weiteren europäischen Museen und Freilichtmuseen wieder.⁸

Leicht ironisierend trägt dieser Beitrag angesichts der Popularisierung der Geschichtskultur den Titel „Vivat tempus!" – „Es lebe die Zeit!". Inspiriert wurde diese Formulierung durch ein Internetforum begeisterter *Living-History*-Aktivisten.⁹ „Vivat tempus" – diese Aussage besitzt, wie festzustellen ist, zahlreiche Konnotationen. Auf den ersten Blick sollte die verbreitete Freude an der Begegnung mit anderen Epochen bei den historisch arbeitenden Wissenschaftlern durchaus Zustimmung finden. Trotzdem verdienen die Annäherungsstrategien an historische Zusammenhänge zur vermeintlichen Überwindung ihrer Nicht-Anschaulichkeit eher eine kritische Betrachtung. Denn die vordergründige Stärke der Methode – ihre Lebendigkeit und Bildhaftigkeit – zeigt sich verschiedentlich als deutliche Schwäche.

Die Begeisterung unserer Gesellschaft bezieht sich auf die verschiedensten Bereiche der Erinnerungskultur und zeigt sich in den hohen Besuchszahlen von Filmen mit historischer Thematik bis hin zum hingebungsvollen Eintauchen in das Gewimmel sogenannter „Mittelaltermärkte" sowie in der ungebrochenen Kauflust historischer Romane und Biografien. Dieses wachsende Interesse könnte also eher Anlass zum Optimismus für die „Profis" unter den Vergangenheitsforschern sein, vermutet man doch viele „Gesinnungsgenossen" unter den Freunden der entsprechenden literarischen Schilderungen vergangener Epochen oder unter denjenigen, die sich ausdauernd mit Computerspielen über die Zeiten der Hanse befassen. Schon die Qualität der unterschiedlichen Präsentationen ist dabei aber differenziert zu betrachten, erst recht, wenn es um Lernerfolge geht.¹⁰

---

6   Siehe diesen Kommentar auf der URL: http://chronico.de/erleben/wissenschaft/0000475/ kommentare (Kommentar vom 8. April 2008, abgerufen am 6. Juni 2008).
7   Diese Einschätzung vertritt auch z.B. Sten RENTZHOG: Open Air Museums. The history and Future of a visionary idea. Stockholm 2007, S. 236ff.
8   Siehe dazu z.B. die Beiträge von Michael FABER, Heike DUISBERG u.a. in diesem Band.
9   URL: http://www.tempus-vivit.de (abgerufen am 6. Juni 2008).
10 Siehe dazu das Interview mit R. Pöppinghege, D. Picher und A. Schmeding: Ist Geschichte in Spielen nur ein Verkaufsargument? In: politik und kultur. Zeitung des Deutschen Kulturrats 2008, Nr. 1 (Jan./Feb.), S. 38 (auch URL: www.kulturrat.de/puk/puk01-08.pdf, abgerufen am 6. Juni 2008).

"*Vivat tempus*"

Abb. 2: Auftritt im „historischen" Kostüm – Theateraufführung zum Gedenken an die Varusschlacht vor 1900 Jahren, Detmold 1908 (Bildsammlung W. Mellies, Detmold, Foto: Beckmann, Detmold).

Schaut man sich jedoch auf dem Feld der Freizeitbetätigungen etwas genauer um, stellt man fest, dass neben „Wikinger-", „Steinzeit-" oder „Mittelalterleben" auch eine erhebliche Anzahl Menschen sich bei „Mittelerde" treffen – J.R.R. Tolkiens Erfindung als „geografischer" Standort seines *Herrn der Ringe* –, oder sie tummeln sich bei *Star-Trek-Conventions,* bei denen jeder seine Wunschrolle von Mister Spock bis zum Klingonen wählen kann. Selbst der Drang, bei diesen Ereignissen alles „authentisch" zu machen, wie er bei den historisch ausgerichteten „Steinzeitmenschen" oder „Wikingern" zu finden ist, hat sich dort etabliert: Detaillierte Pläne der verschiedenen Decks des Raumschiffs *Enterprise* zu erhalten, stellt keinerlei Schwierigkeit dar. Es ist nicht weiter erklärungsbedürftig, dass diese Art der Selbstdarstellung und des teils wochenlangen Sich-Entziehens aus der Gegenwart neben der Tatsache, dass diese Präsentationen in den meisten Fällen keineswegs der Fakten-Vermittlung dienen, Fragen nach ihrem Sinn aufwerfen.[11]

Kehren wir zurück zu den eher „historisch" engagierten Aktiven. Auch den Museen, den Sonderausstellungen zu historischen Themen oder Dokumentarfilmen gilt von Seiten der Öffentlichkeit Aufmerksamkeit. Aber mit den Bezügen

---

11 Weiterführende theoretische Erwägungen zur Bedeutung der Konstruktion kollektiver, aber informeller Vergangenheitszugänge unter anderem bei Aleida ASSMANN: Der lange Schatten der Vergangenheit. Erinnerungskultur und Geschichtspolitik. Bonn 2007.

zu Romanen oder auch Computerspielen sind wir schon auf der Spur einer Erinnerungskultur, die eher etwas anderes sucht, nämlich die Bestätigung vorgefertigter Vergangenheitsbilder oder individueller Imaginationen[12] und nicht die Aufarbeitung unterschiedlicher, zum Teil auch äußerst bedrückender Aspekte der eigenen Geschichte. Reicht die Freude am *Reenactment* dann bis zum Kriegsspiel, in der in SS-Uniformen Schlachten des Zweiten Weltkriegs fröhlich nachgespielt werden, braucht die der Methode inhärente Tendenz zur gefährlich verzerrenden Wiedergabe historischen Geschehens kaum mehr diskutiert zu werden.[13]

Wie aber können Museen und insbesondere Freilichtmuseen mit dem Phänomen *Living History* arbeiten? Gibt es nicht einen Unterschied zwischen einem *Reenactment* der Schlacht im Teutoburger Wald und beispielsweise der „experimentellen Archäologie" oder der „experimentellen Volkskunde", obwohl der Begriff *Living History* – jedenfalls in der Verwendung Mancher – alle diese Dinge umfassen will? Was macht ein Museum anderes als *Living History*, wenn es beispielsweise das eine oder andere nachgebaute Objekt durch Besucher auf seine Verwendung hin testen lässt? (Abb. 3)

Freilichtmuseen: Andere Herausforderungen in Vergangenheit und Gegenwart?

Es ist wohl vor allem die Gefahr, mit den Darstellungen der oben angesprochenen Hobby-Gruppen verwechselt zu werden – obwohl einige dieser Gruppen auch schon dazu übergegangen sind, ihrerseits mit Museen zu kooperieren – und der hohe finanzielle Aufwand, die in erster Linie dazu führen, dass sich in deutschen Museen die Akzeptanz von *Living History* bisher nur langsam verbreitet. Das Detmolder Freilichtmuseum hat aus einer Reihe von anderen Gründen sowohl inhaltlicher als auch praktischer Natur bisher davon abgesehen, sich den Spielarten der *Living History* zuzuwenden und andere Wege der personalen Vermittlung eingeschlagen. Darauf wird noch weiter unten näher einzugehen sein.

Aber machen wir zunächst einen Schritt zurück: Die Idee, Freilichtmuseen zu gründen, stammt ursprünglich aus Skandinavien. Gegenwärtig ist der Begriff nicht auf ethnografische Freilichtmuseen beschränkt. Allerdings existiert zumindest Skansen, das erste Museum dieser Art, heute noch als Teil des Nordiska Museet in der Nähe von Stockholm. Folgt man den Ausführungen des ehemaligen Museumsleiters Sten Rentzhog aus Jamtli/Schweden in seiner jüngsten

---

12 Birte WOLFRUM, Michael SAUER: Zum Bildverständnis von Schülern. Ergebnisse einer empirischen Studie. In: Geschichte in Wissenschaft und Unterricht. Zeitschrift des Verbandes der Geschichtslehrer Deutschlands 58, 2007, Heft 7/8, S. 400ff.

13 Judith LUIG: Die Sonntags-SS. In: Die tageszeitung (taz) vom 17./18. November 2007, S. IV-V, siehe dazu außerdem das Thema der Tagung „Wahre Geschichte – Geschichte als Ware. Die Verantwortung des Historikers/der Historikerin gegenüber Wissenschaft und Gesellschaft" in Greifswald am 12. bis 14. Januar 2006; siehe auch URL: http://www.hsozkult.geschichte.hu-berlin.de/Tagungsberichte/id=1046 (abgerufen am 6. Juni 2008).

„Vivat tempus"

Abb. 3: Besucher probieren aus, ob die Waffel beim Backen mit dem Zangenwaffeleisen im offenen Feuer genießbar sein wird (Foto: LWL-Freilichtmuseum Detmold – Westfälisches Landesmuseum für Volkskunde).

Darstellung der Geschichte der Freilichtmuseen,[14] so artikulierte schon Skansen-Gründer Arthur Hazelius für die frühesten Museen dieser Gattung seine vielfältigen Vorstellungen zur Verlebendigung der wiedererrichteten Gebäude. Das lässt sich den Beschreibungen Hazelius' entnehmen, ohne dass er selbst den Begriff *Living History* kannte: Angefangen bei Handwerksvorführungen über Trachten bis hin zu Bräuchen reichte das Spektrum seiner Ideen. Grundsätzlich gilt für die Gruppe der Freilichtmuseen unterschiedlicher Fachausrichtung, dass „den Besuchern die Möglichkeit geboten wird, eine ganze Skala von Sinneseindrücken assoziativ mit dem Geschichtsbild zu verbinden [...], damit wird das so entstandene Bild der Vergangenheit recht aufwendig im Gehirn verankert." Und auch schon ohne jede Belebungsform kann als Tatsache gelten, „[dass sich] unter solch pädagogisch günstigen Bedingungen [...] Einsichten [...] leicht, aber dadurch leider auch risikoreich transportieren [lassen]".[15]

---

14 RENTZHOG (wie Anm. 7), S. 29.
15 Jan Joost ASSENDORP: Asterix an der Elbe? Die Popularisierung von Ausgrabungsergebnissen im Archäologischen Zentrum Hitzacker. In: Mamoun Fansa, Christian Lamschus (Hgg.): Museen im Wandel. Entwicklungen und Perspektiven in der niedersächsischen Museumslandschaft. Festschrift für Hans-Günter Peters. Oldenburg 1996, S. 101-113, hier S. 101.

Gefion Apel

Sowohl nach meinen eigenen Beobachtungen und Gesprächen auf Reisen als auch den hauseigenen Publikationen zufolge hat nun eine Anzahl von Museen und Freilichtmuseen in Deutschland *Living History* in verschiedensten Varianten von der *First-Person-* und der *Third-Person*-Präsentation bis hin zum Rollenspiel in überarbeiteter Gestalt im Vermittlungskonzept aufgegriffen. Die gleiche „gemischte" Präsentation gilt auch für einige Museen in den USA, so dass auch dort von höchst professioneller schauspielerischer Präsentation bis hin zum fantasievollen Laienspiel inzwischen alles anzutreffen ist.[16]

Mit einer recht merkwürdigen Mischung aus Respekt für ihre kreative Leistung und größtem Unbehagen wegen ihrer Auffassung von den Lebensbedingungen im 19. Jahrhundert konnte die Verfasserin noch Mitte 2007 den Ausführungen einer amerikanischen *Living-History*-Laiendarstellerin aus einem Museum im Midwest folgen. Diese hatte es offenbar verstanden, in eigenschöpferischem Darstellungsverständnis ihre persönliche Biografie nahtlos in die historische Rolle einzubinden. Das mag durchaus zu therapeutischen Erfolgen bei der betreffenden Person geführt haben, doch wie die Museumsbesucher jene Präsentation wahrgenommen haben, entzieht sich ebenso dem unmittelbaren Vorstellungsvermögen wie der inhaltliche Wert, den diese „Interpretation" in Bezug auf ihren historischen Gehalt besessen hat.

Wenn nicht bereits zuvor, so dürfte angesichts dieser Beschreibung deutlich werden, dass dem Faszinosum der scheinbar personalisierten Konkretisierung von Geschichte – hier ausgeführt in Form eines *Living-History*-Rollenspiels – Risiken anhaften, die sehr grundsätzliche Punkte der musealen Arbeit berühren. Verschiedene, z.B. über das Forum „tempus vivit" veröffentlichte Gedanken von Laiendarstellern bei *Living-History Acts* bestätigen die Notwendigkeit, Chancen und Risken der personalen Vermittlung mit ganz anderem Ansatz – wie z.B. am LWL-Freilichtmuseum – einmal darzulegen.

Ein selbstironisch klagender Teilnehmer am genannten Forum äußerte: *Ich bin krank, sehr krank – ich leide seit einigen Jahren an Authentismus [...] Patienten in der Endphase dieser Krankheit werden oft vor Museen gesichtet, wo sie klammheimlich irgendwelche Belege oder gar Ausstellungen fotografieren.*[17] Die Wahl der Krankheitsbezeichnung sollte an dieser Stelle nicht irreführen – es ist nicht vorgesehen, hier mit einer Authentizitätsdebatte zu beginnen. Ganz gewiss aber soll mit den vorliegenden Überlegungen eine Debatte darüber angestoßen werden, was die spezielle Kulturtechnik des Museums ausmacht und wer am Museum eigentlich mit welcher Intention und welcher Kompetenz „spricht".

---

16 Siehe dazu Adriaan DE JONG: „Sie haben Glück, der Bauer ist gerade zurück!" Zur unterschiedlichen Präsentation von Alltagsleben und Baugeschichte im Freilichtmuseum. Beitrag für die baltische Tagung des Verbandes europäischer Freilichtmuseen, 25. August bis 1. September 1997. In: Hessische Blätter für Volks- und Kulturforschung, Neue Folge 33, 1999, S. 161-170 sowie auch Monika DREYKORN: „Geschichte erleben" im Freilichtmuseum?! In: Museumsbausteine, Band 11: Freilichtmuseen: Geschichte, Konzepte, Positionen. Hg. von der Landesstelle für die nichtstaatlichen Museen. München/Berlin 2006, S. 137-142.
17 URL: http://www.tempus-vivit.de (abgerufen am 6. Juni 2008).

Denn es ist bemerkenswert: Die „Authentizitätskranken" fühlen sich veranlasst, trotz aller Erlebnisintensität bei ihren *Live Acts* im Anschluss oder im Vorfeld doch das Museum aufzusuchen, um hier mehr Wissen zu erlangen. Dafür gibt es gute Gründe, und die Tatsache erscheint begrüßenswert und birgt durchaus eine Zukunftschance für das Profil der Museen.

Auffassung und Praxis der Museumsarbeit im LWL-Freilichtmuseum Detmold

Nahezu jeder Literaturwissenschaftler oder Volkskundler kann es bestätigen: der Schritt vom „Mythos zum Märchen" ist nicht weit. Kinder brauchen Märchen, zur Mythenbildung neigen ganze Gesellschaften. Aber für ein Geschichtsbild braucht es mehr: Ein weiteres Zitat, dem Internetforum „tempus vivit" entnommen, bestätigt diese keineswegs neue Einsicht: *auch eine 13jährige hat Anspruch darauf, Antworten zu bekommen, und zwar Antworten, auf die sie vertrauen kann.* Dieses Vertrauen ist ein sehr wesentlicher Punkt. Es klingt zwar möglicherweise nach einem eher naiven Begriff, ist jedoch absolut zentral für die Bildungsarbeit mit Menschen. Damit sind die Intention der Akteure und Akteurinnen im Bereich der Wissenskultur der Gegenwart und die Transparenz, die ihren Absichten gegeben wird, klar angesprochen.

Zur Verdeutlichung des Gesagten soll zunächst ein Beispiel dienen: Wenn man wissen möchte, wie neue Fliesen an die Wand zu bringen sind, greift man zuerst zur passenden Gebrauchsanweisung oder holt sich einen ausgebildeten Fachmann – aber man liest nicht den Roman *Nachmittag eines Fliesenlegers* des schwedischen Autors Lars Gustafsson. Auch wenn es sich bei dem Roman um eine zweifelsohne unterhaltsame Lektüre handelt, die vermittelt, wie sich der pensionierte Fliesenleger Torsten Bergman mit Schwarzarbeit gefühlt haben mag[18] – wie man die Fliesen an die Wand bekommt, weiß man hinterher immer noch nicht. Das bedeutet aber in erster Linie:
1. Ein Lesender sollte wissen, dass die Kenntnisse, die er/sie benötigt, in der entsprechenden Gebrauchsanweisung gefunden werden kann und sie faktisch korrekt sind.
2. Das Wissen, das benötigt wird, kann auch vermittelt werden, falls es nicht durch mehrfache Übersetzungsversuche zwischen Japanisch, Englisch und Deutsch zu einem Kauderwelsch geworden ist.

Übertragen auf die Museen bedeutet dies, dass Klarheit darüber bestehen muss, wer auf welcher Grundlage in welcher Rolle spricht: Wer macht die Aussage, der die Besucher begegnen und was wird genau geäußert?[19] Trotz allen

---
18 Lars GUSTAFSSON: Nachmittag eines Fliesenlegers. München 1991 (Schwedische Originalausgabe: En kakelsätteres eftermiddag, 1991).
19 Zu dieser Problemstellung insbesondere Rahel PUFFERT: Vorgeschrieben oder ausgesprochen? Oder: Was beim Vermitteln zur Sprache kommt. In: Wer spricht? Autorität und Autorschaft in Ausstellungen, Ausstellungstheorie und Praxis. Hg. von schnittpunkt. Beatrice Jaschke, Charlotte Martinsz-Turek, Nora Sternfeld. Wien 2005, S. 59ff.

Gefion Apel

„Rollencharakters", den „Museumsführer/in" oder „Wissenschaftler/in" in der musealen Inszenierung besitzen mögen, macht die Intentionalität des Verhaltens einen ganz entscheidenden Unterschied zu allen „echten" Formen des Theaters aus: Die faktentreue Ermittlung und Weitergabe dieses Wissens ist das Ziel.[20]

Im Idealfall sollten die Besucher aus dem Museum bestimmte Aussagen mitgenommen haben, und Fehldeutungen sollten nach Möglichkeit ausgeschlossen bzw. wenn festgestellt, revidiert werden können. Die bisher beobachteten Formen der *Living History* können diesen Anforderungen fast nie oder nur unzureichend entsprechen.

Das LWL-Freilichtmuseum in Detmold arbeitet zum Teil mit Methoden wie Handwerksvorführungen, es hat aber im Laufe seiner Entwicklung weitestgehend andere Methoden der personalen und mediengestützten Vermittlung gewählt und in mehreren Projekten der vergangenen Jahre umgesetzt. Seit den 1980er Jahren werden im Detmolder Freilichtmuseum bestimmte handwerkliche Prozesse, die zu den ländlichen Lebensräumen gehörten, von Demonstrationshandwerkern gezeigt. Nicht ganz ohne Berechtigung kann man sicherlich auch hier fragen: Ist das nicht bereits *Living History*? In einem etwas erweiterten Begriffsverständnis[21] kann man diese Frage nicht völlig verneinen. Nicht, weil es primär den Absichten des Museums entspräche, sondern schlicht, weil der Begriff eine solche Ausdehnung erfahren hat.[22] In der Diskussion wird inzwischen schon zum Abgrenzungsmerkmal zur *Living History*, wenn der Schmied bei der Vorführung neben seiner obligatorischen Lederschürze zum Schutz *nicht* den zur Einrichtung seiner Werkstatt aus einer Zeit um 1900 passenden Hut trägt – da ihn eine moderne Schutzmaske besser schützen würde (Abb. 4).

Die Vorzüge der Vorführungen bleiben gleich: Sie bieten Anschaulichkeit, eine Ansprache der Besucher und die Möglichkeit zum Dialog mit ihnen; ferner tragen sie zur Lebendigkeit im Erscheinungsbild des Museumsgeländes bei. Aber die Demonstrationshandwerker im Freilichtmuseum Detmold werden seit Jahren von den Museumswissenschaftlern geschult, die Einzelschritte ihrer Vorführung besprochen und Fragen der Museumsbesucher in die Arbeit der Werkstätten integriert. Auf diese Weise entstehen Gespräche, die feststellbar objekt- und technikbezogen ausgerichtet sind. Vergleichbares gilt für die Betreuungen in den Gebäuden.

Professionelle Vermittlungsarbeit kann durchaus mit Schauspielern in Form des Theaterspiels geschehen: Auch diese Vorgehensweise birgt Möglichkeiten für vielseitige Lernerfahrungen auf der Basis der traditionell etablierten Kulturtechnik des Theaters bei den Besuchern. Allerdings kann auch hier – wie bei allen unter *Living History* versammelten Darstellungsformen – von „gelebter Geschichte" kei-

---

20 Zum Umgang von Lesenden mit Texten siehe Wolfgang ISER: Der Akt des Lesens. 2. Aufl. München 1984, hier insbesondere S. 59ff sowie S. 282ff zur Bedeutung der Fiktionalität.
21 Siehe dazu RENTZHOG (wie Anm. 7), S. 239ff.
22 Da zum Beispiel auch das klassische „Rollenspiel" inzwischen traditionelle pädagogische Methode ist, erfährt das entsprechend auf der Basis historischer Quellen der Zeit um 1800 entwickelte Programm „Knechte und Mägde" im museumspädagogischen Angebot des Freilichtmuseums hier nur eine Erwähnung am Rande.

Abb. 4: Handwerksvorführungen in der „Schmiede Pollmann"
(Foto: LWL-Freilichtmuseum Detmold).

ne Rede sein. Es handelt sich allenfalls noch um „gespielte" Geschichte, die mit ihrem Interpretationsgrad weiter entfernt von jener historischen Epoche ist als jede musikalische Komposition, die die Jahrhunderte niedergeschrieben überlebt hat und heute gespielt wird. Unabdingbare Voraussetzung für das Geschichtstheater als didaktisches Mittel ist, dass es wissenschaftlich fundiert und von hierfür ausgebildetem Personal in überprüfbarer, reproduzierbarer und prozesshafter Form betrieben wird. Zudem muss dem Betrachter verdeutlicht werden – z.B. durch eine Begleitperson – dass es sich um eine Theaterszene handelt.

Versuchsweise wurde bereits 2003 am Freilichtmuseum Detmold ein Vortrag von historischen Quellentexten des 19. Jahrhunderts durch einen professionellen Schauspieler – ohne Kostümierung – im Begleitprogramm der Ausstellung „Betreten der Baustelle erwünscht" angeboten. Gleichermaßen erfolgte 2007 eine Lesung der autobiografischen Aufzeichnungen der jüdischen Kaufmannsfrau Glückel von Hameln durch eine Schauspielerin, die den Zuhörern den schwierigen Text nahebrachte.

Die Chancen und Grenzen – auch und gerade im Vergleich zur *Living History* – werden sehr schnell deutlich, wenn die Arbeit mit personaler Vermittlung in unserem Pastorat aus Allagen (2002 eröffnet) in Betracht gezogen wird. Dieses Wohnhaus des Pastors Josef Schafmeister aus dem kleinen Örtchen Allagen und die dazu erhaltenen Quellen hätten uns in die Lage versetzt, auch einen „Herrn Pastor" dort durch sein Haus führen zu lassen. Aber abgesehen von der Tatsache,

Gefion Apel

Abb. 5:
Porträtfoto von Pastor Josef Schafmeister (1843-1919) o.Dat. (Foto: LWL-Freilichtmuseum Detmold).

dass es sich um einen Herrn handelte, der mit seiner Gemeinde sehr beschäftigt war, hätte sich ein Pastor um 1900 ganz sicher nicht glaubwürdig dazu äußern können (wie es die Kräfte in den dortigen Führungen tun), dass nur ganz wenige der Objekte im Gebäude aus dem Haus selbst sind und der größte Bestand aus dem Museumsmagazin zusammengetragen worden ist. Zudem wäre Schafmeisters Ansicht über den Kulturkampf des 19. Jahrhunderts äußerst subjektiv gewesen und hätte den aktuelleren Erkenntnissen, die über die heute aktiven Hausbetreuungen vermittelbar sind, zudem nicht entsprochen[23] (Abb. 5).

Ein weiteres beispielhaftes Objekt, das das LWL-Freilichtmuseum im September 2007 eröffnet hat und das erhebliche Herausforderungen bot, ist das Wohn- und Geschäftshaus der jüdischen Familie Uhlmann, die im Jahre 1941 deportiert und später ermordet wurde. Versetzt man sich an diesem Ort in die Situation, Inhalte der Hausgeschichte per *Living History* vermitteln zu wollen, verschlägt es einem nahezu den Atem. Auch hier wird die museale Inszenierung – im Gegensatz zum „Pastorat Allagen" ergänzt mit Texttafeln und einem etwa 10-minütigen Film – zusätzlich durch eine Person unterstützt, die geschulter Gesprächspartner ist.

---

23 Siehe dazu auch Gefion APEL: Die Projekte des Freilichtmuseums Detmold im Spannungsfeld zwischen Kuration, Museumspädagogik und Gestaltung. In: Heike Kirchhoff, Martin Schmidt (Hgg.): Das magische Dreieck. Bielefeld 2007, S. 89-104 sowie Katharina SCHLIMMGEN-EHMKE: Ein Pastorat und ein Armenhaus. Zwei unterschiedliche Präsentationskonzepte im LWL-Freilichtmuseum Detmold. In: Dies.: Vorsicht Objekte! Neue Ansätze im Umgang mit originalen Einrichtungen in Freilichtmuseen. Beiträge zur internationalen Arbeitstagung der Vereinigung Europäischer Freilichtmuseen im LWL-Freilichtmuseum Detmold. Detmold 2007, S. 9-24.

Abb. 6: Mit Besuchern im Austausch über das Leben der Familie Uhlmann (Foto: LWL-Freilichtmuseum Detmold /Pölert).

Eine wichtige Rolle spielen hier die Zeitzeugen-Interviews mit Menschen aus dem Heimatort des Gebäudes, denn damit tritt die Problematik hinsichtlich Transparenz der gemachten Aussagen und ihrer Einordnung noch deutlicher vor Augen. Gerade hier ist aufgrund der Virulenz, die die historische Erfahrung mit dem Dritten Reich noch besitzt, die Gefahr einer „erfundenen Erinnerung" – also der massiven Verdrängung störender Einsichten – und der Bedarf an einem ergänzenden Dialog deutlich gegeben[24] (Abb. 6).

In den jüngeren Projekten – etwa seit dem Jahr 2000 – ist das Freilichtmuseum dazu übergegangen, die Besucher weit stärker in die Präsentation einzubinden. So hat es zum Beispiel bei der Errichtung des „Armenhauses Rinkerode" eine Vorab-Befragung gegeben. Diese ermittelte, welche Fragen die Besucher selbst vorrangig an ein solches Gebäude herantragen würden. Im Augenblick läuft dort bereits die zweite Befragung; sie soll herausfinden, was Besucher aus der dortigen Präsentation mitgenommen haben, was ihnen fehlte oder was vielleicht auch schwer verständlich war.

Jede der aufgeführten Vermittlungsformen ermöglicht es Besuchern, den Weg noch einmal zurückzugehen und in Ruhe ein weiteres Mal nachzusehen oder nachzufragen. Und dass Wiederholung ein ganz wesentliches Element des Lernens und ein der positiven Erfahrung folgender Wunsch ist, ist gleichfalls keine neue

---

24 Peter REICHEL: Erfundene Erinnerung. Weltkrieg und Judenmord in Film und Theater. München/Wien 2004.

Erkenntnis. In Zeiten der hochgradigen Virtualität vieler Erfahrungsräume und der diagnostizierten schweren Aufmerksamkeitsdefizite bei Kindern und Jugendlichen erscheint dies als eine bedeutende Lernoption, die eindeutig wert ist, erhalten zu werden. Da der Bildungsauftrag, dem sich viele unserer Museen immer noch verpflichtet sehen, sich nicht auf einen fest definierten und abgestimmten Bildungskanon beziehen kann, bleibt beim Aufbau dieser Lernsituationen nur, sich an unserer Gesellschaft zu orientieren. Ein Mangel an Bildungsbedürfnis ist für die europäischen Staaten der Gegenwart nicht zu konstatieren.[25] Mit der spezifisch musealen Arbeit als eigener Kulturtechnik kann ein Beitrag zur Lebensqualität geleistet werden, indem die Begegnung mit Objekten ermöglicht wird und über die jeweiligen Fachgebiete verlässliche, diskutierbare Aussagen gemacht werden. Darüber hinaus kann im spezifisch pädagogischen Bereich Wichtiges getan werden, indem für Kinder ein lebensweltbezogenes Bildungsverständnis entwickelt und begleitend gefördert wird.[26] Auch hier versucht das LWL-Freilichtmuseum Detmold, über gemeinsam mit den Besuchern aufgebaute Projekte und Aktionen – sei es „Spielen am Dorfrand" oder das Literaturangebot im „Haus Uhlmann", beides von Jugendlichen in Zusammenarbeit mit dem Museum erarbeitet – im offenen und faktenorientierten Gespräch zu sein. Auf eine Kurzformel gebracht, ließe sich dieser Prozess auch beschreiben als „Fragen hervorrufen, statt Konsumhaltung zu befördern". Kinder, Jugendliche und Erwachsene werden hierbei zu Subjekten eines gemeinsamen Bildungsvorgangs gemacht, der Spaß macht und sie nicht nur als betrachtendes Publikum eines szenischen Spiels positioniert.

Aber wie beschrieben bedeutet diese Hinwendung zum Besucher und der Erwerb seines Vertrauens weit mehr. Dazu gehört die Vermittlung, dass Kulturwissenschaftler viele Dinge auch nicht wissen – so zum Beispiel wie man in der keltischen oder der mittelalterlichen Gesellschaft mit ihren Alltagsherausforderungen und Einstellungen wirklich gelebt hat. Mit hoher Wahrscheinlichkeit werden viele Dinge nie ermittelt werden. Und auch das ist ein wesentlicher Gewinn an Einsicht: dass jegliche wissenschaftliche Erkenntnis Grenzen hat (Abb. 7).

5. Zukunftsaussichten

Das Ziel des Detmolder Freilichtmuseums ist das Auftreten als lebendiger und spannender, aber vor allem verlässlicher Ansprechpartner auch und gerade durch die personale Vermittlung. Und das Museum kommt mit einer deutlichen Botschaft – „Wer spricht?" Zum Beispiel, wenn die eben erwähnte Hausbetreuung oder der Demonstrationshandwerker etwas nicht wissen, notieren sie eine Frage, die dann später bei einem Wiederholungsbesuch oder durch ein Schreiben der

---

[25] So zum Beispiel Hartmut VON HENTIG: Bildung. Ein Essay. Wien 1996, S. 12: „Für die allen Menschen geschuldete Bildung gibt es gemeinsame Maßstäbe und geeignete Anlässe."

[26] Holger HÖGE: Erleben: Lernort = Erleben: Lernen? Zur Psychologie informellen Lernens. In: Renate Freericks, Heike Theile, Dieter Brinkmann (Hgg.): Nachhaltiges Lernen in Erlebniswelten? Modelle der Aktivierung und Qualifizierung. Tagungsdokumentation. Bremen 2005, S. 41-73.

"Vivat tempus"

Abb. 7: Eine Form der Begegnung im „Paderborner Dorf" (Foto: LWL-Freilichtmuseum Detmold).

Museumswissenschaftler oft geklärt werden kann. In unserem Fall bilden die durch Wissenschaftler und Restauratoren ermittelten Forschungsergebnisse und die durch Handwerker wie Gärtner erprobten Techniken die Botschaften des Museums.

Die besprochenen *Living-History Acts* werden auch in Zukunft im Detmolder Freilichtmuseum keine Anwendung finden. Aber um den eingangs beschriebenen Gedanken noch einmal aufzugreifen, dass jede Berührung mit neuen oder andersartigen Vermittlungsformen anregend wirkt: Das LWL-Freilichtmuseum Detmold erwägt eine Einführung szenischer Darstellungen mit professionellen Schauspielern anlässlich des 50-jährigen Gründungsjubiläums im Jahr 2010. In Kooperation mit dem lippischen Landestheater wird eine Form des „Geschichtstheaters" versuchsweise als eine neue Art der Vermittlung erprobt und den Besuchern die Gelegenheit gegeben, andere Epochen vermittels der – inzwischen auch schon historischen und den Besuchern vertrauten – Kulturtechnik des Theaterspielens kennenzulernen. Der Unterschied zwischen Faktenaussage und fiktionalen Elementen wird nach Möglichkeit deutlich erkennbar bleiben, die Reaktionen der Besucher darauf werden gründlich untersucht und der zukünftigen Diskussion im Museum dienen.

Michael Faber

Living History – Lebendige Geschichte oder Geschichte (er)leben?

Möglichkeiten, Methoden und Grenzen am Beispiel des Rheinischen Freilichtmuseums Kommern

„Neppeser Buschtrommler, „Original Kölsche Ritter", „Beckendorfer Minschefresser" und „1. Kölner Mongolen", Schotten, Hunnen, Indianer, Wikinger, Caballeros und schließlich Beduinen... 61 Gruppen hatten die Fotografen Petra Hartmann und Stephan Schmitz um 1990 im Kölner Raum aufgespürt und zu Aufnahmen für einen Bildband über *Kölner Stämme* in ihr Studio eingeladen:[1] Stadtviertel-Vereine, Karnevalsgruppen, Stammtische, Familienvereine und Freundeskreise, sogar ein „Gemeinnütziger ethnologischer Verein", der im Clubleben auf eigener Western-Ranch „die Zeit von 1900 bis 1920 originalgetreu verkörpert". All diesen Vereinigungen, das vermitteln die Fotografien, ist gemeinsam: Lust an der Geschichte, an anderen Kulturen und Lebensverhältnissen durch eigene Metamorphose am Feierabend und am Wochenende zu befriedigen, durch solche Metamorphose zumindest auf Zeit aus heutiger Zivilisation auszubrechen, innerhalb einer gleichermaßen wünschenden, denkenden und handelnden Gruppe eine neue Identität zu finden, sich in solcher Identität aber eher selten anderen zur Schau zu stellen. Geborgenheit im Stamm ist das zentrale Erlebnis; das Stammeslager, das sich nicht selten von der Außenwelt abschottet, bleibt das zentrale Jahresereignis.[2]

Der Schein der Geschichte oder der anderen Kultur ist für die Stämme der Maßstab, nicht die Authentizität. „Alles soll genau so oder zumindest doch so ähnlich aussehen wie das Bild, das man sich gemeinsam von der ins Auge gefassten Gesellschaft gemacht hat, also so, wie man es entweder bei anderen Stämmen oder auf Bildern (besonders beliebt sind Illustrationen des späten 19. Jahrhunderts) oder in Filmen gesehen hat."[3] Klischees haben Vorrang. Man beachte die Bedeutung von Bastrock und Kriegsbemalung bei den Menschenfresser-Vereinigungen (Abb. 1). Da spielt es keine Rolle, dass die schwarze Haut, Kölner Witterungsverhältnissen angepasst, durch schwarze Strumpfhosen und

---

1 Petra HARTMANN, Stephan SCHMITZ: Kölner Stämme. Menschen, Mythen, Maskenspiel. Textdokumentation von Matthias Heiner. Köln 1991.
2 Robert SCHUMACHER: Hunnen und Sarotti-Mohren. Zur Ethnographie archaischer Stämme im urbanen Umfeld. In: Petra Hartmann, Stephan Schmitz: Kölner Stämme. Menschen, Mythen, Maskenspiel. Köln 1991, S. 13-15, hier S. 15.
3 Michael ZEPTER: „Wie ein Fremdling gekleidet sein..." Kostüme und Verkleidungen Kölner Stämme. In: Petra Hartmann, Stephan Schmitz: Kölner Stämme. Menschen, Mythen, Maskenspiel. Köln 1991, S. 18-21, hier S. 19f.

Michael Faber

Abb. 1: „Nippeser Buschtrommler" (Foto: Petra Hartmann, Stephan Schmitz, aus: Kölner Stämme. Menschen – Mythen – Maskenspiel. Vista-Point-Verlag, Köln 1991, S. 13).

Wollhandschuhe repräsentiert wird, das Samuraigewand aus dem im Kaufhaus entdeckten Stoff genäht ist und sich im Hunnenzelt Attilas Mannen mit japanischer Tätowierung, fröhlich aus dem Füllhorn ein Kölsch nach dem anderen schlürfend, auf unechtem Perser und vor türkischer Samtmalerei mit ihren Sklavinnen vergnügen.[4]

Was sich in den *Kölner Stämmen* ereignet, ist das Rollenspiel in einer „bunt gemischten Welt phantastischer Versatzstücke"[5]. Ursprünglich stark auf den Karneval bezogen und zuweilen im Karneval geboren, stand bei manchem Stamm zunächst die Lust an der Persiflage exotischer Völker im Vordergrund – der Chauvinismus postkolonialistischer Zeit und die Kölsche Eigenart ließen es zu: die erste Gruppe, „Negerköpp", entstand immerhin 1929. Seit dem Aufblühen vieler Stämme in den sechziger, siebziger und vor allem achtziger Jahren des vergangenen Jahrhunderts aber hat die Tendenz zugenommen, Leben in anderen Zeiten und Kulturen nachzuempfinden.

Das Selbermachen, -empfinden und -erfahren ist ein starker Antrieb, man werkelt an Kostümen und Accessoires, übt sich in alten Arbeitstechniken und erprobt exotische Rezepturen. Und man versucht gelegentlich, historische Ereignisse nachzuspielen.

---

4 ZEPTER (wie Anm. 3), S. 19.
5 ZEPTER (wie Anm. 3), S. 19.

Living History – Lebendige Geschichte oder Geschichte (er)leben?

So gesehen fällt die Abgrenzung zwischen den genannten Stämmen und den Gruppen, die heute Schlachten von Grunwald/Tannenberg, Waterloo, Petersburg oder anderswo nachspielen, nicht leicht – außer, dass letztere als *Reenactors* mit ihren voll beladenen Kombis zu Originalschauplätzen anreisen.[6]

Ich befürchte, es als Rheinländer auf einer von Westfalen in Niedersachsen ausgerichteten Tagung mit aller Deutlichkeit sagen zu müssen, bevor Missverständnisse entstehen: Die Stammesvielfalt in Köln mag eine lokale Eigenart sein; dass man in Köln offener für das Andersartige ist als anderswo, mag sich aus der Geschichte des rheinischen Kernlandes als Schmelztiegel der Völker und Kulturen ableiten. Freizeit-Römerkohorten jedoch auf die alte Römerkolonie „Claudia Ara Agrippinensis" zurückzuführen, wäre ebenso gewagt, wie die Existenz „Müllemer Apatsche" und „Nippeser Schotten" auf die Zugehörigkeit des Nachkriegs-Kölns zu „Trizonesien". Auch die „Kölsche Afrikaner" und „Beduinen" sind keine Nachfahren der Heiligen Drei Könige, die im Kölner Dom zur Ruhe gekommen sind. Gruppen wie die Kölner Stämme gibt es überall – auch ganz weit weg von Köln, in Bayern, in den neuen Bundesländern, ganz besonders in Großbritannien und Amerika und vielleicht auch in Niedersachsen.

Lust an Geschichte durch Metamorphose, das Nachlebenwollen von Geschichte durch *Reenactment* ist kein Phänomen der Zeitgeschichte. Mehr oder minder korrektes Nachspielen historischer Gegebenheiten und Begebenheiten ist seit der Römerzeit bekannt. Die sich seit dem Mittelalter verbreitenden Passionsspiele sind diesem Phänomen ebenso zuzuordnen wie die Geschichtsaufführungen, die im Historismus des 19. Jahrhunderts zunehmen. Ein relativ junges Phänomen ist hingegen die Globalisierung der Lust am *Reenactment*, die zumindest alle sogenannten zivilisierten Gesellschaften erfasst und einhergeht mit der global zunehmenden Vielfalt und Fülle der Bemühungen von Geschichte für Tischspiele, Play Station Games, Werbung, Themenparks, Festivals, historische Märkte und schließlich die Reality-Soaps, für die sich jedermann zur vermeintlich stimmigen Erfahrung vergangener oder exotischer Lebensumstände bewerben kann. *Histotainment* – längst hat man einen Begriff für das gefunden, was hier passiert und Ergebnis einer „starken Ausdifferenzierung des Angebots an historischem Wissen" ist, „die neben die Geschichtswissenschaft als Produzenten von historischem Wissen auch die so genannte *Angewandte Geschichte* treten ließ."[7]

Wenn sich Museen als Orte der Bildung *und* der Rekreation verstehen, dann kommen sie am Angebot unterhaltsamer Geschichtsvermittlung nicht vorbei. Damit dies nicht zu einer Historisierung dessen verkommt, was *vermeintlich* historisch ist, sondern den Kriterien der Wissenschaftlichkeit so weit wie möglich standhält, bedarf es der ständigen Reflexion von Inhalten und Vermittlungsmethoden.

---

6 Mit *Reenactment* bezeichnet man die möglichst historisch korrekte Nachstellung von vergangenen Ereignissen als Freizeitbeschäftigung. Personen, die sich mit *Reenactment* beschäftigen, werden *Reenactors* genannt. Zu den Unterschieden von *Living History* und *Reenactment* siehe weiter unten im Abschnitt „Reenactment".

7 Wolfgang Hardtwig, Lehrstuhl für Neuere Geschichte, Humboldt-Universität zu Berlin, im Editorial seines jüngst auch an den Verfasser dieses Beitrags versandten Call for Papers für ein Buchprojekt zur Angewandten Geschichte.

Michael Faber

Ich möchte noch einen Schritt weitergehen: Einrichtungen wie die Museen, die für sich den Anspruch wissenschaftlicher Genauigkeit erheben, benötigen zur Qualitätssicherung ihrer Vermittlungsangebote ein permanentes, wissenschaftlich getragenes Content- und Qualitäts-Management. Heutzutage wird alles Mögliche zertifiziert. Vielleicht werden sich alsbald schon Museumsverbände und die Marketingexperten an den Museen mit der Frage befassen, ob nicht die wissenschaftliche Genauigkeit und Vermittlungsmethodik musealen Histotainments einer Zertifizierung unterzogen werden sollte, um es vom Histotainment-Sammelsurium draußen in der Welt abzuheben.

„Gespielte Geschichte" – Personale Geschichtsinterpretation im Rheinischen Freilichtmuseum

Seit Anfang 2000 ergänzt die personale Geschichtsinterpretation durch Rollenspiel das vielfältige Angebot des Rheinischen Freilichtmuseums, Eindrücke von den Lebensumständen der Menschen im Rheinland in früherer Zeit zu gewinnen.

Für dieses Interpretationsprogramm ist die Bezeichnung „Gespielte Geschichte" gewählt worden – nicht nur, um einen Anglizismus zu vermeiden: der allgemein verbreitete Oberbegriff *Living History*, der vielfältige Formen der Geschichtsinterpretation durch personale Darstellung einschließlich des *Reenactments* umfasst, ist aus wissenschaftlicher Sicht nicht haltbar. *Living History* und Übersetzungen wie „Lebende Geschichte", „Lebendige Geschichte" oder „Geschichte leben" sind Widersprüche in sich, denn Geschichte ist Vergangenheit. Leben kann man nur in der Gegenwart, Geschichte kann nicht reanimiert werden.

In der Vermittlungswirklichkeit der *Living History* kann es um nicht mehr als um ein Nachspiel historischer Begebenheiten und Situationen gehen. Schon der Versuch, diese *durch* das Spiel in einen wissenschaftlich korrekten größeren historischen Sachverhalt, zum Beispiel in einen komplexeren sozial-, wirtschafts- oder politikgeschichtlichen Zusammenhang zu stellen, wird sich als schwierig erweisen. Geschichte nachspielen, bedeutet für die Akteurin und den Akteur die Herausforderung, aus Kenntnis historischer Details geschichtliche Zusammenhänge zu deuten und sie mit angeeigneten überschaubaren Handlungen zu vermitteln (zum Beispiel Umgang mit bestimmtem Werkzeug, Küchengerät, Schreibutensil und einer alten Schriftart, gegebenenfalls auch mit angeeigneter „historischer" Sprache...). Deutung und Experiment prägen das Spiel der Akteure, und schon von daher ist die Vermittlung an die Zuschauer nicht frei von Subjektivität. Geschichte spielen bedeutet Nachspiel geschichtlicher Einzelheiten mit vielen Zugeständnissen, Beschränkungen und geradezu gegenhistorischen Merkmalen: Die Akteurinnen und Akteure sind meist keine Historiker und schon gar nicht die Menschen von damals. Ihr Leben verläuft unter völlig anderen Bedingungen als das der Menschen in der nachgespielten Zeit und Situation. Unsere in der Gespielten Geschichte mitwirkende „Kleinbäuerin" etwa schuftet nicht von frühmorgens bis spät abends wie ihre historischen Vorgängerinnen. Wenn sie etwas isst, leidet sie nicht an Schmerzen, weil ihre Zähne dahinfaulen, und wenn sie im

Living History – Lebendige Geschichte oder Geschichte (er)leben?

Bauerngarten die Erde umgräbt, bleibt sie von den Gelenkschmerzen verschont, mit denen ihre von Rachitis gezeichneten Vorgängerinnen leben mussten. Wir legen Wert darauf, dass die Unterschiede zwischen Gespielter Geschichte und geschichtlicher Realität im Dialog der Interpreter mit den Museumsbesuchern zur Sprache kommen. Hinzu kommt eine weitere Ebene der subjektiven Geschichtswahrnehmung: die Geschichtsinterpretation durch den Akteur erfährt eine eigene Interpretation durch den Besucher. Nur im Dialog mit dem Besucher kann der durch Schulung für die Subjektivitätsproblematik hinreichend sensibilisierte Akteur diese Wahrnehmungsebene analysieren, um korrigierend eingreifen zu können.

Grundsätze der Interaktion mit den Besuchern

Möglichkeiten, die Museumsgäste auf die Unterschiede zwischen Geschichtsspiel und Geschichtsrealität aufmerksam zu machen und überdies auch das Rollenspiel mit Informationen über komplexere historische Zusammenhänge zu verknüpfen, schafft die für das Rheinische Freilichtmuseum gewählte Methodik, die von zwei wesentlichen Merkmalen gekennzeichnet ist:

- Die Akteurinnen und Akteure wechseln situationsbezogen und abhängig von Besucherverhalten und -reaktion zwischen Auftritt in der Ersten Person (als Ich-ErzählerIn) und Auftritt in der Dritten Person.
- Die Akteurinnen und Akteure streben den integrativen Dialog mit den Museumsgästen an.

Anders als in vielen angelsächsischen und amerikanischen Einrichtungen, die *Living History* präsentieren, ist Gespielte Geschichte im Rheinischen Freilichtmuseum kein Spiel *unter* Akteuren, keine Performance *vor* den Besucherinnen und Besuchern mit auswendig gelernten Texten und eingeübter Choreografie, kein *frontales* Theaterspiel auf imaginärer Bühne, das zwar Zuschauerreaktionen auslöst, nicht aber die Bühnenfront zu überwinden vermag, um auf Besucherreaktionen einzugehen.

Die Akteurinnen und Akteure der Gespielten Geschichte sind angehalten, beim Besucher individuelle Voraussetzungen wie Vorkenntnisse, Interessenschwerpunkte und Zeitbudget für den Museumsaufenthalt zu identifizieren und dementsprechend ihren „Auftritt" zu gestalten. Der „Besuchercheck" entscheidet darüber, ob die Regel, den Besucher in der Ersten Person zu empfangen und so die Geschichtsinterpretation zu starten, eingehalten werden kann oder ob sich der Interpreter dem Besucher erst einmal in der Dritten Person vorstellen und die historischen und auch didaktischen Zusammenhänge seines Auftritts erklären muss. Je größer ein Museum ist, je mehr es an Attraktionen zu bieten hat, um so eher können Museumsbesucher, die ihre Aufenthaltsdauer ja in der Regel geplant haben, in Eile geraten, kann ihr Zeitmanagement des Museumsbesuchs gehörig durcheinander kommen. Auch hierauf müssen sich die Akteure einstellen, denn die Teilnahme der Museumsgäste an der Gespielten Geschichte kostet Zeit. Anderseits erleben die Akteure immer wieder, dass Museumsgäste länger, als es das einstudierte Rollenspiel erlaubt, bei ihnen verweilen möchten, weil das Erlebnis des Dialogs mit der „historischen Person" doch ebenso spannend wie kurzweilig ist. Gespielte Geschichte, die wie in Kommern eine individuell auf den Museumsgast abgestimmte Interaktion in Gang setzt, wird von den Museumsbesucherinnen und -besuchern oftmals als das *zentrale* Erlebnis ihres Museumsbesuchs empfunden. Nicht selten hören die Akteure von ihren Gästen, dass sie lieber bleiben, zuhören, mitspielen möchten, als noch all das zu besichtigen, was sie sich aufgrund ihrer Vorkenntnisse vom Museum vorgenommen hatten. Oft sagen die Gäste: Wir kommen lieber noch einmal in das Museum, um „den Rest" zu besichtigen. Offenbar kann Gespielte Geschichte, die auf die Bedürfnisse von Museumsbesuchern eingeht, „Wiederholungstäter" produzieren.

Nach einer halben Stunde des Geschichtsspiels mit dem Besucherindividuum, und das kommt nicht selten vor, können schließlich die historischen Kenntnisse und didaktischen Fähigkeiten des Akteurs versiegen. Die mit Historienspiel begonnene Interaktion mit dem Gast erhält dann nicht selten durch Small Talk über Wetter, Stau auf der Autobahn während der Hinfahrt zum Museum und die Speisekarte der Museumsgastronomie eine völlig neue Dimension. Ich halte dies übrigens nicht für schlimm. Denn dem Museumsgast wird in Erinnerung bleiben: das war ein schöner Tag, das Museumspersonal war sehr nett, hat sich mit mir beschäftigt! Solch ein Museum kann ich nur weiterempfehlen!

Auftritt in der Ersten oder Dritten Person?

In der Regel beginnen die Akteurinnen und Akteure das Rollenspiel in der Ersten Person, stellen sich dem Besucher als „historische Person" vor, versetzen den Besucher durch Befragung in die Geschichte und sondieren, ob der Besucher zur Teilnahme am Rollenspiel bereit und in der Lage ist. (Wo kommen Sie her? War Ihre Anreise mit der Postkutsche beschwerlich? Wovon leben die Menschen dort, wo Sie herkommen...?) Die wenigsten Besucher lassen sich jedoch als „Mit-Interpreter" einbeziehen, da ihnen die Kenntnisse der alltagsgeschichtlichen Zusammenhänge und die Übung des Rollenspiels fehlen. Das Weiterspiel der Akteure in der Ersten Person wird daher eher von Fragen geprägt, die der Museumsgast an den Akteur stellt.

In der Regel wechseln die Akteure nach fünf bis zehn Minuten in die Dritte Person, um die historischen Zusammenhänge ihrer Spielhandlung zu erklären – es ist häufig zu beobachten, dass das Interesse der Besucher an diesen Zusammenhängen im Handlungsverlauf wächst – und um auf Verständnisfragen des Gastes einzugehen.

Oftmals konzentriert sich das Besucherinteresse aber auch auf die Dinge, mit denen im Rollenspiel umgegangen wird: auf alte Gerätschaften, auf Arbeitstechniken. In der Dritten Person gibt der Akteur dem Besucher die Gelegenheit, die Dinge selbst auszuprobieren. Wenn ein „preußischer Beamter", einer unserer Akteure, gerade mit der Feder in Sütterlinschrift einen Rapport für die Regierung in Berlin verfasst, dann stößt die fremdartige Schrift bei manchen Besuchern auf größeres Interesse als das laute Mitlesen, mit dem der Beamte beim Schreiben den Text vermitteln will. Warum also sollte der Beamte in solchen Fällen nicht mit den Besuchern ein bisschen Sütterlinschreiben üben, sie ihren Namen auf kleine Kärtchen als Souvenir eines unvergesslichen Museumsbesuchs schreiben lassen? Es mag sein, dass sich der Geschichtshorizont so bedienter Besucher kaum um das erweitert, was der Beamte *eigentlich* vermitteln will. Wie alle anderen Vermittlungsformen im Museum ist Gespielte Geschichte eben nur ein Angebot an die Besucher. Und diese entscheiden, ob und in welchem Umfang sie das Angebot annehmen.

Die Rollenbezüge

Die Rollen der Akteurinnen und Akteure unterscheiden sich deutlich in ihren Bezügen zur museal thematisierten Alltagsgeschichte und „großen Politik- und Sozialgeschichte". So korrespondieren die Rollen mit unterschiedlichen Zeitschnitten aus dem Zeitraum Anfang 19. Jahrhundert bis ca. 1914, der bislang in der freilichtmusealen Darstellung dominiert. Mittel- bis langfristig ist aber auch Gespielte *jüngere* Geschichte denkbar, da die Fortschreibung des Ausbaukonzepts für das Rheinische Freilichtmuseum auch die Anlage jüngerer Zeitschnitte vorsieht: In einer neuen Baugruppe, deren Aufbau jetzt beginnt und die nächsten Jahre in Anspruch nehmen wird, will das Rheinische Freilichtmuseum Alltagsleben von der „Wirtschaftswunderzeit" bis in die 1970er Jahre zeigen und somit für künftige Besucherinnen und Besucher einen Ort der eigenen Erinnerung schaffen. Die Begegnung der Museumsgäste dort mit Akteuren, die in der Ersten Person eine Zeit bzw. Situation interpretieren, die den Erinnerungs- und Erfahrungshorizont des Museumsgastes trifft, könnte einen überaus spannenden Dialog über Fiktion und Wirklichkeit von Zeitgeschichte provozieren – soweit mir bekannt, ein freilichtmuseal bislang noch nicht verwirklichtes Angebot der Auseinandersetzung mit Geschichte.

Wie schon erwähnt, nehmen die Rollen der Akteurinnen und Akteure unterschiedlichen Bezug auf Museumsthemen. So können sie in direkter, konkreter Beziehung zur Nutzungsgeschichte eines Museumsobjektes stehen, wenn dieses zumindest für einen gewissen Zeitraum gut dokumentiert ist. Beispiel ist ein kleines Bauernhaus aus Bonn-Kessenich, aus dessen Besitzergeschichte uns für das letzte Drittel des 19. Jahrhunderts manches über die einstige Bewohnerin, Anna Ippendorf, überliefert ist. Heute „lebt" und „wirtschaftet" hier eine Akteurin namens „Anna Ippendorf" (Abb. 2). Auf ihr liegt die Hauptlast der bescheidenen Landwirtschaft, denn ihr Mann arbeitet für die Rheinische Eisenbahngesellschaft, die in Bonn gerade ein Trajekt über den Rhein in Betrieb genommen hat. Bei ihrer Arbeit an der offenen Feuerstelle oder im Gemüsegarten erzählt Anna von ihrem Mann und seinen für den Lebensunterhalt unverzichtbaren Einkünften, von der Bedeutung der neuen Eisenbahnverbindung der beiden Rheinseiten für die Mobilität der Menschen und den Güterhandel. Dabei fällt ihr auch eine tragische Begebenheit ein, die sich wenige Tage zuvor an der neuen Eisenbahnlinie ereignet hat und die bezeugt, wie gefährlich das noch ungewohnte, schnelle Dampfross für

Michael Faber

Abb. 2: Viele Kinder hören und schauen Anna Ippendorf zu
(Foto: ProfiPress, Manfred Lang).

die Menschen ist: Ein taubstummer Maurer, der das Rattern eines sich nähernden Eisenbahnzuges nicht hörte und die Schienen überquerte, sei vom Zug erfasst und getötet worden.

Das Ereignis geht nicht aus unseren biografischen Zeugnissen über die wahre Anna Ippendorf hervor, sondern aus einem Bürgermeisterei-Bericht, der im Bonner Stadtarchiv aufbewahrt wird. Biografische Daten der Anna Ippendorf, Daten aus ortsgeschichtlichen Archivalien und aus Sekundärquellen zur allgemeinen Geschichte sind die Bausteine, aus denen das Mosaik einer fiktiven Story der Lebensumstände und der subjektiven Wahrnehmung zeitgeschichtlicher Ereignisse besagter Kleinbäuerin zusammengesetzt worden ist. Trotz ihrer Fiktion halte ich die Konstruktion einer solchen Story als Grundlage für das Rollenspiel für legitim, denn sie stellt individuelle Lebensverhältnisse in Bezug zur allgemeinen wirtschaftlichen Entwicklung, zum sozialen Wandel und zu technischen Innovationen im angesprochenen Zeitschnitt.

Landbriefträger Flerus, der im Rollenspiel Ende des 19. Jahrhunderts eine kleine kaiserliche Postagentur betreibt und dabei schon für so manchen lese- und schreibschwachen Dörfler einen Brief aufgesetzt oder die angekommene Post vorgelesen hat, steht in etwas anderer Weise in direktem Bezug zu einem Museumsobjekt: Die Postagentur ist kein transloziertes Original, sondern nach historischen Vorlagen mit Originalobjekten inszeniert. Flerus ist eine fiktive Person, deren postamtliche Aufgaben anhand von Quellen über das Landpostwesen jener Zeit zusammengestellt wurden.

Living History – Lebendige Geschichte oder Geschichte (er)leben?

Abb. 3: Heimweberin aus dem Hohen Venn
(Foto: Landschaftsverband Rheinland, Ludger Ströter).

In der Stube eines Bauernhauses aus dem Hohen Venn, in dessen Orten bis ins 19. Jahrhundert Verlagsweber für Tuchfabrikanten im Venn-Städtchen Monschau produzierten, haben wir einen Handwebstuhl aufgestellt, obwohl Heimweberei für dieses Haus nicht belegt ist. So gesehen ist auch die am Webstuhl sitzende Akteurin eine fiktive Person aus der Vergangenheit. Heimweberei war im Hohen Venn übrigens Männerarbeit! Da wir für die Besetzung der Rolle jedoch keinen gelernten Handweber finden konnten, haben wir aus der Not eine Tugend gemacht und eine Story konstruiert, die auf die historische Wirklichkeit Bezug nimmt. Beim Weben beklagt sich unsere Akteurin über ihren dem Alkohol verfallenen Mann, der das bisschen Geld für die abgelieferte Tuchware wahrscheinlich wieder in der Kneipe vertrinkt. Sie müsse daher selbst oft bis tief in die Nacht am Webstuhl sitzen, um das Pensum für den Tuchverleger zu schaffen – und das bei ihrer ohnehin schon großen Belastung als Bäuerin, Hausfrau und Mutter (Abb. 3).

Rollen mit Bezug auf Personen der Geschichte

Andere Rollen stehen nicht in unmittelbarem Zusammenhang mit einem Museumsobjekt, sondern sollen allgemeiner über Lebens- und Wirtschaftsverhältnisse in einer im Museum dargestellten Region zu einem bestimmten Zeitschnitt informieren und dabei das thematisieren, was sich dem Besucher aus der Betrachtung der Objekte allein nicht unmittelbar erschließt. Für diese Berichterstattung über frühere Lebensverhältnisse lassen wir gewissermaßen Zeitzeugen wieder aufleben, die selbst die Lebensverhältnisse auf dem Lande recherchiert und in dezidierten

Berichten niedergeschrieben haben. In der Rolle des Johann Nepomuk Schwerz nimmt ein Akteur Bezug zu einer realen, biografisch gut dokumentierten historischen Persönlichkeit, die 1816, ein Jahr nach der Zuweisung des Rheinlands zum Königreich Preußen, im Auftrag der Regierung zu Berlin die „Königlichen Staaten in Westfalen und am Rheine" bereist hat, um „über dasige bäuerliche und landwirtschaftliche Verhältnisse Bericht zu erstatten."[8] Die Ergebnisse seiner Evaluationen hat Schwerz in umfangreichen Berichten und Publikationen festgehalten; sie geben Auskunft über Besitzverhältnisse, Hofgrößen, Stückzahl Vieh, Art und Methoden der Feldbestellung, über Servituten und Dienstboten, über Wohnsituation und hygienische Verhältnisse und unterbreiten der Regierung Empfehlungen zur Verbesserung der Landwirtschaft. Im Rheinischen Freilichtmuseum spaziert nun der „Agrarökonom Schwerz" durch die Baugruppen, Stift und Notizblock in der Hand, die Höfe inspizierend und dabei im Dialog mit dem Besucher seine Eindrücke mit denen aus anderen bereisten Ortschaften vergleichend. Oder er sitzt in der Stube eines Hauses, das ihn auf der Durchreise aufgenommen hat, schreibt Berichte an die Regierung und erörtert mit eintretenden Besuchern Möglichkeiten, wie mit neuer Fruchtfolge und modernen Methoden die Feldbestellung verbessert werden kann. Bei längerem Kontakt mit dem Besucher gesteht Herr Schwerz schließlich ein, dass er zur preußischen Regierung in Berlin in einem zwar grundsätzlich loyalen, dennoch aber von Zurückhaltung geprägten Verhältnis stehe – denn die hohen Herren zu Berlin ließen sich im preußischen Sibirien, wie die Eifel geschimpft werde, nie blicken.

Darstellung gesellschaftlicher Unterschiede

Ein Themenschwerpunkt der Gespielten Geschichte ist auch die Darstellung gesellschaftlicher Unterschiede, die in der Objektpräsentation nicht hinreichend zum Tragen kommt, etwa das Leben von Angehörigen benachteiligter Bevölkerungsgruppen oder ambulanter Gewerbe. So begegnen die Museumsgäste einer „Musfallskrämerin", die aus ihrem Eifeldorf Neroth aufgebrochen ist, um ihre daheim angefertigten Drahtwaren wie Mausefallen und Kesseluntersetzer als fahrende Händlerin feilzubieten. Die Mausefallenkrämerin berichtet den Besuchern, wie der ganze Eifelort Neroth von der Drahtwarenherstellung lebt, wie innerhalb der Familien die Arbeitsteilung von Herstellung und Handel vorgenommen wird und wie die Wanderschaft verläuft. Sie informiert aber auch über die Mäuseplagen in Scheunen und Vorratskammern der Bauernhöfe und demonstriert, wie die martialischen Mausefallen funktionieren.

Gespielte Geschichte setzt aber auch Land- und Stadtleben in Beziehung, zeigt unterschiedliche Entwicklungen hier und dort auf und bietet so in einem Freilichtmuseum mit (vorerst noch) rein ländlicher Thematik die Gelegenheit zum Land-Stadt-Vergleich. Zuständig hierfür ist die Akteurin „Sybilla Schmitz", die feine Dame aus dem bürgerlichen Milieu der mit Beginn der Gründerzeit 1871 aufblühenden Stadt Bonn. Wenn auch eine fiktive Person, so ist sie dem

---

8 Johann Nepomuk VON SCHWERZ: Beschreibung der Landwirtschaft in Rheinpreußen. Stuttgart 1836, S. III.

Living History – Lebendige Geschichte oder Geschichte (er)leben?

Abb. 4:
„Schmitze Billa", die feine Dame aus der Stadt zu Besuch auf dem Land
(Foto: Landschaftsverband Rheinland, Rheinisches Freilichtmuseum)

karnevalsfreudigen Rheinländer durchaus nicht fremd: In einem seiner bekanntesten Lieder hat der Kölner Komponist und Texter Willi Ostermann 1910 jener Dame ein Denkmal gesetzt, die sich durch ihre Offenheit gegenüber der betuchten Männerwelt im gründerzeitlichen Bonn Eintritt in die besseren Kreise verschaffte und es schließlich im heutigen Bonner Stadtteil Poppelsdorf zu einer Villa brachte („Jetz hätt dat Schmitzen Billa en Poppelsdorf en Villa"). Im Freilichtmuseum bei ihrer bäuerlichen Verwandtschaft zu Besuch, berichtet Sybilla Schmitz von der aufwendigen Reise von Bonn zu ihrem Westerwälder Heimatort, vom Bauboom in Bonn, von den vielen jungen Mädchen, die aus den bescheidenen Lebensverhältnissen ihrer bäuerlichen Familien in Westerwald und Eifel in die aufblühenden Städte fliehen, in der Hoffnung, dort als Dienstboten Anstellung in einer Bürgerfamilie zu finden und vielleicht einen gut situierten jungen Mann kennen zu lernen, vielleicht einen netten Offizier… Frau Schmitz erzählt über ihren Aufstieg von einer Gemüseverkäuferin auf dem Bonner Markt zur feinen Dame der Gesellschaft und von den Rollen und Verpflichtungen, die ihr nun als Hausherrin zukommen (Abb. 4).

Michael Faber

Darstellung einer Figur aus der Mythologie

In der Adventszeit begegnen die Besucherinnen und Besucher im Rheinischen Freilichtmuseum einer merkwürdigen Männergestalt mit langem, grauem Bart, gekleidet in einen Kapuzenmantel aus braunem Wollstoff, ausgestattet mit Ilexkrone und Tannenbäumchen. Er stellt sich den Museumsgästen als „Herr Winter" vor und kommt bald mit ihnen in der Dritten Person ins Gespräch über die Geschichte der Gabenbringer und über die mythologischen Vorläufer von Nikolaus und Weihnachtsmann, wie sie zum Beispiel von Moritz von Schwind Mitte des 19. Jahrhunderts bildlich dargestellt wurden. Mythologie- und Brauchgeschichte kann durchaus in die Gespielte Geschichte einbezogen werden.

Auswahl und Coaching der Akteurinnen und Akteure

Für die Gespielte Geschichte suchen wir keine Schauspieler. Entscheidend ist, dass sich die Bewerberinnen und Bewerber gerne mit Alltagsgeschichte befassen, dafür die von uns gelieferte Literatur und auch Originalquellen studieren, möglichst selbstständig weiterrecherchieren und sich für ihre zukünftige Rolle auch das praktische Wissen historischer Arbeitstechniken aneignen. Das Museum legt die Rollen nur grob fest. Detailliert ausgestaltet, mit Inhalt und Leben gefüllt werden sie in gemeinsamer Aufbereitung zwischen Museum und Akteur. Er wird aufgefordert, anhand der gelieferten Literatur und Quellen die Rolle genauer vorzubereiten. Die Aneignung einer eigenen „Identität" für die Rolle mit Namen, Familienstand und Beschreibung der verwandtschaftlichen Verhältnisse bis hin zur Ausarbeitung eines Lebenslaufs, sofern dies nicht historische Quellen vorgeben, ist Bestandteil seiner selbstständigen Vorbereitung auf die Rolle. Schließlich werden in gemeinsamer Ausarbeitung eines *Storyboard* Handlungsrahmen und -verlauf inhaltlich abgesteckt und Formen der Interaktion und Dialogführung mit den Besuchern trainiert.

Dem Einsatz vor dem Museumspublikum gehen Rollen-Proben mit dem Museumswissenschaftler voraus, der als Coach die Akteure betreut. Kontinuierliches inhaltliches und methodisches Coaching der Interpreter während der gesamten Zeit ihrer Mitarbeit ist unverzichtbar: Es gilt, das Rollenspiel immer weiter zu verbessern, Reaktionen der Besucher müssen mit Blick auf die weitere Ausgestaltung des Spiels und den individuellen Auftritt des Akteurs aufgearbeitet werden. Der Auftritt des Akteurs unterliegt allein schon durch seine tägliche Wahrnehmung von Besucherreaktionen einem Veränderungsprozess, der ohne Coaching leicht eine unerwünschte Richtung einschlagen kann: Für den Akteur ist das Geschichtsspiel anstrengend, wenn er es Tag für Tag mehrere Stunden lang, verbunden mit individuellem Eingehen auf jeden Besucher, auf hohem Niveau halten soll. Schnell stellt der Akteur fest, was bei den Besuchern ankommt und was nicht. Dies mag ihn dazu verleiten, die Rolle so umzugestalten, dass er mit relativ geringem Aufwand das Publikum zufrieden stellen kann: Ohne Coaching und – es muss offen gesagt werden – ohne unangemeldete Supervision der Akteure kann deren Interaktion mit den Museumsgästen zum Plausch oder zum Schnupperkurs in „historischem Werkeln" verkommen und damit die Gespielte Geschichte verlassen.

Living History – Lebendige Geschichte oder Geschichte (er)leben?

Komparsen

Zusätzlich zu den im Rollenspiel geschulten Akteuren – allesamt Honorarkräfte auf Stundenbasis – setzt das Rheinische Freilichtmuseum festangestellte Mitarbeiterinnen und Mitarbeiter aus dem handwerklichen oder landwirtschaftlichen Bereich in der Gespielten Geschichte in einem Umfang mit ein, den ihre originären alltäglichen Aufgaben zulassen. Schon seit langem wirken unsere Landwirte und Handwerker an bestimmten Sonderveranstaltungen mit, zeigen zum Beispiel am traditionellen Wochenende „Nach der Ernte" das Dreschen mit Flegel und Dreschkasten, das Ausfachen einer Wand mit Lehm oder das Dielsägen mit altem Gerät. Künftig soll vermehrt auch der „öffentliche" Teil der alltäglichen Museumsbewirtschaftung in traditioneller Arbeit verrichtet werden, so werden die Landwirte ohnehin anstehende Feldarbeit und Transporte auf dem Gelände mit Zugvieh durchführen. Der damit verbundene höhere Zeitaufwand für die Aufgabenbewältigung ist gerechtfertigt – nicht nur, weil den Museumsgästen alte Arbeitstechniken geboten werden: Die kontinuierliche Bewirtschaftung des Freilichtgeländes nach alter Methode wird sich auf das Erscheinungsbild des Geländes, auf Äcker, Weideflächen, Wiesen, den Museumswald positiv auswirken.

Bei Verrichtung traditioneller Arbeit treten die Museumsmitarbeiter in traditioneller Arbeitskleidung auf, begegnen den Museumsgästen jedoch grundsätzlich nur in der Dritten Person. Sie sind nicht geschichtlich geschult, dafür aber glänzen sie mit ihrer Profession und überzeugen die Besucher mit ihrem Fachwissen. Wenn die Museumszimmerleute den Abbund eines Fachwerkhauses vor den Augen der Besucher vornehmen und sich dabei die Zeit nehmen dürfen, den Besuchern ihre Arbeit zu erklären, dann ist da nichts fiktiv. Die Facharbeit der Fachleute ist authentischer als das noch so gekonnte Rollenspiel eines Handwerk-Interpreters, der sich nach Austritt aus einem Verwaltungsberuf entschlossen hat, mit in der Freizeit angeeigneten Fertigkeiten der Holzverarbeitung im Museum noch mal „etwas Neues anzufangen" (Abb. 5).

Reenactment

Über die Gespielte Geschichte hinaus ist das Rheinische Freilichtmuseum mehrmals im Jahr auch Schauplatz größerer personaler Inszenierungen historischer Ereignisse und gesellschaftlicher Situationen. *Reenactment* wird im Rheinischen Freilichtmuseum Kommern als eigenständiges Event oder als integrativer Bestandteil einer Großveranstaltung von handverlesenen *Reenactment*-Vereinigungen in enger inhaltlicher und methodischer Abstimmung mit dem Museum dargeboten. Auch wenn *Reenactment* ebenso wie die Gespielte Geschichte vom Auftritt der Akteure in der Ersten Person gekennzeichnet ist, sind einige deutliche Unterscheidungsmerkmale hervorzuheben:

Reenactment hat ein anderes Selbstverständnis als Gespielte Geschichte. Mitglieder der *Reenactment*-Gruppen wollen in erster Linie im Rahmen ihrer Freizeit unter sich mit Geschichte experimentieren, geschichtliche Ereignisse und Situationen

Michael Faber

Abb. 5: Die Museumszimmerleute als Komparsen der Gespielten Geschichte
(Foto: Landschaftsverband Rheinland, Ludger Ströter)

nachleben. Viele Mitglieder opfern ganze Jahresurlaube dem Eintauchen in eine vergangene Lebenswelt. Auch in Kommern lässt sich beobachten, dass manche *Reenactors* – bezeichnenderweise darunter Paare und ganze Familien – das mehrtägige Leben in den hierzu zur Verfügung gestellten Bauernhäusern in der Erwartung einer Art „historischen Robinson-Clubs" antreten.

So gesehen, steht die Vermittlung des *Reenactments* an Dritte für den einzelnen *Reenactor* nicht unbedingt im Vordergrund. Museumsbesucher können in das Rollenspiel schon deshalb nicht einbezogen werden, da sie mit den Handlungen des *Reenactments* nicht vertraut sind und allein schon durch ihre „moderne" Kleidung nicht in den Handlungsrahmen passen. Die Besucher bleiben Zuschauer, die natürlich Fragen stellen dürfen. Aber aufgrund der Freizeitorientierung des *Reenactments* kann der Museumsbesucher mitunter als störend empfunden werden. Der Besucher, der sich nicht wahrgenommen oder sogar als Störenfried sieht, bleibt auf Distanz.

Auch bei bestem Streben nach historischer Stimmigkeit kommt es in den *Reenactment*-Formationen immer wieder vor, dass es einzelne *Reenactors* mit der Geschichte nicht so genau nehmen. Fähigkeit und Bereitschaft zum möglichst geschichtsgenauen Mitwirken sind individuell unterschiedlich ausgeprägt, zuweilen siegt Freizeitvergnügen über die Einhaltung historischer Stimmigkeit. Wie sonst könnte es passieren, dass – so in Kommern geschehen – der Rettungswagen gerufen werden muss, da eine „Bäuerin des frühen 19. Jahrhunderts" vom Pferd gefallen ist? (Wir kennen das Problem des Damenreitens im Herrensitz aus schlecht gemachten Wildwest-Filmen.) Leiter von *Reenactment*-Formationen klagen dementsprechend häufig über ihre Mühen, individuelle Level anzugleichen und das auszumerzen, was regelrecht falsch ist.

Auch den besten *Reenactors* gelingt es kaum, über einen langen Zeitraum ihre Rollen bis hin zum Dialog untereinander korrekt zu spielen. Der Zuschauer wird dies gewahr.

Aus der dargelegten Problematik heraus wird in Kommern für jede *Reenactment*-Veranstaltung, die stets über mehrere Tage geht, mit der *Reenactment*-Leitung genau festgelegt, welche Handlungen als Vorführungen für die Besucher – mit entsprechender Erklärung der jeweiligen Handlung – bestimmt sein sollen. Damit findet das *Reenactment* gewissermaßen auf zwei Ebenen statt: der Ebene, auf der die Akteure eher unter sich bleiben, aber den Zuschauer dulden und dessen Fragen beantworten (Beispiele: häusliche Arbeiten der „Bäuerinnen" und „Mägde", gemeinsames Mittagessen in der Bauernstube...) und der Ebene der öffentlichen Performance, die auf starren, in der Gruppe trainierten Abläufen basiert (Beispiel: Rekrutenvereidigung, Exerzierübung, Passagier-Kontrolle an der Landesgrenze, Feldgottesdienst...). Nur die öffentliche Performance wird den Museumsbesuchern mit Thema und Zeitpunkt angekündigt – pro Tag sind es etwa drei solcher Vorführungen. Für die Vermittlung der Performance sorgen Mediatoren: Sie nehmen nicht aktiv an der jeweiligen Vorführung teil, sind jedoch historisch gekleidet und somit als Mitglied des *Reenactments* identifizierbar und erklären den Zuschauern das Geschehen in der Dritten Person. Angestrebt wird der Einsatz von „Red-Shirt-Mediatoren", die nicht nur einzelne Performances dem Publikum „frontal" vermitteln, sondern die ganze Zeit für Fragen der Besucher zum Geschehen auf den beiden genannten *Reenactment*-Ebenen zur Verfügung stehen.

Reenactment und Gespielte Geschichte als Programm-Bestandteil großer Museumsveranstaltungen

Aus der in Kommern seit vielen Jahren auftretenden *Reenactment*-Szene des „Freundeskreises Lebendige Geschichte" hat sich seit 2001 die Agentur „Facing the Past" entwickelt, die zunehmend professionell Geschichtsinterpretation anbietet und dabei einen Mittelweg zwischen frontalem *Reenactment* und der auf Spontaneität und Besucherdialog setzenden Methodik der Gespielten Geschichte einschlägt.[9] Diese immer mehr auch das Zivilleben jüngerer Zeitschnitte (Kaiserzeit bis 1914) darstellende Gruppe studiert für die Mitgestaltung großer Veranstaltungen im Rheinischen Freilichtmuseum spezielle Spielszenen ein, so etwa für die größte Veranstaltung des Museums, den seit rund 15 Jahren in den Osterferien stattfindenden „Jahrmarkt anno dazumal", auf dem das Angebot kaiserzeitlicher Vergnügungskultur einen Schwerpunkt bildet. In *Streetacts* lässt „Facing the Past" inmitten des Rummels gewissermaßen „aus heiterem Himmel" entstandene und auf die Besucher wie zufällig wirkende „historische Alltagssituationen"

---
9 Vgl. hierzu den Beitrag von Martin Klöffler in diesem Band.

Michael Faber

Abb. 6: Vorfall an der Bierbude auf dem Jahrmarkt anno dazumal (Foto: ProfiPress)

ablaufen, die die Aufmerksamkeit des Publikums erregen. Beispiel ist der sich täglich mehrmals nach demselben Muster wiederholende „Zwischenfall an einer Bierbude": Beim Biertischgespräch über Meldungen der Tageszeitung – in Köpenick macht gerade ein gewisser Schuster Voigt von sich reden – geraten ein kaisertreuer Hauptmann und ein sozialistisch angehauchter Proletarier aneinander, als dieser vernehmlich äußert, heute im Kaiserreich könne ja jeder in Uniform herumlaufen, es sei nicht mehr zu unterscheiden, wer „echt" oder nur Hochstapler sei. Die Situation eskaliert, verbalen Beleidigungen folgen Handgreiflichkeiten, der Zuschaueraufrlauf ist längst provoziert. Ein Polizeisergeant schreitet ein, nimmt Personalien auf, führt den Proletarier schließlich durch die Menge der Jahrmarktbesucher ab. Der Vorfall an der Bierbude ist mehr als nur eine kurzweilige Performance, denn aus den Dialogen der Akteure erfahren die Zuschauer einiges über die gesellschaftlichen Verhältnisse im Militär- und Obrigkeitsstaat des letzten deutschen Kaisers (Abb. 6).

Neben den Auftritten von „Facing the Past" ist aber auch die museumseigene Gespielte Geschichte Bestandteil des Jahrmarktprogramms. Als „Schaubuden-Prinzipal" zeige ich in einem von den Museumswerkstätten nach Vorbildern aus dem 19. Jahrhundert gebauten „Curiositäten-Salon" eine aus dieser Zeit überlieferte Illusionsnummer, die „Enthauptung einer lebenden Person aus dem Publikum auf der Guillotine". Der Hinrichtung schließe ich (nicht nur) anatomische Erklärungen des Halsquerschnitts am herumgereichten Haupt an; ich beginne die Vorstellung in der Ersten Person mit einer kurzen Einführung in die „rezenten" Entwicklungen auf den Volksfesten der angebrochenen Kaiserzeit und dem

Living History – Lebendige Geschichte oder Geschichte (er)leben?

Stellenwert von Schaustellungen als Vergnügungs- und Bildungsfaktor für die breiten Massen. Nicht fehlen darf zum Ende der Vorstellung die Wiederbelebung des Delinquenten durch Wiederansetzen des Kopfes. Schließlich ist es unser Anliegen, dass jeder Besucher das Museum lebend verlässt, um später hoffentlich ein weiteres Mal in Kommern lebendige Geschichtsvermittlung – wohlgemerkt: nicht lebendige Geschichte – zu erleben.

Martin Klöffler

Living History in Museen – aus der Sicht von Akteuren

Warum Living History?

Living History ist in den letzten Jahren immer mehr zu einem Schlagwort avanciert, gleichwohl haben sich noch nicht viele Museen auf das Experiment eingelassen, *Living-History*-Programme anzubieten. *Living-History*-Programme sind nicht nur dazu da, wieder steigende Besucherzahlen zu erzielen, sondern auch, eine neue Qualität der Vermittlung und des Erlebens von Geschichte zu erreichen, was mit den „klassischen" Ausstellungen – den herkömmlichen Handwerksdarstellungen oder der reinen Sachkunde in Freilichtmuseen – nicht zu bewerkstelligen war.

Hier sollen die Erfahrungen unserer Agentur „Facing the Past" mit *Living-History*-Programmen in Museen in den letzten sieben Jahren vorgestellt werden; in diesem Zeitraum haben wir knapp hundert Veranstaltungen mit ca. zwanzig Museen bestritten.[1] Es soll hier also weniger um das Für und Wider von *Living-History*-Programmen gehen, sondern vielmehr um das Wie, denn es müssen stets individuelle Antworten auf die jeweiligen Gegebenheiten gefunden werden.

Living History – eine vorläufige Definition

Ziel der *Living History* ist es, den Alltag vergangene Zeiten durch Interpretation wieder „lebendig" zu machen. In der jeweils zeitgenössischen Kleidung vermitteln wir unser Wissen über die Geschichte in anschaulicher Form.

Es ist nicht der Anspruch von *Living History*, große Weltgeschichte nachzuspielen oder zu erklären, stattdessen soll der Blick auf den Alltag längst vergangener Zeiten gelenkt werden, um dem Besucher einen Spiegel vorzuhalten, in dem er seine eigene Vergangenheit gewahr werden kann.

> „Living History ist die Simulation des Lebens einer anderen Zeit mit dem Ziel ihrer Erforschung, Interpretation, und/oder theatralischen Wiedergabe."[2]

Dazu muss das Alltagsleben wissenschaftlich recherchiert werden, denn nur so können Gegenstände und Techniken, die im heutigen Alltag verloren gegangen sind, rekonstruiert werden. Davon ist das *Reenactment*, wörtlich das Nachstellen

---

[1] Facing the Past – Partnerschaft Dr. Ullrich Brand-Schwarz, Dr. Martin Klöffler, Dipl. theol. Kristian Körver. URL: http://www.facing-the-past.com (abgerufen am 5. Mai 2008).
[2] Jay ANDERSON (Hg.): Living History Reader. Volume 1: Museums. Nashville TN 1991, S. 3.

Martin Klöffler

von konkreten historischen Ereignissen, zu unterscheiden, worunter heute meist einschränkend das *Battle-Reenactment* (Schlachtendarstellung) verstanden wird. Das „spielerische" Nachstellen historischer Ereignisse hat eine lange Tradition, die nicht nur im Theater aufgegriffen wird. So ist z.B. belegt, dass die Schlacht von Waterloo bereits 1816, also ein Jahr nach der Schlacht (!), von preußischen und britischen Truppen nachgestellt wurde, allerdings wohl mehr im Sinne eines militärischen Manövers.

Geschichte nacherleben? Weiter gibt es bei den Darstellern von Geschichte („Reenactoren") offensichtlich ein fundamentales Bedürfnis, sich Geschichte durch „Anfassen" und „Nachstellen" anzueignen.

> „Doch selbst wenn sich das Reenactment vom Nachspielen militärischer Aktionen löst, die sich in der Tat einfacher und spannender darstellen lassen als das sehnliche Warten der Bauern auf die nächste Ernte – wie kann man die das damalige Leben prägenden Krankheiten nachempfinden, wie im Rahmen eines Spektakels Hunger nachspielen? Auch das um Quellentreue bemühte Reenactment blendet aus, was Historiker wechselweise Mentalität, Zeitgeist, Deutungsmuster oder Habitus genannt haben. Weder kann man, indem man sich in einer restaurierten Burg verkleidet, die Weltsicht eines Ritters übernehmen, noch kann man die eigene ausschalten. Sogar wer in einer Zeitmaschine ins 15. Jahrhundert reiste, wüßte nicht, wie es sich damals wirklich lebte, weil es zum damaligen Wahrnehmen und Empfinden keinen unmittelbaren Zugang gibt. Und wer wirklich einmal Hunger gelitten hat, wird wohl darauf verzichten, dies kostümiert nachzuspielen."[3]

Diesen etwas überzogenen Anspruch den Akteuren vorzuwerfen, geht an den Absichten der Akteure vorbei – wir sprechen deshalb immer nur von einer Annäherung, nämlich *historischer Interpretation*. Mentalität und Zeitgeist können um so eher nachgestellt werden, je dichter das schriftliche Quellenmaterial ist und je näher die Überlieferung an die Gegenwart heranreicht (mehr dazu weiter unten im Abschnitt über historische Sprachformen). Dabei konzentrieren wir uns auf den eigenen mitteleuropäischen Kulturraum, halten also das Nachstellen eines fremden Kulturraums für problematisch. Die materielle Alltagskultur kann dagegen sehr wohl in Teilen rekonstruiert werden.

Nun kamen zwar die ersten Impulse für die *Living History* aus dem angloamerikanischen Raum[4], doch wir wissen aus der Praxis, dass nicht alle Modelle in den deutschen Sprachraum übertragbar sind. Die drei tragenden Säulen der *Living History* sind Recherche und Rekonstruktion, Nach-Erleben- und Nach-Spielen sowie Vermitteln (Abb. 1).

---

3 Urs HAFNER: Zurück in die Kindheit: Reenactment – der Versuch, Geschichte hautnah zu erleben. In: Neue Züricher Zeitung vom 15. November 2007.
4 Ingo GLÜCKLER, Andreas STURM: Was sind Living History und historische Interpretationen? URL: http://www.rete-amicorum.de/publikationen/living_history/living_history_index.html (abgerufen am 5. Mai 2008).

Living History in Museen – aus der Sicht von Akteuren

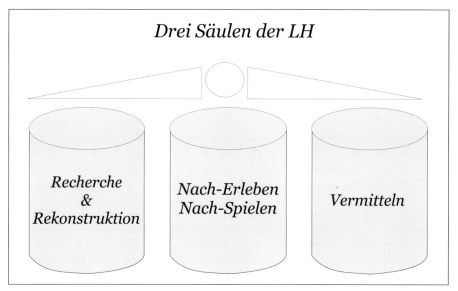

Abb. 1: Die Komponenten der Living History.

Wie kann Living History vermittelt werden?

Seit der Gründung unserer Agentur „Facing the Past" vor sieben Jahren haben wir ein breites Spektrum von Veranstaltungen realisiert; auf der Grundlage dieser Erfahrungen möchten wir im Folgenden beschreiben, welche Ansätze sich in der Praxis bewährt haben.

Da Bekleidung, dargestellte Rolle und gedachtes historisches Szenario immer nur eine Annäherung an eine historische Wirklichkeit sein können, sprechen wir nur von historischer Interpretation. Es ist unserer Meinung nach sehr wichtig, dem Museumsbesucher von vornherein deutlich zu machen, dass die Darstellung immer eine der möglichen Rekonstruktionen oder Interpretationen eines historischen Sachverhaltes darstellt.

Welche Methoden eignen sich für die Vermittlung von Geschichte?
Für Zuschauer und Mitspieler ist es meist spannender, in die Rolle einer historischen Person zu schlüpfen, die als *Zeitzeuge* (engl. first person)[5] in einer gedachten historischen Situation agieren kann. Dabei kann die dargestellte Persönlichkeit völlig fiktiv sein, in Teilen aus mehreren historischen Persönlichkeiten (engl. composite character) zusammengesetzt sein oder eine wirkliche historische Persönlichkeit (engl. historical character interpreter) darstellen. Voraussetzung ist in jedem

---

[5] Dietmar KUEGLER: Living History im amerikanischen Westen. Historische Präsentationen, Reportagen, Geschichte, Handbuch, Bezugsquellen. Wyk auf Foehr, 2003; Ullrich BRAND-SCHWARZ: Nur Klamauk oder Sinnvolle Vermittlung? Living History in der Museumspädagogik. In: Museumsmitteilungen Rheinland-Pfalz, hg. vom Museumsverband Rheinland-Pfalz, 2005, S. 147.

Martin Klöffler

Fall eine wissenschaftlich fundierte Recherche über Lebenslauf, Berufsbild, Fertigkeiten, zeitgenössische Sprache, gesellschaftliches Umfeld und die passende materielle Ausstattung, also Bekleidung und Accessoires. Bei voll ausgearbeiteten Rollen ist deshalb alles – von der Wiege bis zur Bahre – recherchiert und entsprechend dokumentiert. Bei Rollen, die nur auf eine Szene zugeschnitten sind, genügt es, wenige Eckdaten festzumachen und die historische Situation wie in einem Theaterstück zu skizzieren. Die Rolle als Zeitzeuge kann zum einen bei Vorführungen, Szenen nach Drehbuch oder als spontanes Rollenspiel angewendet werden. Der Interpret bleibt immer in seiner Rolle, er geht nicht auf das Publikum ein (engl. fourth wall). Diese Art der Vermittlung eignet sich besonders zur Darstellung bestimmter historischer Ereignisse (z.B. der Augenzeugenbericht einer Schlacht), die auch durch Quellen (z.B. Briefe, Tagebücher) belegt sind.

Das Agieren als Zeitzeuge hat allerdings einige Klippen: Beispielsweise hätte dieser niemals seine Kleidung erläutert, da seine Zeitgenossen seinen Stand und seine Funktion selbstverständlich richtig einschätzen konnten. Niemand hätte sich über einen Zweispitz bei einem Offizier am Beginn des 19. Jahrhunderts gewundert, da dies damals ein alltägliches Bekleidungsstück war. Im Gegenteil, man hätte es für bemerkenswert oder anstößig gefunden, wenn dieser gefehlt hätte. Die Kleidung in einer Ständegesellschaft des 18. und 19. Jahrhunderts war – besonders bei Militärpersonen und Beamten – immer eine Aussage über die staatliche Zugehörigkeit, den Rang bzw. Stand und über die Funktion. Ein weiteres Anliegen der historischen Interpretation ist es deshalb, die früheren gesellschaftlichen Stände durch Kleidung und Verhalten deutlich zu machen. Kleidung ist wie ein offenes Bilderbuch, dessen Formensprache man dem Besucher sichtbar machen muss.

Weiter hat eine historisch korrekte Sprachform viele Tücken aufzuweisen – sei es, dass sich die Wortbedeutung gewandelt hat, sei es, dass Begriffe heute schlichtweg nicht mehr verstanden werden, ganz davon zu schweigen, dass die Interpreter die zeitgenössische Redeweise auch erst erlernen müssen. Wer wendet denn zum Beispiel heute noch Begriffe aus dem Ende des 18. Jahrhunderts an, wie z.B. „wohlfeil", „sich delibrieren", „jeuen", „chagrinieren" oder „... ist ihm wenig zu nahe gekommen"? Dazu kommen noch die regionalen Dialekte, Anredeformen und alte Formen der Höflichkeit, die heute im Verschwinden begriffen oder schlicht unüblich geworden sind. Wir schätzen aus unserer persönlichen Erfahrung, dass historische Sprachen erst ab der Aufklärung einsetzbar sind, weil sonst die Hürden für Besucher und Interpreter zu hoch werden. Vielfach genügt es aber, mit Versatzstücken der historischen Sprache zu arbeiten, d.h. einige Redewendungen einzubauen oder Höflichkeitsformeln anzudeuten. Für alle Interpretation früherer Epochen muss man zwangsläufig in die moderne Umgangssprache ausweichen und am besten einen *Moderator* (engl. contextualist, guided interpretation) für die Vermittlung dazwischenschalten.

Bei der Körpersprache verhält es sich ähnlich: Hier gilt es, die vielen Modernismen bei der Haltung abzustreifen und vor allem die Standesunterschiede sichtbar zu machen. Die Rekonstruktion ist immer stark spekulativ, kann aber durch

Living History in Museen – aus der Sicht von Akteuren

Abb. 2: Demonstration in der dritten Person zur Bewaffnung und Ausrüstung eines Ministerialen aus dem Hochmittelalter (Vollrekonstruktion, Museum Burg Kanzach)

Recherchen in Benimmbüchern, Sprachlehrbüchern und zeitgenössischen Abbildungen plausibel gemacht werden. Wenn Körpersprache und historische Sprache realistisch wirken, spiegelt es sich sofort in den Reaktionen Besucher wieder, die sofort für einen Interpreter Partei ergreifen oder das Auftreten von besseren Ständen als unverhältnismäßig arrogant empfinden. Daraus folgt, dass die Zeitzeugeninterpretation in der reinen Form nur dann zweckmäßig ist, wenn der Besucher das Thema aus dem Zusammenhang erschließen kann oder ein gehöriges Maß an Vorwissen vorzuweisen hat.

Bei größeren Veranstaltungen, bei denen mehrere Szenen nacheinander am gleichen Ort, aber evtl. verschiedene Zeitschnitten folgen, hat sich der sogenannte *allwissende Moderator* bewährt, der die Besucher eventuell von Szene zu Szene führt, so dass die Akteure immer in ihrer Rolle als Zeitzeugen verbleiben können.

Im direkten Umgang mit Besuchern muss der Interpreter daher seine Rolle als Zeitzeuge zwangsläufig verlassen, um Objekte der Sachkultur zu erklären, also in der *dritten Person* (engl. third person) handelt (Abb. 2). In der dritten Person kann der Darsteller nämlich in der heute gängigen Ausdrucksweise reden und von jedem problemlos verstanden werden. Er wird also sein eigener Moderator.

Martin Klöffler

Die *Demonstration* (auch Vorführung oder Display) eignet sich besonders zur Vermittlung historischer Arbeitsvorgänge oder Handwerke, da wir Rekonstruktionen oder Originale in ihrer ursprünglichen Verwendung zeigen. Die Demonstration kann Sinnzusammenhänge schaffen, die ohne diese oft nur einem Fachwissenschaftler zugänglich wären und die sich bei einem Exponat in der Vitrine nur mit Vorwissen oder ausführlicher Erklärung erschließen (Abb. 3 und 4).

In der Praxis hat sich eine Mischform (engl. mixed interpretation medium) von Zeitzeuge und Dritter Person im Umgang mit den Zuschauern bewährt. Dabei muss der Darsteller sehr flexibel je nach Situation reagieren (engl. my time-your time approach).

Im Begleitprogramm von Sonderausstellungen hat „Facing the Past" auch schon verschiedene interaktive Veranstaltungen (Workshops) angeboten. Dabei wird der Besucher in das Geschehen eingebunden und kann auch selbst aktiv werden. Sehr gut bieten sich dabei Themen an, die leicht vermittelbar sind und keine sehr große Vorkenntnis oder Übung erfordern. So lassen sich beispielsweise Sitten und Umgangsformen des napoleonischen Zeitalters gut im Rahmen eines solchen Programms vermitteln. Darsteller in historischer Kleidung fungieren dabei sozusagen als „Zeitzeugen", welche die Besucher auf eine „Zeitreise" mitnehmen und in alles Wissenswerte einführen und einüben. Dabei ist es nicht notwendig, dass die Besucher historisch gekleidet sind.

Versierte Mitspieler können im *spontanen Rollenspiel* (engl. role play) über mehrere Stunden hinweg in ihrer Rolle als Zeitzeuge verbleiben, ohne dass es eines Drehbuchs bedarf. Dieser Ansatz des spontanen Rollenspiels ist auch von LARP (Live active role play) bekannt, bewegt sich bei der *Living History* aber immer auf einer soliden historischen Basis. Hier sollte ein Moderator eingeschaltet werden, der den Zuschauern die Handlung vermittelt und der die Regie für die Darsteller übernimmt, damit diese in der Rolle als Zeitgenossen bleiben können (Abb. 5).

Eine weitere Form ist das *Museumstheater* mit Aufführungen, bei denen die Sprache und eine festgelegte Handlung nach Drehbuch die hauptsächlichen Träger der Vermittlung sind (Abb. 6). Die Rekonstruktion von Kleidung, Accessoires und der Alltag treten demgegenüber in den Hintergrund: Ein Schauspieler auf der Bühne simuliert nur das Feuermachen, der *Living-History*-Interpret hingegen entzündet es wirklich, um darauf sein Essen in einem historischen Haus zu kochen. Ziel des Museumstheaters ist also nicht die direkte Interaktion mit dem Besucher. Wir halten daher einen Moderator für zweckmäßig, der mit den Zuschauern direkt kommuniziert. Hier kann der Moderator bewusst Techniken der Verfremdung einsetzen, um eine klare Trennung von historischer Interpretation und Moderation zu erreichen.

Die grundlegenden Interpretationstechniken sind bereits seit ungefähr zwanzig Jahren aus dem angelsächsischen Raum bekannt (siehe Literaturangaben), es kommt also darauf an, diese Techniken erfolgreich an die Erfordernisse und

Living History in Museen – aus der Sicht von Akteuren

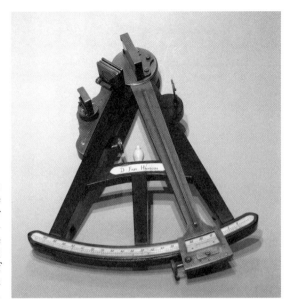

Abb. 3: Beispiel für eine museale Präsentation: Oktant aus der 1. Hälfte des 19. Jahrhunderts. Die Funktionsweise und die Verwendung bei der Navigation müssen auf zusätzlichen Schautafeln erklärt werden.

Abb. 4: Beispiel für Technikgeschichte als Demonstration eines Zeitzeugen: ein Geometer Anno 1820 erklärt, wie mit dem Oktanten Höhen und horizontale Winkel zu Lande vermessen werden können. Hier können Zusammenhänge erklärt werden, die sich aus einer reinen Vitrinenpräsentation oder dem Katalog nicht ergeben (Hamalandmuseum Vreden).

Abb. 5: Komplettes Szenario mit ca. 30 Akteuren im spontanen Rollenspiel, hier die fiktive Huldigung des Maire (Bürgermeister) vor dem Landrat als Vertreter der neuen Obrigkeit, des Herzog von Berg, im Jahr 1806. Alten Höflichkeitsformen sind an der devoten Haltung und dem Kratzfuß des Maires besonders schön zu erkennen (Rheinisches Freilichtmuseum Kommern).

Situation anzupassen. Manche Techniken, wie z.B. „Storytelling"[6], werden im deutschen Sprachraum schlichtweg nicht akzeptiert, weil diese Tradition bei uns nicht existiert.

Bei allem ist zu bemerken, dass Besucher oft ihre eigenen Erlebnisse abladen wollen, und so wird man oft zu einem (un)freiwilligen Geburtshelfer von spannenden Lebensgeschichten. Die Botschaften der Geschichte wollen dann obendrein vermittelt sein. Die Kommunikation mit dem Besucher ist nach unserer Meinung der Trumpf in der Vermittlung, nicht eine perfekt inszenierte Bühnenszene.

Welche Stufen des Lernens kennen wir?

Am Beispiel des Zubereitens von Mahlzeiten, sollen die Stufen des Lernens oder Mit-Lernens, die der Besucher durchlaufen kann, erläutert werden. (Abb. 7):

---

6   Siehe GLÜCKLER/STURM (wie Anm. 4).

Living History in Museen – aus der Sicht von Akteuren

Abb. 6: Beispiel für eine gespielte Szene nach Drehbuch, Bestechung eines niederländischen Offiziers durch den Secretarius vom Rat der Stadt nach der Eroberung Wesels 1629 (Preußen-Museum Wesel).

- Display ohne Erläuterung: Zuschauen beim Vorbereiten der Mahlzeiten,
- Display mit Erläuterung: Kochrezepte für die Besucher erklären,
- Schulung mit dem Ziel, dass die Fertigkeiten später selbst ausgeübt werden können: Detaillierte Einweisung zum Anschüren des Feuers und Zubereiten der Mahlzeiten mit historisch stimmigen Techniken,
- Praktikum zum Einüben der Fähigkeiten in rekonstruierter Kleidung: Unter spezifischen historischen Bedingungen selbst eine Mahlzeit kochen, Lebensmittel besorgen, zubereiten und konservieren.

Welche Qualifikationen sollten Darsteller haben?

An die Interpreter werden je nach Veranstaltung unterschiedlich hohe Anforderungen hinsichtlich der Ausstattung gestellt; folgende die vier Stufen können definiert werden (Abb. 8):

Martin Klöffler

Abb. 7: Selbsterklärendes Display ohne Erläuterung: Das Gesinde putzt das Gemüse (Rheinisches Freilichtmuseum Kommern).

Abb. 8: Qualifikationen.

1. Im einfachsten Falle, wenn keine Interaktion gefragt ist, werden nur eine zeitgenössische Kleidung und die allernotwendigsten Accessoires (z.B. einfaches Gedeck) verlangt,
2. bei Vorführungen (Demonstrationen, Displays) sind berufstypische Fertigkeiten erforderlich,
3. bei einer ganzheitlichen Darstellung wird die selbstständige Führung eines gesamten Haushalts oder anderer Teilaufgaben übernommen,
4. Einrichtung und Bewohnen von Räumen für ein museales Display.

Der Interpreter erfüllt dann im Idealfall die Anforderungen:
- materielle Ausstattung für seine Rolle,
- historisches Hintergrundwissen,
- das Wissen und die Fertigkeiten über seine Rolle,
- die Fähigkeit zur Interaktion mit den Besuchern.

Arbeiten oder simulieren?

Vielfach vertreten Akteure oder auch einige museumspädagogische Abteilungen der Museen die Meinung, dass es genüge, eine Fertigkeit nur theoretisch aus der Literatur zu studieren und sie nur ein klein wenig auszuprobieren, um sie dann demonstrieren zu können.

Wir meinen dagegen, dass man eine Tätigkeit – am besten einen Beruf oder ein Handwerk – unter „historischen" Bedingungen ausgeübt haben sollte, um glaubwürdig davon erzählen zu können (Abb. 9). Bei der Vermittlung materieller Kultur sind handwerkliche und berufstypische Fähigkeiten und Kenntnisse absolut unverzichtbar. Das Produkt der Arbeit sollte in etwa mit der Qualität des unter spezifischen historischen Bedingungen hergestellten Originals vergleichbar sein. Ein Weber webt nicht nur bisschen, sondern hat mindestens einige Ellen Leinen akzeptabler Qualität gewebt... Es wird also gefordert, dass der Interpreter sein „modernes" Wissen ausblenden sollte und sich in die historischen Fertigkeiten und Bedingungen hineindenken muss.

Dabei sind auch alle Aspekte der Arbeit wichtig, die für Besucher nicht direkt sichtbar sind. Es gehört zur „Handwerkerehre", alle Arbeiten korrekt auszuführen.

Original oder Replik?

Ein weiteres wissenschaftliches Anliegen der *Living History* ist die Erprobung von vergessenen Fertigkeiten und Artefakten, die sich aus dem Quellenstudium ergeben. Bei jeder Vollrekonstruktion muss man sich entscheiden, welche Teile besser original oder welche doch besser reproduziert sein sollten, da sie ja funktionstüchtig, also alltagstauglich sein sollen. Nur ein bisschen funktionieren – also „aussehen als ob" – kann für eine seriöse Interpretation nicht hinreichen. Hier wird sich

Martin Klöffler

Abb. 9: Berufstypische Fähigkeiten einüben: Streckenmessung des Geometers mit dem Feldzirkel (Freilichtmuseum am Kiekeberg).

jeder Interpreter sehr differenziert je nach Kosten, Kenntnis, Verfügbarkeit und Aufwand für eine Lösung entscheiden müssen. Ein Original kann sogar manchmal preiswerter als eine Replik sein, es bleibt aber immer unersetzlich.

Der Ansatz ist der Experimentellen Archäologie entlehnt; er geht jedoch weiter, weil die Darsteller in historischer Kleidung und möglichst auch als Zeitgenossen agieren sollen. Selten ist es so, dass die schriftlichen Quellen, Abbildungen und Realien zu einem schlüssigen Ergebnis als Gesamtbild führen, hier kann eine Rekonstruktion bestimmte Hypothesen erhärten. Der Interpreter dagegen muss sich für eine bestimmte Hypothese entscheiden, die zwar nicht unbedingt aus den Quellen belegt wird, aber mindestens plausibel sein soll. Wenn man weiß, dass eine Halsbinde getragen wurde, aber nicht genau belegen kann, wie diese gefertigt wurde, so kann man einstweilen mit einer plausiblen Rekonstruktion arbeiten – sie ganz wegzulassen, wäre der größere Fehler. Ziel der *Living History* ist also immer die Vollrekonstruktion der Bekleidung oder Lebensumstände.

Abb. 10: Rekonstruktion bürgerlicher Tischsitten für die 2. Hälfte des 18. Jahrhunderts. Der Tisch ist mit rekonstruiertem Geschirr, Besteck und Gläsern eingedeckt. Der Bediente entzündet mit dem Fidibus die Rüböllampe – gleich wird das Tischgebet gesprochen. Zuschauer können von der Tür oder dem Seitenraum zusehen und erhalten Erklärungen (Rheinisches Freilichtmuseum Kommern, Foto: Kersten Kirchner).

Punktuell kann man mit der Rekonstruktion einer speziellen Fertigkeit ziemlich erfolgreich sein und diese „isoliert" im vereinfachten historischen Kontext den Besuchern erläutern. Dies ist auch aus anderen Bereichen bekannt, wie z.B. in der sogenannten Historischen Aufführungspraxis für Musik des 17. und 18. Jahrhunderts.

In Freilichtmuseen bietet sich eine „ganzheitliche" Rekonstruktion des Alltags an (engl. Live-in Experiences), also z.B. die Belebung eines ganzen Hauses mit allen Aufgaben, wie sie vor zweihundert Jahren hätten anfallen können (Abb. 10). Idealerweise lebt der Darsteller für 24 Stunden in der Umgebung. Im Gegensatz zur gehobenen Kultur ist jedoch die Rekonstruktion des Alltags in einem bäuerlichen oder bürgerlichen Haushalt eine besondere Herausforderung, weil sich wenige Bild- und Schriftquellen erhalten haben und die Akteure sich auf einen völlig neuen Alltag einstellen müssen.

Martin Klöffler

Grenzen der Darstellung

Rekonstruktion hat nicht nur ihre Grenzen beim technischen Aufwand sowie bei Mentalität, Wissen und Material, sondern auch ethisch und hygienisch. Ein Arzt wird also nicht wirklich nach den Methoden des 18. Jahrhunderts operieren können, er kann den Eingriff vielmehr nur simulieren, oder er wird sogar auf die Simulation verzichten, um lediglich die Instrumente zu erklären. Ein napoleonischer Soldat wird nicht wirklich Regenwasser aus der Pfütze oder dem nächsten Teich trinken wollen, nur weil es der Darstellung dient. Historische Interpretation ist also immer nur in Ausschnitten möglich, die für jede Interpretation neu abgesteckt werden müssen.

Die Realisierung von Living-History-Programmen

In der Tat gibt es verschiedene Ansätze, sich der Realisierung von *Living-History*-Programmen in Freilichtmuseen anzunähern.

Einige Museen arbeiten bereits jetzt mit einem festen Stamm von freien Mitarbeitern, die tagsüber auf dem Gelände einer „simulierten" Tätigkeit nachgehen und dem Besucher ihre Aktivitäten erklären. Hier muss das Museum sämtliche Bekleidung sowie Accessoires stellen und die Mitarbeiter in Rollen und Hintergrundwissen schulen. Ein fester Stamm von Mitarbeitern ist immer dann notwendig, wenn ein Museum ein Programm von gewisser Kontinuität anbieten will, was auf reiner Amateurbasis nicht möglich ist. Es ist dann unerlässlich, dass das Museum wissenschaftlich und pädagogisch geschulte Mitarbeiter für diese Aufgaben abstellt.

Einige Museen setzen demgegenüber auf eine ganz professionelle Schiene mit Museumstheater bei Sonderausstellungen. Es bleibt abzuwarten, wie sich dieser Ansatz bewähren wird, denn Besucher wollen auch mit den Akteuren kommunizieren, was bei Schauspielern mit fehlendem Hintergrundwissen nicht möglich sein dürfte.

Einige Male im Jahr ergänzen Museen ihre Programme mit zusätzlichen Engagements für Sonderveranstaltungen, wenn zum Beispiel geplant ist, ein besonderes Thema vorzustellen, wenn die eigene Kapazitäten nicht ausreichen, die Ausstattung fehlt oder wenn zusätzliches Know-how von außen eingekauft werden soll.

Eine sehr stimmige und eigenständige Belebung eines ganzen historischen Ensembles (engl. Live-in experience) für mehrere Tage ist dagegen nur mit einer ganzen Gruppe engagierter Amateure, die die gesamte Ausrüstung stellen, oder mit einem großen Stamm von freien Mitarbeitern zu leisten und verlangt eine intensive Vorbereitung. Frei gespielte Szenen sind hier ebenfalls möglich. Wir meinen aber, dass man einer größeren Veranstaltung stets einen professionellen Moderator beigeben sollte.

Living History in Museen – aus der Sicht von Akteuren

Führungen durch Ausstellungen und Museen bzw. Vorführungen in historischer Kleidung sind nach unserer Meinung lediglich als Einstieg in die *Living History* zu sehen. Eine herkömmliche Handwerksvorführung kann nur dann als *Living History* gewertet werden, wenn über die berufstypischen Fertigkeiten hinaus auch Kleidung und Sprache mit dem Wissen über den historischen Alltag einer Periode und Region zusammenkommen.

Die Kosten für die persönliche Ausstattung als Vollrekonstruktion können je nach Anspruch an Authentizität und Stand extrem variieren, sie beginnen bei einer Tagelöhnerkleidung von etwa bei 500 Euro und können den Wert eines Mittelklassewagens erreichen. Hinzu kommen noch die Kosten für die persönlichen Accessoires.

Die Auswahl

Wenn ein Museum sich für ein *Living-History*-Programm mit externen Darstellern entschließt, so stellt sich schnell die Frage, wie die geeigneten Darsteller oder Gruppen auszuwählen sind. Wenn man sich nicht allein auf Empfehlungen von Kollegen verlassen will, so empfiehlt es sich, nach einer Checkliste vorzugehen, die z.B. Folgendes abprüft:
- Referenzen: Veranstaltungen und Museen, Pressespiegel und andere Medienreferenzen (Dreharbeiten etc.), vorhandenes Werbematerial (Website, Präsentationsmaterial),
- Fachliche und wissenschaftliche Kompetenz: Ausbildung und Spezialisierung der Darsteller, Veröffentlichungen und Vorträge, Recherchen und Quellenbelege für Rekonstruktionen (Kleidung, Sachkultur), thematische Schwerpunkte wie Berufe, Haushalt, Kleidung, Alltag, Umgangsformen, Region etc., darstellbarer Zeitschnitt(e),
- Kompetenzen in der Vermittlung,
- Kompetenzen bei der Organisation: Szenario, Regieführung, Logistik, Finanzierung.

Ausblick

Es wird deutlich, dass die *Living History* eine Querschnittsdisziplin ist, bei der die historischen Wissenschaften und das Handwerk zusammenarbeiten müssen, nämlich: Geschichtswissenschaften, Museumspädagogik, Linguistik, Archäologie, Volkskunde, Restaurierung, Landwirtschaft, Technikgeschichte, Kostümkunde, Textilkunde, Bauforschung, Metallurgie, Kunstgeschichte, Schauspiel, um nur einige zu nennen.

Derzeit nutzen nur wenige deutsche Museen *Living History* für die Vermittlung. Nach Ansicht des Autors verdient *Living History* die volle Integration in das Museums- bzw. Ausstellungskonzept und sollte nicht allein den Museumspädagogen überlassen werden. Der Autor glaubt ferner, dass die Museen mit den *Living-History*-Interpreten außerhalb der Museen kooperieren müssen, da sie

Martin Klöffler

Living-History-Programme meist nicht aus eigener Kraft bestreiten können. Hier gilt es für die Museen, weniger seriöse von seriösen Angeboten mit Hilfe von anerkannten Qualitätskriterien zu unterscheiden.

Die Museen werden also in Zukunft herausgefordert sein, auf der Klaviatur der Angebote für *Living-History*-Programme zu spielen und auch Mittel für diese Art der Geschichtsvermittlung bereitzustellen.

Kai Vahnenbruck

Lebendige Geschichte im Freilandmuseum Bad Windsheim

Wir sind Mitglieder des gemeinnützigen Vereins „1476 – Staedtisches Aufgebot e.V.", der sich mit dem ausgehenden 15. Jahrhundert beschäftigt. Hauptaugenmerk liegt hier – seit nunmehr zwei Jahrzehnten – auf der Museumsebene. Für das Freilandmuseum Bad Windsheim sind wir schon seit einigen Jahren tätig, und es hat sich in dieser Zeit eine sehr gute Zusammenarbeit entwickelt.

Im Folgenden möchten wir Ihnen über die Vorbereitungen und den Hintergrund einer solchen Veranstaltung berichten.

Für eine stimmige Darstellung brauchen wir zunächst einmal einen historisch korrekten Hintergrund. Da wir versuchen, das Leben in der Zeit von 1470 bis 1480 darzustellen, wäre es von Vorteil, eine Burg aus dieser Zeit zu beleben oder eine grüne Wiese als Feldlager zu nutzen oder eine Stadt oder einen kleinen Abschnitt einer Stadt (z.B. ein Tor, einen Turm, eine Stadtmauer o.ä.) oder aber einzelne Häuser mit Leben zu erfüllen.

Entweder nehmen Museen, Städte oder Veranstalter, die eine entsprechende Veranstaltung planen, mit uns Kontakt auf und laden uns zu einem solchen „Event" ein oder wir werden selbst aktiv und schlagen eine solche Veranstaltung vor. Im Freilandmuseum Bad Windsheim sind wir erstmals im Jahr 1996 vorstellig geworden und haben angefragt, ob wir, in einer Art Testlauf, die „Baugruppe Mittelalter" – in der immerhin fünf Gebäude aus dem 14. und 15. Jahrhundert stehen – beleben dürfen. Die Museumsleitung reagierten zunächst eher skeptisch:

    Frage: „Wie, Sie wollen die Häuser beleben? Da sind doch keine Einrichtungen wie Tische, Bänke usw. drin?"

    Antwort: „Ja, die bringen wir mit."

    Frage: „Wie, Sie wollen in den Häusern schlafen? Im Oktober, das ist doch viel zu kalt!"

    Antwort: „Wir würden auf Strohmatratzen schlafen und uns mit Wolldecken zudecken. Wir würden nur ein paar Ballen Stroh oder Heu benötigen, um die Matratzen zu stopfen."

    Frage: „Sie möchten den Ofen und die Küche in Betrieb nehmen. Wie sollen wir uns das denn vorstellen?"

    Antwort: „Dazu brauchen wir trockenes Holz, Verpflegung bringen wir selbst mit."

    Frage: „... Und was machen Sie den ganzen Tag über?"

    Antwort: „Nun, wir beleben die Häuser. Wir verrichten alltägliche Arbeit, wie Wasser holen, kochen, Gartenarbeit, Holzhacken usw. – und selbstverständlich alles in zeitgenössischer, süddeutscher Kleidung des späten 15. Jahrhunderts."

So oder so ähnlich verliefen damals die ersten Sondierungsgespräche. Es ist natürlich nur verständlich, dass die Museumsverantwortlichen unser Vorhaben mit erheblicher Skepsis betrachteten – allein schon wegen der Feuergefahr für die nicht zu ersetzenden Häuser –, und umso höher rechnen wir es ihnen auch heute noch an, dass sie sich auf das Experiment einließen. Letztendlich haben sie zugestimmt, und wir durften im Freilandmuseum Bad Windsheim die erste Veranstaltung mit acht Personen beginnen.

Nun möchten wir nicht aus den Anfängen berichten, sondern eher aus den letzten Jahren:

Planung der Veranstaltung

Die Vorbereitungen beginnen in der Regel bereits weit vor der Veranstaltung. Da wir ein eingetragener Verein mit über fünfzig Mitgliedern (ca. vierzig Aktive) sind, halten wir einmal im Jahr eine Jahreshauptversammlung ab, in der Regel im November.

Zu diesem Zeitpunkt haben wir alle in Frage kommenden Veranstaltungen für das Folgejahr zusammengestellt; meist sind es ca. zehn, normalerweise wählen wir ungefähr fünf davon aus. Die Veranstaltungen werden im Rahmen der Jahreshauptversammlung unseren Mitgliedern vorgeschlagen, und es wird abgestimmt, welche Veranstaltung wir im Folgejahr annehmen möchten. Das hat den Vorteil, dass die jeweiligen Museen die Veranstaltung rechtzeitig in den Jahresterminkalender – der ja oft schon Anfang des Jahres auf den Museums-Webseiten veröffentlicht wird – eintragen können. Im Vorfeld wird mit den Museen übrigens das Konzept und der grobe Rahmen abgesprochen, die Details werden ca. 2 bis 4 Wochen vorher erörtert.

Da unsere Vereinsmitglieder dies alles ja als Hobby in ihrer Freizeit betreiben und im „zivilen" Leben einem geregelten Berufsleben nachgehen, haben sie damit die Möglichkeit, schon zu Jahresanfang ihre Urlaubsplanung mit dem Arbeitgeber abzustimmen. Im Januar wird eine Rundmail mit den Terminen fürs laufende Jahr an die Vereinsmitglieder versendet, damit alle über die Planungen informiert sind und die Möglichkeit haben, sich zu ihrer Teilnahme an den jeweiligen Veranstaltungen zu äußern. Nach der Rückmeldung der Vereinsmitglieder können wir die voraussichtliche Zahl der Teilnehmer pro Veranstaltung ermitteln.

Bei Museen, für die wir das erste Mal tätig sind, gibt es zwei bis drei Planungstreffen im Vorfeld (z.B. bei der Marksburg 2007). Das ist sehr wichtig, da wir den Platzbedarf für die unterschiedlichen Stationen unserer Darstellung natürlich vorher abklären müssen. Auch die Logistik vor Ort muss sichergestellt sein, was etwa Stroh, Wasser, Holz, Toiletten usw. betrifft. Natürlich ist es dabei recht

Lebendige Geschichte im Freilandmuseum Bad Windsheim

hilfreich, dass wir uns über all die Jahre hinweg eine gewisse Professionalität erarbeitet haben, zumal die Museumsleitung ja zumindest beim ersten Mal nicht genau weiß, was bei einem solchen groß angelegten Projekt auf sie zukommt.

Wir stehen deshalb mit Rat und Tat zur Seite und haben auch für Bedenken oder Probleme jederzeit ein offenes Ohr, denn kein Veranstaltungsort gleicht dem anderen, und nur durch gute Planung und Flexibilität auf beiden Seiten kann hier ein optimales Resultat erzielt werden. Bei der Darstellung in Bad Windsheim indes hält sich die vorbereitende Planungsarbeit in Grenzen, da wir uns kennen und uns die Gegebenheiten vor Ort längst vertraut sind.

Vorbereitung

Ungefähr vier Wochen vor der Veranstaltung wird nochmals im Verein per E-Mail angefragt, wer kommt, wann er/sie kommt, bis wann er/sie bleiben wird, welche Darstellung er/sie zeigen wird und was zusätzlich an Ausrüstung benötigt wird (Wasserbottich zum Einweichen der Weiden, ein Wippbaum für die Drechselbank, Talg zum Kerzenziehen usw.). Ergänzend möchten wir hinzufügen, dass es kaum Vereins-Equipment gibt, sondern vielmehr jedes Vereinsmitglied seine eigene Station komplett selbst ausstattet.

Anhand der Rückmeldungen werden Belegungspläne für die Häuser erstellt: Welches Handwerk wird in welchem Haus zur Schau gestellt? Wer schläft wo? usw. Das ist teilweise sehr aufwendig, denn natürlich gibt es auch bei uns Familien mit kleinen Kindern, Familien mit großen Kindern, Schnarcher, Frühaufsteher, Morgenmuffel usw. Manche sind da nicht gerade kompatibel... und man steht bei der Aufteilung auf die Häuser manchmal vor „scheinbar" unlösbaren Problemen. Aber nur scheinbar...

Da wir in den letzten Jahren mit ca. 35 Personen anwesend waren, muss auch ein Speiseplan mit den jeweiligen Mengen an Verpflegung professionell aufgestellt werden. Die individuelle Vorbereitungszeit bei den einzelnen Vereinsmitgliedern für die Veranstaltung liegt zwischen 1 bis 2 Tagen und zwei Wochen. Hier einige Beispiele:
Schreibstube/ Kaufmann: 1 bis 2 Tage – Bepacken des Autos, wegen der umfangreichen Ausrüstung.
Paternosterer (Hersteller von Rosenkränzen): 3 Tage – Knochenkauf, Vorbereitung der Knochen, Einweichen
Weidenflechten: 4 Tage – ungeschälte Weiden zusammenstellen und wässern
Essenplan: eine Woche zusammenstellen, 1 bis 2 Tage einkaufen
Wippdrehbank: 2 Wochen – Termin mit dem Förster, Baum fällen und Stücke vorbereiten, wässern und vordrechseln.

Ca. zwei Wochen vor Veranstaltungsbeginn setzen wir uns mit dem Freilandmuseum in Verbindung, um wichtige Informationen auszutauschen. Hier bekommt das Museum unter anderem eine Liste der Dinge, die wir noch benötigen:

- die genaue Menge an Stroh für die Strohsäcke (Matratzen),
- Bereitstellung von Handleiterwagen (für diejenigen Vereinsmitglieder, die eventuell noch während der Veranstaltung kommen und natürlich nicht mit dem Auto vorfahren können),
- Holzböcke und Bohlenbretter, um zusätzliche Tische aufstellen zu können (z.B. für die Küche),
- Angelerlaubnis, Obstpflückerlaubnis,
- Dinge, die im Museum hergestellt werden, wie Mehl, Most, Bier u.ä.

Ausführung

Für die Veranstaltung in Bad Windsheim haben wir in Absprache mit dem Museum einen fixen Jahrestermin um den 3. Oktober festgelegt. Das Museum bewirbt dann in der Regel drei Tage: den 3. Oktober und das Wochenende vorher oder nachher. Normalerweise wird von den Vereinsmitgliedern jeweils ein Tag vor Veranstaltungsbeginn und ein Tag nach Veranstaltungsende als zusätzlicher Urlaub eingeplant. In diesen drei beworbenen Tagen stellen wir ca. 16 Stationen auf. Mit Stationen sind die einzelnen Displays gemeint, also die Darstellungen der einzelnen Handwerke oder Lebensaspekte. Jede dieser Darstellungen ist in sich abgeschlossen.

Für eine geplante Veranstaltung stellen wir die Ausstattung, die zu der Region passt – immer in Absprache mit dem Museum. In dem Fall Bad Windsheim bedeutet dies: Für die Küche verwenden wir Kopien von den Funden aus Bad Windsheim (Spitalfund, ca. 1980). Die Museumsbesucher können sich auf diese Weise die Originale und die Bruchstücke in der Vitrine ansehen und einen Raum weiter in der Küche genau die gleichen Gegenstände – Töpfe, Grapen usw. – in Gebrauch sehen (Abb. 1).

Auf der Wippdrehbank werden Kopien jener Teller hergestellt, die im selben Fundkomplex gefunden wurden, ebenso wie Paternosterperlen, Löffel usw. (Abb. 2). Der Besucher hat also die Möglichkeit, sich im Museum das Original in der Vitrine anzuschauen und es als Original zu identifizieren. Ebenso ist für den Besucher klar, dass wir mit Repliken *arbeiten*. Die Kleidung, die wir tragen, ist süddeutsch. Für die historisch korrekte Ausstattung ist ein erheblicher Rechercheaufwand erforderlich; es wird nicht nur die einschlägige Literatur gesichtet, sondern auch Museen in ganz Europa besucht – teilweise nur wegen eines Objektes. Alles, was in die Zeit 1470-1480 datiert werden kann, seien es Realien, Ölgemälde, Bodenfunde, Texte usw. wird von uns begierig aufgenommen!

In diesem Zusammenhang möchte ich die hervorragende Kooperationsbereitschaft deutscher Museen hervorheben. Wenn sich jemand von uns für einen bestimmten Themenbereich interessiert und im Laufe der Jahre unglaublich viele Informationen und viel Wissen zusammengetragen hat, dann konnte das nur geschehen, weil deutsche Museen auch einmal ihre Vitrinen bzw. Magazine öffnen, damit die Gegenstände auch vermessen, fotografiert und befühlt werden können.

Lebendige Geschichte im Freilandmuseum Bad Windsheim

Abb. 1: Küche (Foto: 1476 – Staedtisches Aufgebot e.V.)

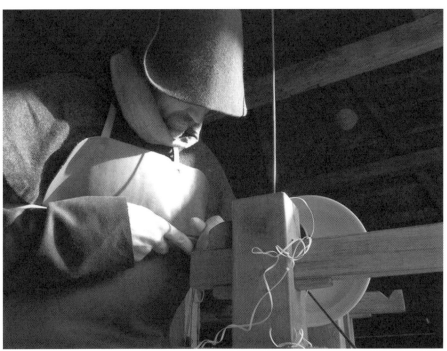

Abb. 2: Wippdrehbank (Foto: 1476 – Staedtisches Aufgebot e.V.)

Kai Vahnenbruck

Dabei stellt sich zumeist heraus, dass die Museen noch wesentlich mehr äquivalente Original-Stücke haben (oft in Magazinen oder anderen Ausstellungseinheiten) und die Museumsleiter und -mitarbeiter froh sind, wenn jemand ein ausgeprägtes Interesse dafür bekundet. Uns als „Laien" wiederum gehen immer wieder vor Staunen und Begeisterung die Augen über, wenn wir unverhofft mit einer hohen Anzahl gleichwertiger Originale konfrontiert werden und bedauern dann immer die „Nichtveröffentlichung" all dieser unvergleichlichen Gegenstände – und gehen nichtsdestoweniger mit einer Fülle von Informationen glücklich wieder nach Hause.

Nach den so gewonnenen Informationen und Erkenntnissen stellen wir selbst Kopien her, oder wir lassen sie herstellen. Ich hoffe, es klingt nicht vermessen, wenn ich für die Anfertigung von Reproduktionen den Anspruch formuliere, dass wir von wissenschaftlich fundierten Grundlagen ausgehen und dass bei der Ausführung mit wissenschaftlicher Genauigkeit gearbeitet werden muss. Der Zweck ist es, diese Reproduktionen im alltäglichen Umgang zu nutzen, dem Besucher zu erklären und durchaus auch eine „Geschichte" zu erzählen. Damit meinen wir keine Märchen, sondern lebendig gewordene Historie. Ein Freund hat es mal so formuliert: „Im Museum steht ein Becher in der Vitrine. Der Besucher geht dort achtlos vorüber. Der Becher allein kann ihm nichts vermitteln." – Wir verstehen uns hier als Bindeglied: Wir können erzählen, wie aus dem Becher getrunken worden ist und auch, wann getrunken wurde, was man getrunken hat, wie der Becher hergestellt wurde und noch vieles mehr. Und siehe da, jetzt zeigt der Besucher Interesse und betrachtet den Becher plötzlich mit ganz anderen Augen.

Abgesehen von der umfangreichen Recherche investieren die Vereinsmitglieder eine Menge Geld in dieses Hobby. Die aufwendigen Displays wie „Schreibstube", „Kaufmann" (vgl. Abb. 3), „Adel" usw. verschlingen Summen im fünfstelligen Bereich. Insgesamt bereichern wir das Museum für die Dauer einer Veranstaltung mit Repliken und Originalen im Wert von einer halben Million Euro! Diese Summe bezieht sich wohlgemerkt nur auf hinzugekaufte Teile, die selbst hergestellten Dinge sind hierbei nicht einmal berücksichtigt.

Prof. Dr. Gelbhaar von der Coburg, der leider vor zwei Jahren verstorben ist, kam mit seinen Studenten regelmäßig zu unseren Veranstaltungen, nicht zuletzt auch deshalb, weil ihm daran lag, dass seine Studierenden hier die Dinge haptisch erfahren, also „begreifen" konnten. Wobei er keinen Hehl daraus machte, dass er das ein oder andere gerne selber für die Ausstellung auf der Veste gehabt hätte, wie zum Beispiel die Ringpanzer (die Originale sind datiert auf Anfang 15. und Ende 15. Jh.) oder andere Ausrüstungsteile, die sich in unserem Besitz befinden und die wir bei Veranstaltungen den Besuchern in die Hände geben.

Lebendige Geschichte im Freilandmuseum Bad Windsheim

Abb. 3: Kaufmann/Wechselstube (Foto: 1476 – Staedtisches Aufgebot e.V.)

Abbau

Wie schon erwähnt, nehmen sich viele Vereinsmitglieder für den Abbau ebenfalls einen Tag Urlaub. Das ist auch notwendig, da sie erstens die umfangreiche Ausrüstung einpacken müssen – das füllt mitunter einen VW-Bus bis unters Dach – und zweitens auch noch die Heimfahrt sowie das Ausladen, die Säuberung und Verstauen dieses Equipments vor sich haben.

Nachbereitung

Die erste Nachbereitung findet entweder am letzten Morgen oder am letzten Abend der Veranstaltung statt. Wir nennen das den „heißen Stuhl". Dabei kommt jeder zu Wort um zu sagen, was ihm/ihr an der Veranstaltung gefallen hat und was nicht – wo es Verbesserungsvorschläge gibt oder Entwicklungspotenzial. Da alle Erlebnisse noch frisch in Erinnerung sind, dauert solch eine Runde mit 15 Personen ungefähr anderthalb bis zwei Stunden. Und diese Runde ist sehr effektiv! Außerdem gibt es noch eine Nachbereitung bzw. Gespräche mit dem Museum, eine Rundmail zur Veranstaltung an alle Vereinsmitglieder und letztendlich dann wieder zur Jahreshauptversammlung einen Rückblick auf die Veranstaltung sowie eine Vorschau aufs nächste Jahr.

Kai Vahnenbruck

Resonanz seitens des Publikums

Die Resonanz auf Seiten des Publikums ist durchweg sehr gut. Seit ungefähr zwei Jahren bemerken wir, dass uns immer mehr Besucher direkt ansprechen, um sich für die gute Darstellung zu bedanken. Auf unsere Nachfrage, wie das denn zu verstehen sei, erklärten die meisten Besucher, dass es einen himmelweiten Unterschied gebe zwischen „Pseudomittelaltermärkten" und unserer Darstellung. Auf den Märkten würden sich die Besucher veralbert und auf den Arm genommen vorkommen – ganz anders bei unserer Veranstaltung mit all ihren hochwertigen Stationen.

Im Jahr 2000 hat das Freilandmuseum Bad Windsheim eine Besucherumfrage durchgeführt. Tenor dieser Umfrage: ungeteilte Begeisterung für unsere Darstellungen. Die Gründe sind vielfältig. Hier ein kleiner Auszug:

> „Die Resonanz auf die Mittelalter-Tage ist durchweg sehr positiv. Hervorgehoben wird von den Besucherinnen und Besuchern in erster Linie die Anschaulichkeit. Dadurch, dass die Gruppe das gesamte Haus- und Hofumfeld der Baugruppe belebt und verschiedene Handwerke demonstriert, wird das Leben und Arbeiten in der Zeit als klarer und lebendiger geschildert und empfunden als die Besichtigung der toten, spärlich eingerichteten Räume. [...] Einige Besucherinnen und Besucher betonen, dass sie sich in der Baugruppe MA [Mittelalter] länger aufgehalten haben als in anderen, weil es so viel zu entdecken und zu sehen gab. Das entspricht den Beobachtungen über die Verweildauer der Gäste. Oft schien es, als sei erst eine gewisse Schwelle zu überwinden, sich wirklich auf das Dargebotene einzulassen. Sobald diese Entscheidung gefallen war, wurde der Aufenthalt in der Baugruppe deutlich überdurchschnittlich verlängert. [...] Besonders häufig wurden elementare Wahrnehmungen wie Rauch, Feuer, Qualm, das spärliche Licht, die Hitze am Herd, die Dunkelheit erwähnt, einerseits als Beispiel für die Lebendigkeit und Anschaulichkeit des Ganzen, andererseits als Zeichen des beschwerlichen Alltagslebens zu der Zeit."[1]

Resonanz seitens des Museums

Die Veranstaltung in Bad Windsheim fand in diesem Jahr zum 11. Male statt. Sie ist zu einem festen Bestandteil der Museumsveranstaltungen des Freilandmuseums geworden, und sie hat sich erfreulicherweise zu einer überaus gut besuchten Veranstaltung entwickelt. Viele Besucher kommen nach eigenem Bekunden nur deshalb, weil sie wissen, dass wir auch in diesem Jahr wieder unsere Veranstaltungen dort durchführen.

---

1 Dokumentation, Mittelalter-Tage im Fränkischen Freilandmuseum Bad Windsheim. Eine Analyse der Besucherresonanz am 1. Oktober 2000, Dr. Ute Herborg-Oberhäuser, *Museumsconsult*, hier S. 21f.

Lebendige Geschichte im Freilandmuseum Bad Windsheim

Wir bieten dem Museum während dieser Veranstaltungszeit unsere Hilfe an, etwa um eventuell anfallende Reparaturen ins Konzept mit einzubinden: Zäune flechten, Häuser kälken oder Fußböden verlegen. – Vieles kann in das Veranstaltungskonzept sinnvoll eingebunden werden. Alles in allem ist so eine sehr gute, vertrauensvolle Zusammenarbeit entstanden, die uns natürlich immer wieder anspornt, zumal man durch die Jahre hinweg das Gefühl bekommt, auf irgendeine Art und Weise „nach Hause zu kommen" (ohne Ansprüche geltend machen zu wollen!), und darum ist aus unserer Sicht eine vortreffliche Zusammenarbeit erreicht worden.

Das schlägt sich auch in den Besucherzahlen nieder: An den drei beworbenen Tagen in diesem Jahr hatten wir, bzw. das Museum 7800 Besucher. Die normale Zahl in dieser Zeit hätte weit darunter gelegen. Für die Freunde der Statistik: Durch die Veranstaltung wurde die durchschnittliche Besucheranzahl von 1,9 Prozent der Jahresbesucher auf 5,6 Prozent hochgefahren und somit knapp verdreifacht. Das ist aber nur möglich, wenn alle Faktoren – Werbung, fixer Veranstaltungstermin (vielleicht sogar wie hier ein jeweils fester Jahrestermin über den 3. Oktober), Fernsehberichterstattung und natürlich das Wetter – stimmen.

Es gibt aber noch einen weiteren Aspekt, der für das Gelingen der Veranstaltungen aus Sicht des Museums eine wichtige, ja eigentlich die wichtigste Rolle spielt: Wie kommt man an gute Darsteller bzw. Vereine?

Living-History-Vereine lassen sich gut mit dem Fußball-Spielbetrieb vergleichen: So wie es dort die erste Bundesliga, die zweite Bundesliga, ein paar Mittelfeldligen und ein paar untere Kreisligen gibt, so gibt es auch unter den *Living-History*-Darsteller höchst unterschiedliche Spielstärken – allerdings lässt sich das auf den ersten Blick nicht immer sofort erkennen.[2] Wenn Sie selbst für Ihr Museum mit dem Gedanken spielen, einen Versuch zu starten, Häuser zu beleben oder in welcher Art auch immer Ihren Besuchern begreifbare Geschichte zu bieten, möchten wir Ihnen als Ansprechpartner zur Verfügung stehen. Erstens aus dem Grund, dass wir mehrere „Zeitreisende" im Verein haben, die unter anderem über Jungsteinzeit, Römisch, Hochmittelalter, Friderizianik und Napoleonik bis zur Darstellung Mitte 20. Jahrhundert einiges abdecken, zum zweiten, weil wir durch diese vereinsinternen Zeitreisenden Kontakt zu anderen Gruppen und Vereinen haben und unsere Nase so weit oben tragen, dass wir behaupten möchten, diese Gruppen und Vereine einigermaßen gut beurteilen zu können. Scheuen Sie sich also nicht, von unserer Erfahrung zu profitieren ...

Resonanz seitens der Vereinsmitglieder

Dazu gehört schon ein gutes Stück Enthusiasmus. – Für die fünf Veranstaltungen pro Jahr nehmen die Vereinsmitglieder allein zehn Tage ihres Jahresurlaubes zur An- und Abreise und weitere fünf bis zehn Tage für länger dauernde Veranstal-

---

2   Leider finden sich in den Angeboten auf der Webseite von „Tempus Vivit!" häufig Vereine, Gruppen und Darsteller von äußerst kümmerlicher „Spielstärke".

tungen, also ungefähr zwei Drittel des kompletten Jahresurlaubes. Und auch der finanzielle Aufwand ist erheblich: Das Equipment der einzelnen Stationen erreicht teilweise den Wert eines kleinen Einfamilienhauses.

Die Anreisen zum Museum werden von jedem selbst getragen, dafür müssen (bei den heutigen Benzinpreisen) alles in allem im Schnitt pro Person ca.150 Euro veranschlagt werden. Vereinsmitglieder kommen z.B. aus Kiel, Lübeck, München, Dresden. Von den Gagen wird die Verpflegung für die Veranstaltungen gekauft und alles, was sonst noch nötig ist. Der Rest kommt in die Vereinskasse. Aus der Vereinskasse werden die Kosten für Versicherungen, Schwarzpulver für die Kanonen, Porto, wenn nötig für Vereinsequipment bestritten und alle zwei bis drei Jahre eine private/interne Vereins-Veranstaltung auf der grünen Wiese bezahlt. Mehr geben die Gagen nicht her. In Großbritannien und in den skandinavischen Ländern werden solche Aktionen und Akteure durchaus besser bezahlt, es ist dort ein richtiger fester Job. Der Nachteil dort: Die Aktionen finden immer statt, was letztendlich zu einer Übersättigung führen könnte.

Das klingt alles nach Opfer und Aufwand, zeitlich wie finanziell; und so mag sich der eine oder andere fragen: Warum machen die das? – Diese Frage stellen wir uns regelmäßig selbst. Am Ende eines Museumstages fühlt man sich erschöpft und ausgelaugt. Man hat den ganzen Tag unermüdlich geredet, hatte keine Zeit zum Essen oder auf die Toilette zu gehen. Man hat länger gearbeitet (jawohl, das ist harte Arbeit) als im eigentlichen Beruf. Jeder Besucher hat sich so verhalten, als wäre er der erste, der eine Frage stellt, obwohl man dieselbe Frage an diesem Tag schon ungefähr 150mal beantwortet hat. Und trotz allem: Man ist glücklich, dass man so vielen Besuchern etwas vermitteln konnte und das eigene Wissen weitergeben durfte.

Eigentlich möchte man sich abends wie tot auf den Strohsack fallen lassen, aber es erwartet einen noch ein schöner Abend mit guten Freunden. Und das Bewusstsein, in einem Haus aus dem 15. Jahrhundert zu sitzen, Lieder aus dem 15. Jahrhundert zu singen und sich in eine Zeit zurückversetzen zu können, ohne den Gefahren dieser Zeit ausgesetzt zu sein, lässt Sie ehrfürchtig und demütig ins 21. Jahrhundert zurückkehren.

Wir betreiben dieses Hobby, weil es uns Freude bereitet, unser Wissen weiterzuvermitteln. Das ist aber nur meine Sichtweise, andere Vereinsmitglieder würden das sicher mit anderen Worten erklären, aber in der Essenz wäre es das Gleiche.

Uwe Meiners

Verlebendigungsstrategien im Freilichtmuseum

Gedanken über Chancen und Probleme populärer Vermittlungsversuche[1]

Meine Ausführungen sollen mit der Schilderung eines spannenden Erlebnisses beginnen, das mir und etlichen Kollegen auf der Konferenz der Europäischen Freilichtmuseen im Spätsommer 2007, konkret am 30. August, widerfuhr.

Das anspruchsvolle und abwechslungsreiche Programm unserer Freunde aus den Niederlanden und Belgien führte an diesem Tag nach Bokrijk, ins flämische Freilichtmuseum. Mit über 80 ha Geländefläche und rund 110 Gebäuden ist das von Josef Weyns im Jahre 1953 gegründete Museum zweifellos ein Flaggschiff unter den europäischen Freilichtmuseen.[2] Rund 350.000 Besucher zieht es Jahr für Jahr auf die *Domein*, wie man die Gesamtanlage auch nennt, denn neben dem Freilichtmuseum beherbergt sie zudem ein ausgedehntes Waldstück, einen großen Park und einen der größten öffentlichen Kinderspielplätze des Landes.

Auch an diesem Tag, einem ganz normalen Wochentag, ist das Museum sehr gut besucht. Davon zeugen etliche Busse und viele Pkw, die aufgereiht unter schattenspendenden Bäumen auf dem Parkplatzgelände stehen. Das Wetter ist gut, die Sonne scheint angenehm warm vom Himmel. Überdies hat in Flandern Ende August die letzte Ferienwoche begonnen. Allesamt Umstände, die Freilichtmuseen zu schätzen wissen.

Ein wenig neidisch bin ich doch: so voll besetzt ist der Parkplatz unter der Woche beim Museumsdorf Cloppenburg nicht, auch nicht an einem Donnerstag, der in der Ferienzeit gewöhnlich zu einem der besucherstärksten Wochentage gehört. Bokrijk ist, so scheint es, in Flandern ein fester Begriff, ein museales Ausflugsziel ersten Ranges, besucht nicht nur von Flamen, sondern auch von den französisch sprechenden Wallonen, von Menschen aus den nördlich angrenzenden Niederlanden und von zahlreichen Deutschen aus dem Niederrheingebiet. Dieser Internationalität tragen die Beschriftungstafeln im Gelände Rechnung: niederländisch, französisch, deutsch. Als vierte Vermittlungssprache tritt noch Englisch hinzu; das Museum ist auf dieser Ebene bestens präpariert.

---

1 Der Vortragsstil des in Form eines öffentlichen Abendvortrags gehaltenen Beitrags wurde weitgehend beibehalten.
2 Vgl. Laurens DE KEYZER, Michael HENDRYCKX: Freilichtmuseum Bokrijk. Deutsche Übersetzung von Rolf Erdorf. Gent/Amsterdam 2001, S. 7ff.

Uwe Meiners

Wir gehen hinüber in den Empfangssaal des großzügig aufwartenden Restaurants. „Sammeln, Bewahren, Forschen, Vermitteln: das sind die vier Eckpfeiler, auf denen die Museumsarbeit in Bokrijk ruht", verkündet uns die Leiterin des Freilichtmuseums, Frau Annik Boesmans, in ihrem engagierten Eingangsstatement, wobei das Vermitteln, so betont die Direktorin, in den letzten Jahren immer dominanter geworden sei.

Vermitteln, das heißt in Bokrijk die Erprobung, Pflege und Vermittlung von *Living-History*-Modellen, in verschiedensten Variationen und unterschiedlichster Intensität. Wir sind gespannt, was uns erwartet. Schon im aufwendig produzierten Breitwandfilm im Eingangsgebäude, der Besuchern in englischer, französischer, niederländischer und deutscher Sprache wahlweise zur Verfügung steht, wird deutlich, dass sich der Gast dem Serviceangebot „Gelebte Geschichte" in Bokrijk kaum entziehen kann.

Und so kommt es auch: Kaum hat man kurz hinter dem Eingang das Unfallkreuz zum Gedenken an dem im Jahre 1750 zu Tode gekommenen Johannis Motman passiert, treibt von links ein kostümierter Schäfer seine wohl mehr als dreißig Tiere auf den Anger, unterstützt von einem wieselflinken Hund, der die wie aufs Kommando ins Geschehen eintretenden Schafe auf der Dorfweide im Blickfeld der Besucher hält. Im Hintergrund umrundet die von Pferden gezogene Kutsche das Areal, gelenkt von einem gemütlichen Herrn, der auf gezielte Anfrage gewiss etwas zu seinem augenblicklichen Tun aus der Zeit vor einhundert Jahren sagen könnte.

Im Kilbershof aus Meeuwen erzählt der mit blauer Bluse und schwarzer Kappe bekleidete Bewohner etwas über die Ernährung von Mensch und Tier aus der Zeit, als man noch den riesigen Wendebaum benutzte, dessen großer Wendekreis dem bleischweren Viehfutterkessel den Weg vom offenen Herdfeuer durch die Eingangstür der Küche gleich in den angrenzenden Stalltrakt wies, ohne dass die Bäuerin den Kessel schleppen musste. Sie ist nicht da – und der Bauer? Er freut sich über die staunenden Besucher, weiß um den Effekt des kreisenden Viehkessels. Er wirkt routiniert und hat den Schalk im Nacken. Ins Gespräch kommen wir dennoch nicht, denn der uns begleitende Führer drängt, es bleibt kaum Zeit zum Luft holen. Wir steuern offenbar einem neuen Höhepunkt zu. Wenig später ist es soweit. Vor dem Vierseithof aus Beverst rutschen wir hinein in die flämische Alltagswelt im Haspengau des frühen 20. Jahrhunderts. Gerade registriere ich noch den mit einem Fahrrad ausgestatteten Dorfpolizisten, der die amüsierten Besucher wortgewandt und gestenreich von der Wichtigkeit seines Daseins zu überzeugen versucht (Abb. 1), da spricht mich ziemlich scharf eine Bäuerin an, in einem flämischen Dialekt, den ich leider nicht verstehe. Da sie zugleich energisch den Innenhof fegt, vermute ich, dass ich eher zufällig, als neugierig umherstolzierender Bürger, zum belebten Gegenstand ihres Zorns und szenischen Spiels geworden bin. Es dauert so seine Zeit, bis ich registriere, dass ich gar nicht gemeint bin, sondern ihr am Fenster lehnender Ehemann, der sich doch endlich um die Geschäfte des Hofes kümmern und einem vorbeiziehenden Viehhändler die wohlfeil angebotene Kuh abkaufen solle (Abb. 2).

Verlebendigungsstrategien im Freilichtmuseum

Abb. 1:
Living History im Flämischen Freilichtmuseum Bokrijk: Szenisches Spiel mit dem „Dorfpolizisten" in der Baugruppe Haspengau/Maasland, 30. August 2007 (Foto: Meiners).

Doch es geht bereits weiter. Von der nahen Kirche aus Zepperen läutet die Glocke, sie ruft die Dorfbewohner zum Gottesdienst. Rasch ist die Kapelle gefüllt, außer mir haben auch andere Besucher begriffen, dass uns ein weiteres Spektakel erwartet. Mittendrin der etwas devote Bauer von vorhin und der wortgewaltige Gendarm, aber auch der Dorfpfarrer in vollem Ornat sowie zwei junge Messdiener. Sie sind allesamt gute Schauspieler, egal ob Laien oder Profis, denn nach wenigen Sequenzen hat sich das Innere des ehemaligen Gotteshauses in die Bühne eines quirligen Bauerntheaters verwandelt. Die gebotene Szenerie bindet die Museumsbesucher schnell mit ein, sie sind Statisten und Zuschauer zugleich (Abb. 3).

Dem Redeschwall des Pfarrers vermag ich nicht zu folgen, aber seine Gesten und allgemein verständliche Wendungen machen deutlich, dass er seinen Dorfbewohnern von der Kanzel herab gehörig die Leviten liest, was freilich wenig bewirkt, denn zum Abschluss des rund 15-minütigen Schauspiels nimmt sich der kleinere von den beiden Messdienern einen kräftigen Schluck aus der von der Eucharistiefeier zurückgelassenen Rotweinflasche, was natürlich vom Dorfpolizisten bemerkt wird und dem jungen Burschen eine schallende Ohrfeige des Pfarrers einbringt.

Abb. 2: Living History im Flämischen Freilichtmuseum Bokrijk: Szenisches Spiel mit der „Bäuerin" aus dem Vierseithof aus Beverst, 30. August 2007 (Foto: Meiners).

Beim Herausgehen bleibt das Spektakel in der Kirche von Zepperen nicht unkommentiert. Ein schlüssiges Meinungsbild will sich nicht herausbilden. Was den nachdenklich bis verschreckten Kollegen aus ganz Europa dennoch zu entlocken ist, lässt sich ungefähr so beschreiben: Auch im eigenen Museum betreibe man Formen von *Living History* und versuche, Aspekte der Alltagsgeschichte (wie Handwerkstätigkeiten, häusliche Arbeiten oder Maschinenfunktionen) durch kostümierte Mitarbeiter zu veranschaulichen, aber Inszenierungen sakraler Zeremonien in Form populistischer Schauspielerei? Das gehe wohl doch zu weit und verletze obendrein den museologischen Ehrenkodex.

Ich bin geneigt, dem Urteil zuzustimmen. Noch zwei Stunden später schüttelt eine skandinavische Kollegin den Kopf. Dies sei Volksbühne, Theater, Spektakel; mit den Kernaufgaben des Museums habe solches Entertainment nichts zu tun, eine Sackgasse, eine Fehlentwicklung. Doch andererseits: Habe ich mich nicht selbst vom Spiel angesprochen und amüsiert gefühlt? Ist diese Form „gelebter Geschichte" nicht doch die große Chance sinnlicher Inwertsetzung edukativer Vermittlungsversuche im Freilichtmuseum? Etwas wie die logische Konsequenz eines Tuns, das vorgibt, immer ganz nah an der historischen Realität zu sein? Aber vielleicht dann doch zu nah dran, unfähig zur kritischen Distanz, zum eigenen Handeln. Goethes *Zauberlehrling* drängt sich auf: die Geister, die ich rief ...

Verlebendigungsstrategien im Freilichtmuseum

Abb. 3: Living History im Flämischen Freilichtmuseum Bokrijk: Szenisches Spiel mit dem katholischen „Dorfgeistlichen" in der Kirche aus Zepperen, 30. August 2007 (Foto: Meiners).

Verselbstständigt sich im Freilichtmuseum ein *Living-History*-Prozess, der kaum mehr zu steuern ist, weil die Besucher ihn schlichtweg erwarten, ihn stillschweigend als zum Museum gehörend voraussetzen? Es besteht die Neigung, den zweifellos als dynamisch zu bezeichnenden Vorgang aus der Binnenperspektive heraus zu analysieren. Aber das wäre falsch, denn die Bereitschaft, historische Materie zu beleben, ist nicht allein ein museologisches, sondern ein allgemein gesellschaftliches Phänomen. Mittelalterliche Burgfräuleins und Ritter sind überall zu Hause.

Wir scheinen – wieder einmal – eine historistische Phase zu durchleben. Sie dauert schon recht lange und lässt sich an verschiedenen Beispielen ablesen. Ein rein museales zuerst: 1975 zählte der Museumsverband Niedersachsen/Bremen rund 160 Museen und Sammlungen in seinem Betreuungsgebiet. Heute, rund dreißig Jahre später, sind es über 700. Im Klartext heißt dies: Die Anzahl der verzeichneten Museen hat sich in dieser Zeit vervierfacht, die Tendenz ist weiter steigend. Der Kultursoziologe Hermann Lübbe hat diese Entwicklung einmal als Kompensation des kulturellen Vertrautheitsschwundes bezeichnet: Je rascher sich die erlebte Zeitgeschichte verändere, desto ausgeprägter sei die Bereitschaft zur Musealisierung ihrer überlieferten Artefakte.[3]

---

[3] Hermann LÜBBE: Der Fortschritt und das Museum. Über den Grund unseres Vergnügens an historischen Gegenständen. London 1982. Zur museumstheoretischen Bewertung der Kompensationstheorie Hermann in Lübbes in Anlehnung an Joachim Ritter vgl. Gottfried KORFF: Staging Science. In: Museumskunde 68, 2003, S. 67-72, hier S. 67.

Ein weiterer Hinweis mag folgen: Er kommt im Begriff *Reenactment* zum Ausdruck, was so viel bedeutet wie „erneutes Inkrafttreten" oder – bei größerer Nähe zum Theater – „Neuinszenierung". Für Menschen, die unter dem Dach dieses Begriffes tätig werden, bedeutet es eher Wiederholung oder Wiederbelebung von Versatzstücken der Geschichte. Die Lust an der Vergangenheit paart sich auf diesem Spielfeld mit der Freude am Karnevalesken, dem Spaß am Kostümieren, aber weniger im Sinne des periodisch wiederkehrenden spätwinterlichen Jahresrituals als vielmehr auf der Ebene eines professionell betriebenen Hobbys. Es ermöglicht das Hineinschlüpfen in eine andere Rolle, noch mehr den Sprung in eine vergangene Zeit, von der sich die Akteure – aus welchen Gründen auch immer – magisch angezogen fühlen.

Ein Tummelplatz also für spirituelle Exoten und Aussteiger? Mitnichten. Begeisterte Akteure finden sich in allen sozialen Schichten und Gruppen. Längst gibt es einen lukrativen Markt, auf dem fast alle Sehnsüchte befriedigt werden können. Ein Aufruf des Begriffs *Reenactment* im Internet lässt keine Wünsche offen: Ausrüstung, Schmuck, Leder, Rohhaut, Bücher, Kleinigkeiten und Accessoires für *Reenactors* von der europäischen Frühgeschichte übers Mittelalter bis hin zum 19. Jahrhundert. Der Terminkalender von 2007 verzeichnet Veranstaltungshighlights vom Theophanu-Fest 985 nach Christus im Freilichtmuseum Tilleda unterhalb des Kyffhäuser-Denkmals bis hin zur Zeitreise ins 18. Jahrhundert im Schloss Fasanerie bei Fulda.

Freilichtmuseen befinden sich also in bester Gesellschaft, wenn sie auf der Klaviatur „gelebter Geschichte" spielen, und die Frage ist eigentlich nur, wer es noch echter, lebensnaher oder historisch authentischer hinbekommt. Man könnte solches Tun und Handeln als gesellschaftliches Phänomen der Postmoderne charakterisieren, die um sich greifende Historisierungs- und Musealisierungsbereitschaft als Begleit- oder Gegenreaktion zum immer dynamischer verlaufenden Globalisierungsprozess begreifen. Doch rückblickend betrachtet wird man rasch feststellen, dass alle konstatierbaren Inszenierungs- und Folklorisierungsversuche schon einmal da waren, also keine singuläre Erscheinung des ausgehenden 20. und frühen 21. Jahrhunderts sind, sondern in auffällig paralleler Form die Ausstellungs- und Kulturbühne beherrschen, als sich vor rund 130 Jahren unter dem Einfluss von Industrialisierung und arbeitsteiliger Produktion die wirtschaftlichen, sozialen und kulturellen Rahmenbedingungen der europäischen Bevölkerung grundlegend veränderten.[4]

Damals wie heute war es vor allem das Bildungsbürgertum, das dem Modernisierungsprozess misstraute. Befremdlich bis besorgniserregend erschien ihm die Dynamik, mit der sich die Lebensverhältnisse des dritten und vierten Standes veränderten. Die Dynamik ängstigte nicht die, deren Alltagskultur sich unter dem Einfluss der Moderne tatsächlich nachhaltig wandelte, sondern diejenigen, die ihre

---

4 Vgl. Uwe MEINERS: Konservierte Heimat. Musealisierung ländlicher Kulturgeschichte zwischen Idylle, Dokumentation und Ideologie. In: Uwe Meiners (Hg.): Suche nach Geborgenheit. Heimatbewegung in Stadt und Land Oldenburg. Oldenburg 2002, S. 274-305, hier S. 277.

Wunschvorstellungen von einer intakten Gesellschaft auf den Bauernstand projizierten: Honoratioren aus Verwaltung und Bildung, aus Wissenschaft und Kunst, die ihrem Gefühl von Bedrohung Ausdruck verliehen. Es kam zu einer intellektuellen Inwertsetzung des erfahrbaren eigenen ländlichen Raumes, und dies machte sich fest an Häusern und Sachen, an Sitten und Gebräuchen, die aus ihren ursprünglichen Zusammenhängen herausgelöst wurden und in ihrer musealisierten Form die spezifische Funktion eines neuen Bedeutungsträgers erfuhren.

Nicht hier in Cloppenburg manifestierten sich solche frühen Musealisierungsaktivitäten, sondern rund fünfzig Kilometer weiter nördlich, am romantischen Zwischenahner Meer. Die Aufwertung von Volkskultur mit all ihren gewünschten Verästelungen wie Tanz, Tracht, Fest und Spiel verlief zugleich ökonomisch, war auch Ausgeburt gewerblich motivierter Interessen, die volks- und altertümliches Gebaren dem Geschmacksbedürfnis des mittleren Bürgertums dienstbar machten. Und so schlägt denn auch die eigentliche Geburtsstunde des ältesten deutschen Bauernhausmuseums nicht in Bad Zwischenahn selbst, sondern bereits einige Jahre früher, auf der großen Oldenburger Gewerbeschau von 1905, wo erstmals ein transloziertes Ammerländer Bauernhaus mit lebendem, kostümiertem Inventar einer restlos begeisterten Öffentlichkeit präsentiert wurde (Abb. 4).

Der große Erfolg, den das „altammersche Bauernhaus" auf dieser Gewerbeschau hervorrief, ist vergleichbar jenem, den die Länder Schweden und Norwegen mit ihren nationalen Volkskultur-Konzepten auf der Weltausstellung 1867 in Paris und den nachfolgenden in Wien und Philadelphia hatten. Auch dort lösten ethnografisch belegte Haus-, Menschen- und Inventar-Inszenierungen eine Publikumseuphorie aus, mit der Konsequenz, dass ein ursprünglich zeitlich befristet angelegtes Ausstellungskonzept Grundlage für das zentrale schwedische Freilichtmuseum in „Skansen" vor den Toren Stockholms werden sollte.

Übrigens: Nicht nur in Skansen, sondern auch in allen anderen frühen Freilichtmuseumskonzepten findet sich das Bestreben, das Konglomerat aus identitätsstiftenden und bewahrenden, aus heimatlich bis nationalistisch motivierten Bemühungen durch historisch-folkloristische Akzente zusätzlich zu beleben und damit aufzuwerten. Adriaan de Jong hat dies jüngst in seiner umfangreichen Studie über *Die Dirigenten der Erinnerung* eindrucksvoll herausgearbeitet.[5]

Und diese Bemühungen kommen eben nicht so harmlos und naiv daher, wie sie es uns manchmal in der nachträglichen Betrachtung Glauben machen wollen, insbesondere dann nicht, wenn sie in den Sog kulturpolitischer Demonstrationskultur geraten, wie dies in den 1930er Jahren im Cloppenburger Museumsdorf der Fall war. Eingebunden und administrativ gelenkt durch die staatliche Förderpolitik der Nationalsozialisten geriet die Cloppenburger Initiative Heinrich Ottenjanns unweigerlich in die Mühlen einer politisch motivierten Kulturinstrumentalisierung. Davon blieben die in unterschiedlichster Form dargebotenen Versatzstücke „ge-

---

5 Adriaan DE JONG: Die Dirigenten der Erinnerung. Musealisierung und Nationalisierung der Volkskultur in den Niederlanden 1815-1940 (Beiträge zur Volkskultur in Nordwestdeutschland 110). Münster/New York u.a. 2007.

Uwe Meiners

Abb. 4: Das translozierte „altammerländische Bauernhaus" aus Specken bei Bad Zwischenahn: Publikumsmagnet auf der Oldenburger Gewerbeschau im Eversten Holz, 1905 (Foto. Verein für Heimatpflege, Bad Zwischenahn).

lebter Geschichte" nicht ausgenommen. Natürlich waren die Vorführungen, Tänze und Theaterstücke an sich keine politische Propaganda, aber sie wurden für solche Zwecke hinlänglich genutzt, um die Ideen von rassischer Identität und Volksgemeinschaft zu transportieren. Und wer glaubt, dies alles sei dem Blut- und Boden-Mystizismus nationalsozialistischer Diktatur geschuldet, gehöre also überhaupt der Vergangenheit an, der sei auf Entwicklungen verwiesen, die im Umfeld vieler osteuropäischer Freilichtmuseen zumindest bis in die Zeit um 1990 zu verzeichnen waren: historistisch-folkloristische Inszenierungen, die das Sendungsbewusstsein einer staatlich geförderten Kulturpolitik durchscheinen ließen. In all diesen Ansätzen spielten Freilichtmuseen eine wichtige Rolle, aber ganz gewiss nicht immer diejenige einer wissenschaftlich korrekten, historisch glaubwürdig operierenden Kultureinrichtung.

Ich mache hier einen Schnitt. Man wird – das sei für das Folgende vorweg geschickt – gegenwärtige *Living-History*-Modelle nicht mit den folkloristischen Darbietungen der Vergangenheit auf eine Stufe stellen dürfen. Während letztere doch durchweg ahistorisch operierten, suchen moderne Modelle geradezu das geschichtliche Umfeld, streben nach historischer Authentizität, was schlechterdings nicht möglich ist. Aber eine Vorstellung davon zu erhalten, wie das Leben vor hundert Jahren sich alltäglich gestaltete, wie Menschen um 1806 den Boden bearbeiteten, ernteten und ihre Nahrung zubereiteten, das erscheint denkbar und möglich zu sein. Zumindest zeigen es die intensivierten Bemühungen der Freilichtmuseen. Und nicht nur das flämische Freilichtmuseum Bokrijk oder das norddeutsche Freilichtmuseum am Kiekeberg setzen auf die selbstinszenierte

Verlebendigungsstrategien im Freilichtmuseum

Welt der gelebten Geschichte, sondern auch das ungarische Freilichtmuseum in Szentendre, dessen Mitarbeiter erst kürzlich auf einer Tagung im Freilichtmuseum Detmold verkündeten, dass gerade auf dem Gebiet der *Living History* die größten Anstrengungen in der Vermittlungsarbeit entwickelt würden.

So lassen sich denn personalisierte Typen oder Formen von Verlebendigungsstrategien im Museum feststellen, die man – ohne auch nur ansatzweise den Anspruch auf Vollständigkeit erheben zu wollen – derzeit wie folgt charakterisieren könnte:

- Der *handwerklich agierende Akteur*, der technische oder maschinelle Abläufe in neutraler Kleidung vorführt und erläutert.
- Der *kostümierte, stille Akteur als Solist*, der seine Aufsicht oder sein Tagewerk versieht. Er ist eher stumm, rundet die Szenerie ab, reagiert in der Regel nur, wenn er oder sie angesprochen werden.
- Der *kostümierte Akteur im Duett*, dessen Aufgabe nicht nur darin besteht zu beaufsichtigen oder zu funktionieren, sondern durch (mundartlich gefärbte) Dialoge historische Authentizität zu steigern.
- Der *vermittelnd agierende Edukateur*, der zur Erreichung programmatischer Zielsetzungen die Rolle der Erläuterers übernimmt.
- Der *kostümierte Interpreteur*, der die Rolle des distanziert agierenden Vermittlers übernimmt, gleichzusetzen mit distanziert agierenden Schauspielern auf einer Bühne, die als Performance für ein szenisches Spiel oder Theaterstück fungiert.
- Der *kostümierte Provokateur*, dem die Aufgabe zufällt, das Erleben vermeintlicher historischer Authentizität im Zusammenspiel subjektiver und objektiver Faktoren zu steigern.

Diese Klassifizierung entspringt einer Alltagsbeobachtung. Sie ist sicher nicht vollständig, es wird Übergangsformen geben. Festzuhalten bleibt indes, dass *Living History* nach diesem Verständnis in fast jedem europäischen Freilichtmuseum zu Hause ist, wobei die didaktisch angelegte unkostümierte Form des edukativ operierenden Sachverständigen von den Besuchern schon gar nicht mehr als eine Form des *Reenactments* empfunden wird, vielleicht schon eher als eine Art Schule im Museum, aber eben nicht als eine Schule des Befremdens, als Schule des gedanklichen Stolperns, als ein Ort, wo auch etwas gegen den Strich gebürstet wird, wie dies Peter Sloterdijk einmal vom Museum per se und nicht nur vom Freilichtmuseum allein eingefordert hat. Und in der Tat: im Erlebnisort Museum fügen sich die aktiven und passiven Belebungsstrategien – vom Brotbacken bis zum Volkstanz, vom Schafe treiben bis zum Eintopf kochen – offenbar besser, leichter und erfolgreicher ein als alle Belehrungs-, Aufklärungs- oder Informationsangebote.

Bevor ich dazu komme, danach zu fragen, warum das alles so ist, sei darauf verwiesen, dass wohl kein anderer Museumstyp mit solcher Entschlossenheit den ganzheitlich-synthetischen Gesamteindruck bemüht wie das Freilichtmuseum. Und hierin liegt, wie mir scheint, ein grundsätzliches Problem in der eigenen und fremden Wahrnehmung. Unsere Institutionen simulieren historische Wirklichkeit, ohne wirklich deutlich zu machen, dass es sich dabei um eine konstruierte Vorzeigewelt handelt. Das Freilichtmuseum führt Ganzheitlichkeit vor, ohne die fragmentarische Qualität des kulturellen Überlieferungsprozesses zu reflektieren und sichtbar zu machen.

Vielleicht will und kann es das auch gar nicht. Denn das Publikum möchte die Stimmungsvermittlung, will die aktionsorientierten Arrangements. An dieser unausgesprochenen Erwartungshaltung hat sich zwischen Skansen und den bislang jüngsten Gründungen der 1970er Jahre in Süddeutschland nichts geändert, eben weil im Umfeld dieser Erwartungshaltung nostalgisch angerührte Stimmungsbilder bessere Rezeptionseigenschaften entwickeln als intellektuell herbeigeführte Irritations- oder Brechungsversuche.

Kaum ein anderes Freilichtmuseum in Mitteleuropa hat in den letzten beiden Jahrzehnten so intensiv versucht, Ergebnisse der eigenen Forschungsarbeit in den Häusern selbst zu visualisieren wie die Einrichtung im fränkischen Bad Windsheim.[6] In Fachkreisen wurden die aufsehenerregenden Farbschichtuntersuchungen in den mittelfränkischen Bauernstuben begeistert aufgenommen, in der statistisch messbaren Publikumsgunst spiegelten sich solche spannenden, bislang unentdeckten Erkenntnisse leider weitaus weniger wider, im Gegenteil: das jährliche Besucheraufkommen zwischen 2000 und 2004 signalisierte dem Museum ganz offensichtlich nachlassendes Interesse an Inhalten und Forschungsergebnissen.

Es ist nur zu verständlich, wenn ganz allgemein unter dem Eindruck des ausbleibenden Erfolgs die Akte wissenschaftlicher Entschlüsselungen zum Zweck der Medialisierung von Sinngehalten, Bedeutungen und Botschaften wieder geschlossen und dem Prinzip der historistischen Illusions- und Simulationsagentur gehuldigt wird. Und als reichte dieses Prinzip noch nicht aus, werden in naturalistischer Manier Tiere, kostümierte Menschen, belebte Interaktionen oben draufgesetzt: was dabei mitunter entsteht, ist eine museale Hyper-Realität.

Ich kann mich des Eindrucks nicht erwehren, dass dies oft weniger aus dem Beweggrund einer inneren musealen Logik erfolgt, sondern vielmehr Ergebnis eines enormen ökonomischen Drucks ist, der auf uns allen lastet. Es scheint tatsächlich so, dass das unbelebte Architekturprinzip mitteleuropäischer Freilichtmuseen ein Auslaufmodell ist, zumindest angesichts des durch zahlreiche Evaluationen abgesicherten Rezeptionsverhaltens vieler Besucher. Danach werden allgemein mehr Tiere, noch mehr Aktionen, noch mehr Leben gewünscht, ganz so wie es skandinavische, englische oder amerikanische Freilichtmuseen erfolgreich vorexerzieren. Dort gehören *Living-History*-Modelle ganz vorbehaltlos zum Selbstverständnis des Freilichtmuseums dazu, aber gerade hier – so registrierte kürzlich der schwedische Museologe Sten Rentzhog etwas irritiert – gingen die Besucherzahlen empfindlich zurück, nicht allein wegen *Living History*, aber

---

6   Konrad BEDAL: Häuser aus Franken. Museumshandbuch für das Fränkische Freilandmuseum Bad Windsheim. Bad Windsheim 2002.

vielleicht doch aufgrund einer im Vergleich zu kunst- oder technikhistorischen Museen allzu naiv daherkommenden Form musealen Selbstverständnisses.

Nun könnten meine Ausführungen den Eindruck erwecken, als sei es meine Absicht, hier den *Advocatus diaboli* zu spielen. Dies ist nicht ganz von der Hand zu weisen. Doch wer mit dem provozierenden Zeigefinger auf andere zeigt, sollte sich im Klaren sein, dass zumindest drei Finger dieser Hand auf ihn selbst zeigen. Und wenn ich bereits all die verschiedenen Versuche der *Living-History*-Modelle mit dem Argument der Ökonomisierung in Verbindung gebracht habe, dann komme ich nicht umhin, als vielleicht eindrucksvollstes Beispiel der jüngsten Zeit das „Gelebte-Geschichte-Modell" der Kiekeberger Kollegen in den Blick zu nehmen. Zwar wird auch hier *Living History* als attraktive Vermittlungsform im Kanon der musealen Kernaufgaben des Sammelns, Bewahrens, Erforschens genannt, aber mindestens gleichrangig wird die Positionierung des Modells als erfolgreiches Marketingprodukt ins Feld geführt.[7] So wird vor allem seine Effizienz als Beschaffer von Medien- und Besucherpräsenz in den Vordergrund gerückt, weniger aber seine Tragfähigkeit vor dem Hintergrund eines wissenschaftlich-museologischen Anspruchs thematisiert. Es scheint, als ob die vor zehn Jahren getroffenen Bemerkungen Gottfried Korffs zumindest an dieser Stelle nach wie vor Gültigkeit besitzen, als er nämlich die Befürchtung äußerte, dass sich die Optimierung musealen Managements vorrangig auf den Bereich des wirtschaftlichen Handelns konzentriere, ganz im Sinne von Verkaufslogik und Gewinnmaximierung, kaum aber auf den Bereich musealer Kernaufgaben.[8]

Living History also als Mittel zur eigenen Image-Profilierung? Wenn wir meinen, dass dies der Königsweg zu einem modernen Freilichtmuseumskonzept ist, dann sollten wir schließlich auch registrieren, dass links und rechts von uns – letzteres meine ich durchaus politisch im doppeldeutigen Sinne – so einige mitmarschieren, und nicht jeder *Reenactment*-Akteur kommt so spielerisch harmlos daher, wie er auf manchen Internetseiten vorgibt – auch nicht jene in den Niederlanden beheimatete Gruppierung, die meint, die Nationale Volksarmee der DDR re-inszenieren zu müssen (Abb. 5).

Wer also der *Living History* den Freifahrtschein für die museale Geschichtsvermittlung verleiht, muss sich darüber im Klaren sein, dass er die mitunter zwielichtige Welt der *Reenactment*-Akteure mithofiert. Das Freilichtmuseum als wissenschaftlich-museologisch operierende Instanz wäre gut beraten, einen eigenen Weg auf dem Gebiet gelebter Geschichte zu gehen. Nicht die naive Spielwelt der Mittelalter- und Napoleonakteure sollte Maßstab sein und auch nicht die Historien-

---

7   Siehe auch der Beitrag von Heike Duisberg in diesem Band sowie: Heike DUISBERG: Ein Türöffner in die Vergangenheit. Das Freilichtmuseum Kiekeberg. In: Dies. (Hg.): Living History in Freilichtmuseen. Neue Wege der Geschichtsvermittlung. Ehestorf 2008, S. 109-121.
8   Gottfried KORFF: Die Kunst des Weihrauchs – und sonst nichts? Anmerkungen zur Situation der Freilichtmuseen in der Wissenschafts- und Freizeitkultur. In: Uwe Meiners, Karl-Heinz Ziessow (Hgg.): Dinge und Menschen. Geschichte, Sachkultur, Museologie. Beiträge des Kolloquiums zum 65. Geburtstag von Helmut Ottenjann. Cloppenburg 2000, S. 97-107, hier S. 103f.

Abb. 5: Website der „Oostblok Re-enactment Nederland": Bemühen um die Re-Inszenierung der Nationalen Volksarmee der DDR (Quelle: www.lplg.nl/leden/oostblok.htm, abgerufen am 16. Juni 2007).

Inszenierungen irgendwelcher Fernseh-Reality-Shows, die uns Glauben machen wollen, hier seien Akteure und Zuschauer besonders nah am Puls der vergangenen Zeit.

Das Freilichtmuseum sollte vielmehr seine museologischen Kernansprüche in diesem Diskurs neu positionieren, sollte *Living-History*-Ansätze dafür benutzen, Bekanntes zu hinterfragen, zu de-kontextualisieren, sich abzuheben von all den naturalistisch geprägten Plattitüden, die sich im Zuge einer allumfassenden Musealisierungsbereitschaft herausgebildet haben.

„Gelebte Geschichte" kann also funktionieren:
– durch den Einsatz kompetenter Vermittler, die den vorhandenen Durst nach Wissen und Funktion stillen können, ohne sich dabei im Stimmungsbild kostümierter Vergangenheit zu verlieren,
– durch den Einsatz edukativer Programme, die sich dem nie erreichbaren Anspruch historischer Wahrhaftigkeitsinszenierungen von vorneherein widersetzen

- und nicht zuletzt durch die Verifizierung von Rollenspielen, welche helfen, die gesammelte und dechiffrierte Objektwelt, Herzstück eines jeden Museums, in Wert zu setzen und nicht allein als Requisitenkammer oder Illustrationskulisse zu nutzen.

Das sich als modern gebende Freilichtmuseum wird, so formuliert es Adriaan de Jong in seiner exzellenten Studie, von Kontextualisierung, Evokation und Theatralik geprägt.[9] Erlebnis ist zum Schlüsselwort geworden. In diesem Konglomerat eines gebündelten Aktionismus scheinen herkömmliche *Living-History*-Modelle ein zwar wirtschaftlich geeignetes, aber letztlich nur hypertroph agierendes Instrument zur Perfektionierung eines naturalistisch operierenden Freilichtmuseums-Ansatzes zu sein, der wenig geeignet ist, einem wissenschaftlich-museologischen Anspruch – auch im Vergleich zu anderen Kultureinrichtungen – gerecht zu werden. Zu groß erscheint mir die Nähe zu Demonstrations- und Nachahmungseffekten zu sein und damit die Gefahr, auf die Ebene des Naiven und Banalen herabzurutschen; zu unkritisch und unreflektiert wirkt bei allen bisherigen Bemühungen letztlich jede Form von *Living History* im stimmungsvoll-gepflegten Umfeld unserer Freilichtmuseen. Schöne heile Welt ...

Es scheint, als reproduzierten die meisten Freilichtmuseen, ohne es zu wollen, mit ihren *Living-History*-Ansätzen das Bild des bodenständigen Konservatismus in der ländlichen Gesellschaft – ein Bild, das die Vorstellung vom ähnlich „konservativ geprägten Typus Freilichtmuseum" in der kulturkritischen Diskussion verstärkt. Und gerade weil die gelebte Geschichte sich einer naturalistisch geprägten Dramaturgie bedient, vermag sie keinen Beitrag zu einer kritisch-reflektierenden, de-kontextualisierenden Museologie zu leisten. Sie ist gefangen in ihrem eigenen methodischen Bestreben, ein Höchstmaß an historischer Authentizität produzieren zu wollen, was mit dem Anspruch einer objektorientierten, interpretierenden und dechiffrierenden Museologie kaum vereinbar ist. Produziert wird so ein Sammelbecken von Exempeln, Bestätigungen und Angepasstheiten, ein für Identitätsbildungen willfähriges und für Ideologien anfälliges Konglomerat einer heilen Welt, die übrigens im stimmungsvollen Umfeld des Freilichtmuseums (trotz aller gegenteiligen Bemühungen) auch dann noch heil ist, wenn in ihr Armut, Not und Hunger vorherrschten.

Living History im Freilichtmuseum: ein sicherlich unterhaltsamer und zudem ökonomisch erfolgreicher Weg, der mir aber im Bemühen um eine kritisch-ambitionierte Museologie allzu geradlinig verläuft, ohne Ecken und Kanten, oder um im Bild zu bleiben, ohne herausfordernde scharfe Kurven und enge Passagen, was den Objekten und Dingen, den Kerninstrumenten museologischen Agierens, die Bühne des Schauspiels zwar freimacht, sie dort aber zu begleitenden Statisten degradiert.

Um hier kein falsches Signal zu setzen: das Museum soll nicht nur klassisch belehren und aufklären, es darf und muss auch unterhalten und Spaß machen. Es

---

9   DE JONG (wie Anm. 5), S. 621.

wäre schön, wenn Präsentationen und Vermittlungen nicht nur bierernst daherkämen, sondern ihren konstruktiven Beitrag für humorvolle oder gar ironische Ansätze leisteten. Aber wir sollten bei allem Bemühen um Attraktivität und Besuchergunst bestrebt sein, den Typ des Freilichtmuseums nicht zu einer Instanz naiv-banaler Geschichtsvermittlung zu entwickeln. Denn ob wir wollen oder nicht: in der öffentlichen, nicht fachbezogenen Wahrnehmung werden Freilichtmuseen inzwischen oft genug mit Freizeitparks gleichgestellt. Das mag uns bislang egal gewesen sein, sollte aber zu bedenken geben, wenn gerade diese Nähe unterschwellig als Argument ins Feld geführt wird, die museologische Seriosität von Freilichtmuseen auf der Ebene des fachinternen Vergleichs latent in Frage zu stellen.

Entschieden ist Gott sei Dank noch nichts, und noch nie ist die Suppe so heiß gegessen worden wie sie gekocht wurde. Aber wir müssen bedenken, dass nicht jede Form von *Living History*, nicht jedes *Reenactment*-Spektakel dem Ruf unserer Einrichtungen zum Vorteil gereicht.

Autorinnen und Autoren

Gefion Apel, M.A., Jg.1964, Studium der Mittleren und Neueren Geschichte, Skandinavischen Philologie und Politischen Wissenschaften an den Universitäten in Göttingen, Kopenhagen, Oslo. Seit 1989 berufliche Aktivitäten als Lehrkraft an Volkshochschulen, Universitäten im Bereich „Sprachen/Literatur", später „Museumspädagogik", seit 1994 Museumspädagogik/Öffentlichkeitsarbeit und seit 2006 stellvertretende Museumsleiterin und Leiterin des Referats für Museumspädagogik des LWL-Freilichtmuseums Detmold – Westfälisches Landesmuseum für Volkskunde.

Thomas Bloch Ravn, M.A., Jg. 1954, Studium der Dänischen Kulturgeschichte an der Universität Aarhus. Forschungsschwerpunkte: Dänische Stadtgeschichte, Geschichte der Handwerkerzünfte und -gilden. Seit 1996 Museumsdirektor/Chief Executive Officer (CEO) des Nationalen Freilichtmuseums für Stadtgeschichte und -kultur, Den Gamle By, seit 2001 Chairman of the Danish Center of Urban History 2001, seit 2007 Präsident der Vereinigung Europäischer Freilichtmuseen.

Adriaan Antonie Marinus de Jong, Dr., Jg. 1947, Studium der Geschichte sowie Kunstgeschichte, Sozialgeschichte und Museologie an der Universität Leiden. Arbeitete im Frans-Hals-Museum in Haarlem und im niederländischen Kulturministerium. Seit 1981 im Nederlands Openluchtmuseum (Niederländisches Freilichtmuseum) in Arnheim, zunächst als Leiter der Sammlungsabteilung und seit der Eigenständigkeit des Museums im Jahre 1991 als wissenschaftlicher Mitarbeiter der Museumsleitung. Arbeitsschwerpunkte sind vor allem museologische und museumshistorische Themen. Zusammen mit dem Direktor Dr. Jan Vaessen entwickelte er für das Projekt Niederländisches Geschichtsmuseum ein museologisches Konzept, das 2007 den Zuschlag erhielt und die Stadt Arnheim damit zum Standort für das neue Nationalmuseum machte. Zurzeit arbeitet er an einem Konzept für ein Museumsprojekt zum Thema Migration. Seit 2005 ist de Jong Mitglied des Verwaltungsrats des Germanischen Nationalmuseums in Nürnberg.

Heike Duisberg, Jg. 1975, Studium der Volkskunde/Europäische Ethnologie, Allgemeine Sprachwissenschaften und Nordische Philologie an der Christian-Albrechts-Universität Kiel. Von 2003 bis Ende 2004 Projektleiterin im Bereich Personalmarketing; seit 2005 arbeitet sie im Freilichtmuseum am Kiekeberg in der Abteilung Besucherservice. Zu ihren Aufgaben gehören die Planung des Veranstaltungsprogramms des Museums und seiner Außenstellen sowie museumspädagogische Veranstaltungen. Außerdem leitet sie das Living-History-Programm „Gelebte Geschichte 1804".

Michael Faber, Dr., Jg. 1953, Studium der Volkskunde, Kunstgeschichte, Völkerkunde an der Rheinischen Friedrich-Wilhelms-Universität Bonn. Arbeitsschwerpunkte (wissenschaftlich allg.): Erforschung ambulanter Berufe und Gewerbe, Brauchforschung; Arbeitsschwerpunkte (im Museum): Leitung, Veranstaltungsentwicklung/-management und Öffentlichkeitsarbeit; stellvertretender Museumsleiter im Rheinischen Freilichtmuseum Kommern – Rheinisches Landesmuseum für Volkskunde des Landschaftsverbands Rheinland.

Verzeichnis der Autorinnen und Autoren

Wolfgang Hochbruck, Prof. Dr., Jg. 1959, Studium der Anglistik, Germanistik und Germanischen Philologie in Freiburg, Halifax NS und Berkeley; wissenschaftliche Stationen in Osnabrück, Stuttgart und Braunschweig. Arbeit als Matrose, Journalist und in einer Möbelschreinerei. Wissenschaftliche Schwerpunkte in der Konfliktforschung, im Bereich der Geschichtsvermittlung und in Drama- und Theaterstudien. Professor für Nordamerikanische Philologie und Kulturwissenschaften in Freiburg.

Martin Klöffler, Dr. rer. nat., Diplom Chemiker, Jg.1953, als Führungskraft in der Industrie tätig. Seit 1993 in der Living History bei der Militär- und Zivil-Darstellung aktiv, Sprecher einer Reenactment-Gruppe mit ca. 40 Mitgliedern. Seit 1998 Event-Management und Konzeption zahlreicher Veranstaltungen, besonders in Freilichtmuseen. 2001 Spezialgebiet Rekonstruktion und Vermittlung von Technik-Geschichte. Die Partnerschaft „Facing the Past" wurde 2001 von Dr. Ullrich Brand, Dipl. theol. Kristian Körver und Dr. Martin Klöffler in Speyer gegründet und ist für verschiedene Museen, Verwaltungen, Berufsverbände und Privatkunden tätig.

Uwe Meiners, Dr., Jg. 1952, Studium der Germanistik, Geographie und Volkskunde an der Westfälischen Wilhelms-Universität Münster. Arbeitete als wissenschaftlicher Angestellter an der Universität Münster und als Direktor des Schlossmuseums Jever. Seit 1996 Leitender Direktor des Museumsdorfs Cloppenburg – Niedersächsisches Freilichtmuseum. Honorarprofessor der Universität Münster; u.a. stellv. Vorsitzender der Deutschen Gesellschaft für Volkskunde, Geschäftsführendes Vorstandsmitglied der Stiftung Kulturschatz Bauernhof, Vorstandsmitglied der Volkskundlichen Kommission für Niedersachsen sowie der Volkskundlichen Kommission für Westfalen, Mitglied des Präsidiums des Niedersächsischen Heimatbundes. Arbeitsschwerpunkte und Veröffentlichungen vor allem in den Bereichen materielle Kulturgeschichte, Volkskunde und Museologie.

Kai Vahnenbruck, Dipl.-Ing. (FH), Jg. 1968, Führungskraft in der Industrie- und Versorgungswirtschaft. Seit den 1990er Jahren im Living-History-Verein „1476 – Staedtisches Aufgebot e.V." – 50 Mitglieder – tätig (Vorsitzender). Während dieser Zeit Umsetzungen zahlreicher Konzeptionierungen und Veranstaltungen musealer Darstellungen, im Besonderen in Freilichtmuseen. Interessenschwerpunkte: städtische Alltagskultur im späten 15. Jahrhundert und ländliche Alltagskultur im späten 18. und frühen 19. Jahrhundert.

Markus Walz, Dr. Dr., Studium der Kunstgeschichte, Volkskunde und Erziehungswissenschaft an der Rheinischen Friedrich-Wilhelms-Universität Bonn, Promotionsstudium der Neueren Geschichte an der Universität Osnabrück. Arbeitsschwerpunkte in den Bereichen historische Migrationsforschung, christliche Festkultur, Theoretische und Angewandte Museologie. Professor für Bibliotheks- und Museumsmanagement an der Hochschule für Technik, Wirtschaft und Kultur Leipzig; dort zurzeit Studiendekan des Diplom- bzw. Bachelor-Studiengangs Museologie.